云南大学"中西部高校综合实力提升工程"出版资助项目。

本研究为国家自然科学基金项目（71362026）、(71463064)和国家社会科学基金项目（12CJG024）阶段性成果。

杨先明 袁 帆 等／著

面向"一带一路"产业外向发展研究

OUTWARD-ORIENTED INDUSTRIES DEVELOPMENT BASED ON
THE BELT AND ROAD

云 南 案 例　YUNNAN CASE

社会科学文献出版社
SOCIAL SCIENCES ACADEMIC PRESS (CHINA)

内容提要

随着"一带一路"倡议的全面推进，中国与沿线地区的互联互通、直接投资、国际贸易、产能合作和人文交流水平不断提升，各省份获得了提升对外开放水平的重大战略机遇。作为中国面向南亚、东南亚的重要沿边省份，云南将有较大机会直接参与中国-中南半岛经济合作走廊和孟中印缅经济合作走廊的建设，是我国可深度融入"一带一路"的关键地区。然而，云南作为一个外向型产业基础薄弱的省份，如何抓住机遇，科学地进行产业选择，发展外向型产业，实现产能合作和贸易创造，是值得深入研究的课题。本书在"一带一路"倡议背景下，充分分析了云南各产业的比较优势和特色、外向发展的潜力以及国际市场需求，综合评估了云南外向型产业的选择与发展，最后提出了云南产业外向发展的重点和途径。本书在分析云南外向型经济发展轨迹的基础上，对落后地区如何建立外向型经济发展的产业基础做了深入探讨，对类似地区推动外向型经济发展有较好的参考价值。

序

2015年3月,《推动共建丝绸之路经济带和21世纪海上丝绸之路的愿景与行动》正式发布,标志着我国开始全面推进"一带一路"建设。在此背景下,我国与"一带一路"沿线各国和地区的互联互通、国际贸易、产能合作和人文交流,获得了加快发展的重大战略机遇。"一带一路"将促进区域内要素自由流动、资源配置与市场拓展的深度融合,形成我国与沿线国家和地区共同发展、互利共赢的良好局面。

随着"一带一路"建设的推进,我国各省份应在更大的市场空间内顺势而谋,积极融入"一带一路"中,在原来的优势基础上与沿线国家和地区展开深度产业合作,创造新的比较优势和竞争优势。根据"一带一路"走向,我国将与沿线国家和地区共同打造新亚欧大陆桥经济合作走廊、中蒙俄经济合作走廊、中国－中亚－西亚经济合作走廊、中国－中南半岛经济合作走廊、中巴经济合作走廊、孟中印缅等国际经济合作走廊。作为我国面向南亚、东南亚的重要沿边省份,云南将有较大机会直接参与中国－中南半岛经济合作走廊和孟中印缅经济合作走廊的建设,是我国深度融入"一带一路"的关键地区。

"一带一路"从实质上来说是世界经济地理的重塑过程,处于"边缘劣势"的地区有机会转变为我国与周边国家开展国际经济合作的中心地带。在这一过程中,云南参与周边国家次区域经济合作的战略区位优势进一步凸显,但是如何科学地进行产业选择,发展外向型产业,实现产能合作和贸易创造,仍然是值得深入研究的课题。

在全球经济新格局下,国家间的生产服务以及贸易活动发生了转变,传统贸易受到冲击,新型贸易不断涌现,贸易增值过程和节点日益成为焦点,我国各省份参与"一带一路"建设必须顺应这一趋势。"一带一路"将推动沿线国家和地区的基础设施进一步改善,为沿线国家和地区创造资源整合的条件，形成亚洲、欧洲和北美洲生产网络互动的局面。我国沿边省份尽管在参与"一带一路"经济走廊建设方面具有区位优势，但是要从"一带一路"建设中获得更多发展机会，必须具备经济全球化的视野，积极争取进入全球价值链的机会，并从价值链的参与和升级中获利。这就需要一个结构优化的方法，如将价值链嵌入产业发展政策，创建并维持良好的投资贸易环境，提供支持性基础设施建设等。同时，选择特色外向型产业作为参与经济走廊产业合作的重点，也是从中获得早期收益的重要条件。

一般而言，特色外向型产业应具备几个条件：①具备显性或潜在的比较优势，这些优势可以来源于传统的比较优势——要素禀赋，也可以来源于规模经济和收益递增，以及文化、传统等其他地区特色；②具备外向发展的能力；③符合国际市场需求变动的方向。产业的发展水平和历史，产业的外向型增长能力，国际市场的现实需求与动态化需求，是决定一个产业是否属于重点合作产业最基本的考察因素。云南外向型产业的选择与发展，应当以特色产业为重点。

本书在分析云南外向型经济发展轨迹的基础上，揭示了产业竞争力缺失的根本性问题。回溯了云南花卉、机床和锡产品等外向型产业的成功历史，对云南总体的工业产业结构、规模和发展态势进行系统性的梳理，对产业外向发展的能力和云南产品的国际市场需求做了定性、定量的分析，进一步凸显了产业竞争力与产品差异化、特色化的内在联系，强调了外向型产业园区在发展云南外向型产业中的作用，为在"一带一路"倡议下云南外向型产业发展提出了发展路径和对策。期望本书的出版能够对云南参与"一带一路"建设产生积极的影响。

目 录

第一章 云南省外向型经济发展现状与问题分析 ·········· 001
    第一节 引言 ·········· 001
    第二节 云南省外向型经济发展现状 ·········· 004
    第三节 云南省外向型经济发展中存在的主要问题 ·········· 019
    第四节 云南省产业基础对外向型经济发展的支撑作用 ·········· 024

第二章 云南省产业发展和产业竞争优势分析 ·········· 033
    第一节 研究背景、问题和思路 ·········· 033
    第二节 研究方法 ·········· 036
    第三节 云南产业发展评估 ·········· 039
    第四节 云南细分产业分析 ·········· 045
    第五节 云南产业发展综合评价 ·········· 049

第三章 云南省产业外向发展能力评价研究 ·········· 055
    第一节 云南省产业外向发展能力的界定与评估体系 ·········· 055
    第二节 云南省工业行业外向发展能力评价 ·········· 063
    第三节 云南省工业行业外向发展生产率与贸易优势指标
           评价结果分析 ·········· 098
    第四节 云南省工业行业外向发展能力综合评价 ·········· 100

第四章 云南特色产业国际市场需求研究 ·········· 108
    第一节 文献综述 ·········· 108

第二节　研究数据与方法 …………………………………………… 109

　　第三节　研究结果 …………………………………………………… 113

　　第四节　云南省外向型经济发展的重点目标产业的

　　　　　　出口现实分析 ……………………………………………… 139

　　第五节　总结和讨论 ………………………………………………… 163

第五章　云南产业外向发展的战略和途径 ………………………………… 169

　　第一节　云南产业外向发展的机遇和挑战 ………………………… 169

　　第二节　云南产业外向发展的战略思路和目标 …………………… 175

　　第三节　云南产业外向发展的实现路径 …………………………… 185

第六章　云南外向型产业基地建设研究 …………………………………… 189

　　第一节　从产业园区到产业基地：开放条件下云南专业化

　　　　　　生产网络的构建 …………………………………………… 189

　　第二节　云南园中园型产业基地建设 ……………………………… 199

　　第三节　云南专业镇型产业基地建设 ……………………………… 202

　　第四节　云南供应链城型产业基地建设 …………………………… 206

　　第五节　云南跨区域集群链型产业基地建设 ……………………… 210

第七章　案例研究一：云南花卉产业的外向型发展研究 ……………… 216

　　第一节　云南花卉产业外向型发展的现状 ………………………… 216

　　第二节　云南花卉产业外向型发展的比较优势与制约因素 ……… 223

　　第三节　云南花卉产业外向型发展的机遇与潜力 ………………… 226

　　第四节　云南花卉产业外向型发展的政策建议 …………………… 229

第八章　案例研究二：云南机床制造业外向型发展研究 ……………… 235

　　第一节　云南机床制造业发展历史及其在外向型经济中的地位 … 235

　　第二节　云南机床制造业现状、趋势与对外贸易特点 …………… 240

　　第三节　云南机床制造业对外贸易发展的制约因素 ……………… 252

　　第四节　云南机床制造业对外贸易发展能力评估 ………………… 254

　　第五节　云南机床制造业贸易发展的基本思路和政策建议 ……… 262

第九章 案例研究三：云南锡及其制品业贸易发展研究 …………… 264
 第一节 云南锡及其制品业对外贸易发展的现状 …………… 264
 第二节 云南锡及其制品业对外贸易发展的制约因素 ………… 267
 第三节 云南锡及其制品对外贸易发展的潜力分析 …………… 270
 第四节 云南锡及其制品业对外贸易发展的政策建议 ………… 272

第十章 "一带一路"下云南产业外向发展的重点 ……………… 275
 第一节 "一带一路"倡议与云南产业外向发展 ………………… 275
 第二节 云南外向发展的重点产业 ………………………………… 279
 第三节 推动云南产业外向发展的政策建议 …………………… 285

参考文献 …………………………………………………………………… 288

后　记 ……………………………………………………………………… 292

第一章
云南省外向型经济发展现状与问题分析

第一节 引言

一 研究背景

云南省位于西南边陲，经济发展较为落后，以第二、第三产业为主，自然资源丰富。截至2015年，云南省常住人口为4742万，地区人均生产总值为28806元，在全国排第31位[①]。云南省拥有148种矿产资源，其中铜矿、锡矿等有色金属矿产产量居全国前列，已发现植物274科2076属1.7万种，人均水资源是全国平均水平的4倍。

云南省经济发展较为落后的主要原因之一是外向型经济发展缓慢。截至2015年，云南省对外贸易依存度为8.68%，低于全国35.78%的平均水平。其中，出口依存度为4.88%，低于全国20.57%的平均水平；进口依存度为3.81%，低于全国15.21%的平均水平[②]。

制约云南省外向型经济发展的因素主要有以下几个方面。

一是贸易产品结构单一，缺乏国际直接投资，对外投资仍处于起步阶段，未能成为出口产业基地。改革开放以来，云南实际引进外商直接投资仅占全国的2.37%，比重很小。云南对外投资的整体规模较小，资源型经济仍是工业制造业的主体，具备规模效应的出口产业基地尚未形成。

二是区位优势有待进一步发挥。云南省具有通往东南亚、南亚最便利

[①] 根据《云南统计年鉴》（2016年）相关数据计算得出。
[②] 根据《中国统计年鉴》（2016年）相关数据计算得出。

的陆上通道，并且基础设施和制度环境不断改善。然而，以上条件对推动云南省外向型经济发展的作用仍十分有限。

三是存在经济发展的路径依赖问题。云南在过去已经形成了以资源性经济为主体的产业结构，未能像东部沿海地区那样通过参与国际分工建立强大的制造业，缺乏全面的出口产业配套能力，亦缺乏与沿海地区的产业互动，制约了外向型经济的发展。

四是政策倾斜的路径因素。我国对外开放的顺序是创办经济特区（1979）、开放沿海港口城市（1984）、建立沿海经济开放区（1985）、开放沿江及内陆和沿边城市（1992）。在这一过程中，云南是属于最后开放的地区之一。

随着国家"一带一路"倡议的推进以及西部大开发的进一步深入，云南省迎来"面向南亚东南亚辐射中心"建设和孟中印缅经济走廊建设的契机，云南省外向型经济的发展得到了国家战略层面的大力支持。因此，本书旨在通过深入分析当前云南省外向型经济的发展状况、存在的问题，探寻外向型经济发展的制约因素，为云南发展外向型经济提供借鉴。

二 外向型经济的文献综述

1. 外向型经济的界定

较早提出"外向型经济"概念的是美国经济学家贝拉·巴拉萨，他运用经合组织和世界银行的研究资料，按照对外开放度将经济划分为外向型经济和内向型经济。随后，美国学者阿尔伯特·费萨罗把外向型经济定义为一种政府主导的出口与内需兼顾的发展战略；瑞典经济学家克里斯特·冈纳森认为外向型经济是出口导向型经济；美国学者 T. H. 斯里尼瓦森认为外向型经济是出口导向和进口替代并存的发展战略。

我国学者对外向型经济的定义也进行了集中的研究。廖东声把外向型经济界定为一种主要面向国际市场、参与国际经济大循环的经济发展战略，是一种以制度创新和技术创新为动力，以比较优势、竞争优势为原则，以国际市场为最高层次，以国内外市场为导向的多要素、多功能、多结构、多层次、多形式的双向交流的经济活动体系。吴佳、王云才认为外向型经济有广义和狭义之分。广义的外向型经济是指一国或地区参与国际分工和国际交换与竞争，在资源配置上采用国内市场与国际市场相衔接的市场机制，是一种以国际市场为主实现生产循环的经济运行方式。狭义的外向型经济则是指以国际市场为导向、以出口创汇为主要目标的经济活动。申东镇将外向型经济定义为：以经济发展为根本目标，依托国际市场积极参与国际市场和国际竞争，在内销与出口的政策选择上表现出多样性和动态性，但总体上更鼓励出口，对外经济依存度、国际化程度和开放水平较高的经济。

归纳以上国内外学者对外向型经济的定义，本书将外向型经济界定为：通过对外经济贸易活动促进国际、国内资源和要素的跨境有序自由流动，提高生产要素配置效率，促进产业结构的优化调整，增强本地产业的国际竞争力，实现资源的高效配置和国内、国外两个市场的深度融合。

2. 外向型经济评价指标体系的构建

不少学者通过构建一套外向型经济评价指标体系对各省份外向型经济的发展状况进行分析。谢守红较早建立了一套包含外贸出口额、外商直接投资额、人均外贸出口额、人均外商直接投资额、出口依存度和资本依存度6个指标的外向型经济分析体系，对广东外向型经济发展的地域差异进行分析。随后一些学者对其进行了扩展，李练军、徐长庚在分析江西外向型经济发展现状时引入由对外承包工程、对外劳务合作、对外设计咨询和国际旅游组成的国际服务贸易发展状况指标。郑浩生、艾勇引入进出口偏离度指标分析成都市外向型经济发展状况。王芳引入经济外向度指标分析陕西外向型经济的发展状况。张如庆、刘国晖、方鸣通过构建包括外向型经济发展规模、水平、速度和影响4个维度的一级指标，分析安徽省外向型经济的发展状况。

除了对外向型经济评价指标体系不断进行完善，不少学者还引入一些指数，以多角度、全方位地揭示外向型经济的发展程度。王雪珂运用TC指数和ECI指数构建计量模型，对外国直接投资在各行业出口竞争力的变动过程中所发挥的作用进行了实证研究。孟德友、陆玉麒引入标准差和变异系数对河南外向型经济区域差异及极化态势进行分析。张如庆、刘国晖、方鸣通过聚类分析方法和Theil指数对安徽省外向型经济发展的地区差异进行分析。

本书在借鉴当前普遍使用的评价外向型经济发展状况的贸易开放度、服务贸易开放度和投资开放度3个指标的基础上，通过引入出口倾向、贸易竞争力和出口竞争力3个指标分析当前云南省的工业制造业对外向型经济发展的支撑程度。具体指标体系的构建见表1-1。

表1-1 外向型经济发展的评价指标体系

评价对象	评价指标	指标度量
水平评价	贸易开放度	贸易开放度=（进口额+出口额）/地区生产总值
		进口开放度=进口额/地区生产总值
		出口开放度=出口额/地区生产总值
	服务贸易开放度	（对外承包工程收入+旅游外汇收入）/地区生产总值
	投资开放度	实际利用外资额/地区生产总值
产业评价	出口倾向	出口交货值/工业制造业销售产值
	贸易竞争力	（出口-进口）/（出口+进口）
	出口竞争力	（各行业出口值/出口总额）/（各行业工业制造业产值/工业制造业总产值）

3. 小结

根据前述对外向型经济的界定，本书对云南省外向型经济的研究范畴为：国际货物贸易、国际服务贸易和利用外商直接投资。

在具体的研究过程中，以可贸易产品为基础，通过按地区和产品分类的国际货物贸易、外商直接投资、国际服务贸易三大领域的发展状况，对云南省外向型经济的发展水平进行研究，分析云南省外向型经济发展中存在的主要问题。同时，由于云南尚处于工业化中期且工业制造业在货物贸易中比重较大，因此以工业制造业为重点，通过分行业研究出口倾向、出口竞争力等来探究云南省外向型经济发展的产业支持水平和支持能力。

第二节 云南省外向型经济发展现状

改革开放以来，云南省的经济社会取得了长足的发展，2000~2015年全省地区生产总值年均增长11.58%。如图1-1所示，实施"桥头堡"战略以来，云南省经济发展迅速，2012年云南地区生产总值达10309.8亿元。经过不懈努力，云南经济总量从千亿元跃上万亿元新台阶的梦想终成现实。中国"万亿地区生产总值俱乐部"迎来第24个新成员，也是2012年唯一的新成员。2015年云南省地区生产总值达13619.17亿元，同比增长8.7%，增速列全国第9位。在地区生产总值构成中，第一产业完成增加值2055.78亿元，增长3.30%；第二产业完成增加值5614.12亿元，增长2.54%，其中工业制造业完成增加值3848.2亿元，减少1.30%，建筑业完成增加值1574.77亿元，增长13.32%；第三产业完成增加值6147.27亿元，增长10.91%。

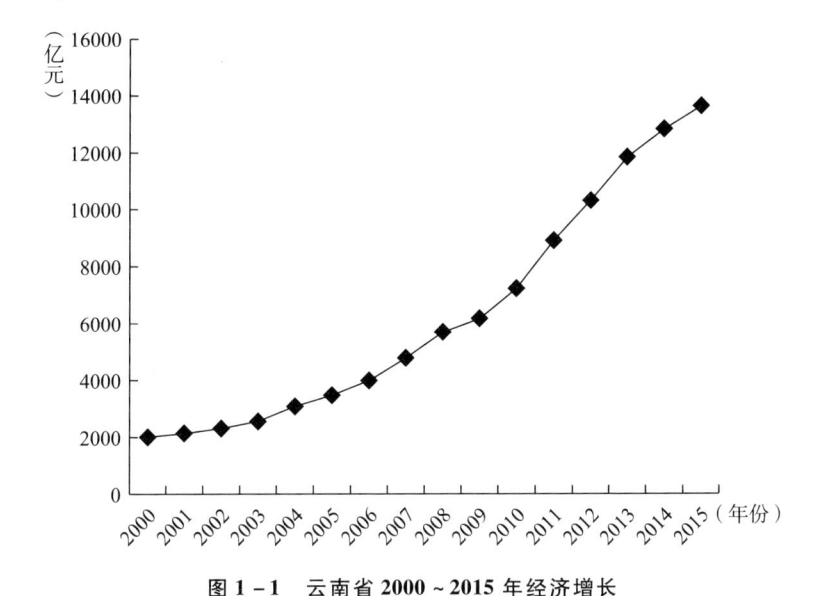

图1-1 云南省2000~2015年经济增长

资料来源：《云南统计年鉴》（2016年），中国统计出版社。

一 国际货物贸易发展现状

1. 进出口规模

云南省外贸基数较小，开放之初仅为几万美元，2000年底出口额为18.13亿美元（见图1-2）。2009年，云南省实施"桥头堡"战略，对外贸易快速发展，但是到2015年，出现明显下降。据昆明海关统计，2015年云南省全年实现进出口总额245.27亿美元，同比降幅为17.20%。

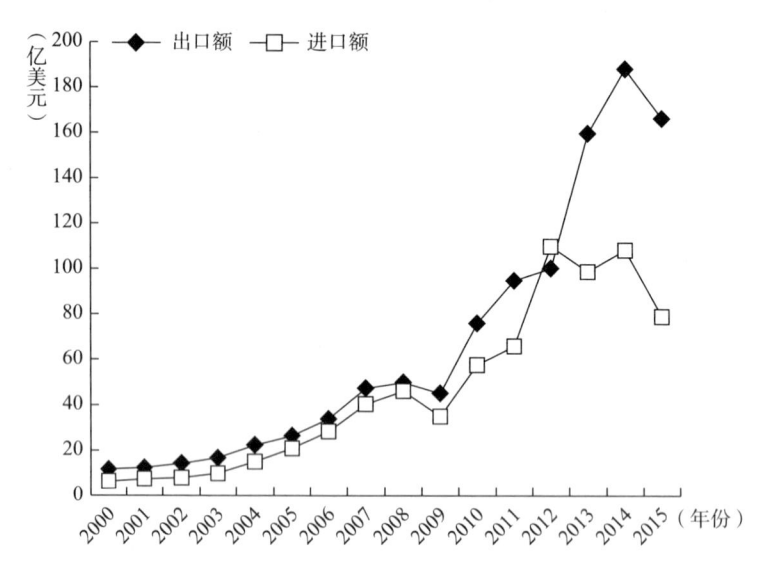

图 1-2 云南省 2000~2015 年进口额及出口额

资料来源：《云南统计年鉴》（2016 年），中国统计出版社。

2. 进出口商品结构

工业制造业是云南货物贸易的主要行业。为了便于分析，将海关数据进行加总，对应劳动密集型、资本密集型、技术密集型三类制造业。从表 1-2 中可以看出，云南省对劳动密集型制造业的进口需求减少，而对资本密集型制造业的进口需求增加。

表 1-2 劳动密集型、资本密集型、技术密集型制造业占
贸易总额、进口额、出口额比重

单位：%

项目＼年份	2010	2011	2012	2013	2014	2015
劳动密集型制造业贸易额占贸易总额的比重	36.84	36.77	28.36	34.43	31.22	30.03
资本密集型制造业贸易额占贸易总额的比重	41.01	38.68	48.55	37.72	42.60	39.60
技术密集型制造业贸易额占贸易总额的比重	22.15	24.55	23.09	27.86	26.18	30.38
劳动密集型制造业贸易额占进口额的比重	46.04	50.38	52.74	42.68	32.36	20.57
资本密集型制造业贸易额占进口额的比重	47.35	42.51	34.34	36.13	50.91	63.54
技术密集型制造业贸易额占进口额的比重	6.60	7.11	12.92	21.19	16.74	15.89
劳动密集型制造业贸易额占出口额的比重	32.78	31.07	16.89	30.79	30.70	33.13

续表

项目 \ 年份	2010	2011	2012	2013	2014	2015
资本密集型制造业贸易额占出口额的比重	38.22	37.08	55.24	38.41	38.81	31.74
技术密集型制造业贸易额占出口额的比重	29.01	31.86	27.87	30.79	30.49	35.13

资料来源：根据昆明海关数据整理所得。

进一步从国民经济行业分类的角度来分析云南省的进出口商品结构。笔者分别选取了出口额、进口额排在前10位的主要行业进行分析。在出口行业方面，化学原料和化学制品制造业，电气机械和器材制造业以及计算机、通信和其他电子设备制造业，非金属矿物制品业所占比例比较大（见表1-3）；在进口行业方面，石油加工、炼焦和核燃料加工业，非金属矿物制品业，农副食品加工业的比例相对较大（见表1-4）。

表1-3 按国民经济行业分类的云南省主要出口商品所占比重

单位：%

行业 \ 年份	2010	2011	2012	2013	2014	2015
化学原料和化学制品制造业	17.07	18.73	12.92	8.54	7.66	14.00
电气机械和器材制造业以及计算机、通信和其他电子设备制造业	4.40	4.57	6.92	15.06	15.03	9.42
非金属矿物制品业	6.37	8.08	33.23	17.52	17.36	7.65
纺织服装、服饰业	5.48	4.07	1.31	5.39	5.87	5.27
家具制造业	1.41	1.53	1.42	5.42	5.46	4.88
黑色金属冶炼和压延加工业	4.50	4.09	2.45	3.37	3.91	4.59
通用设备制造业	5.13	5.13	4.28	4.61	5.07	4.51
有色金属冶炼和压延加工业	9.06	7.36	4.98	4.44	3.56	4.27
皮革、毛皮、羽毛及其制品和制鞋业	5.07	6.16	0.99	3.80	4.14	3.91
烟草制品业	4.97	4.70	5.26	3.40	2.66	2.97

资料来源：根据昆明海关数据整理所得。

表1-4 按国民经济行业分类的云南省主要进口商品所占比重

单位：%

行业 \ 年份	2010	2011	2012	2013	2014	2015
石油加工、炼焦和核燃料加工业	0.95	1.43	1.56	2.07	12.18	21.03

续表

行业 \ 年份	2010	2011	2012	2013	2014	2015
非金属矿物制品业	4.30	6.40	3.38	14.06	18.30	9.03
交通运输设备制造业	0.92	0.73	1.88	2.64	4.28	4.51
木材加工和木、竹、藤、棕、草制品业	3.37	3.90	2.90	7.02	7.78	3.73
电气机械和器材制造业以及计算机、通信和其他电子设备制造业	0.86	1.09	1.81	9.31	6.22	3.42
农副食品加工业	14.49	14.50	11.78	12.67	10.69	3.38
皮革、毛皮、羽毛及其制品和制鞋业	5.50	7.93	4.72	7.31	3.92	2.72
通用设备制造业	10.28	7.81	2.44	4.54	3.43	2.45
专用设备制造业	1.82	1.87	1.11	1.58	1.38	1.61
食品制造业	0.01	0.01	0.01	0.01	0.09	1.11

资料来源：根据昆明海关数据整理所得。

3. 货物贸易的行业结构

如表1-5所示，从货物贸易的行业结构来看，云南省的对外贸易主要集中在采矿业和制造业方面，农、林、牧、渔业的贸易份额各年度波动较大，近年来增长到10%左右，电力、燃气及水的生产和供应业的贸易份额则相应减少。采矿业以原料性进口为主，出口份额较小。制造业的出口份额很大，长期保持在80%左右，进口份额则出现剧烈波动，但是不管从进口还是出口方面来看制造业都是云南省主要的外贸行业。随着云南省制造业的快速发展，制造业持续成为最重要的货物贸易行业。文化、体育和娱乐业只有少量的文化产品出口，与云南省第三产业的发展不相适应。

表1-5 云南省2011~2015年分行业贸易份额

单位：%

项目	年份	农、林、牧、渔业	采矿业	制造业	电力、燃气及水的生产和供应业	文化、体育和娱乐业
贸易份额	2011	10.34	18.86	66.38	2.34	0.01
	2012	8.16	18.05	55.37	1.11	0.00
	2013	7.76	9.28	74.90	1.08	0.02
	2014	7.89	12.74	69.82	0.70	0.02
	2015	13.69	15.51	58.58	0.76	0.03

续表

项目	年份	农、林、牧、渔业	采矿业	制造业	电力、燃气及水的生产和供应业	文化、体育和娱乐业
出口份额	2011	12.05	0.08	83.27	3.23	0.01
	2012	11.86	0.08	82.90	1.71	0.00
	2013	9.07	0.11	85.14	1.37	0.04
	2014	9.33	0.36	82.62	0.85	0.03
	2015	16.03	0.39	74.86	0.81	0.04
进口份额	2011	7.87	46.00	41.98	1.06	0.00
	2012	4.78	34.42	30.29	0.57	0.00
	2013	5.63	24.10	58.35	0.61	0.00
	2014	5.38	34.25	47.58	0.44	0.00
	2015	8.76	47.38	24.27	0.64	0.00

资料来源：根据昆明海关数据整理所得。

4. 货物贸易地区结构

从可贸易产品市场看，由于地理位置优势及物流成本条件，亚洲地区一直是云南省对外贸易的重要市场。2015年，云南省与亚洲地区的贸易额为183.03亿美元，占云南省对外贸易总额的74.62%，其他地区依次为欧洲17.37亿美元、北美洲17.19亿美元、拉丁美洲14.46亿美元、非洲8.36亿美元和大洋洲4.86亿美元。其中，云南省对东盟的贸易总额占云南省对亚洲贸易总额的71.93%，占云南省对外贸易总额的53.68%。云南省的对外贸易集中在亚洲地区，特别是东盟国家。其中，缅甸2013年、2014年和2015年均为云南省的第一大贸易伙伴。2015年，缅甸、越南、泰国、马来西亚、印度尼西亚、新加坡和老挝7个东盟国家成为云南省排在前15位的出口贸易伙伴，占前15位国家出口总额的62.68%，占云南省出口总额的48.11%。2015年，缅甸、越南、老挝和泰国4个国家成为云南省排在前15位的进口贸易伙伴，占前15位国家进口总额的67.23%，占云南省进口总额的61.48%。由此可见，亚洲地区尤其是东盟地区成为云南省进出口贸易的主要集散地。

从主要出口国和地区来看，缅甸是云南省最大的出口目的地，出口额占云南省总出口额的15.05%，其他国家和地区依次为中国香港、越南、泰国、美国、马来西亚、印度尼西亚、印度、新加坡和韩国（见图1-3）。在前10位主要出口国和地区中，东盟占了6个国家，南盟国家印度进入云南省排在前10位的出口目的地。

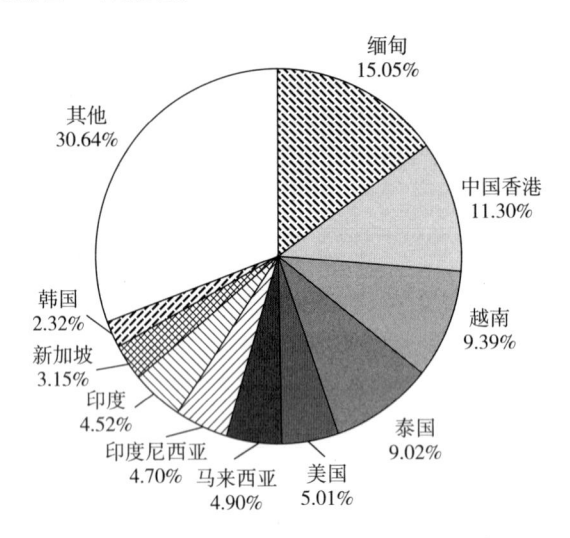

图1-3　2015年云南省前10位出口国和地区

资料来源：《云南统计年鉴》（2016年），中国统计出版社。

从主要进口国来看，缅甸是最主要的进口来源地，其他国家依次为越南、美国、老挝、秘鲁、智利、澳大利亚、泰国、德国、墨西哥（见图1-4）。与

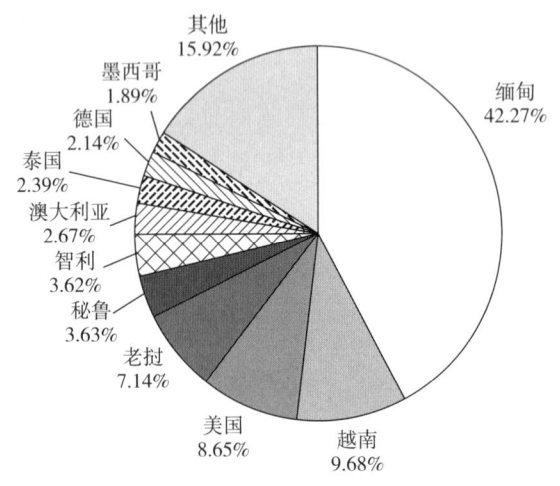

图1-4　2015年云南省前10位进口国

资料来源：《云南统计年鉴》（2016），中国统计出版社，2016。

出口目的地相比，进口来源地的分布广泛得多。东盟地区有4个进口来源国，而拉丁美洲国家和澳大利亚是云南的主要矿产资源进口来源国。同时，来自发达国家美国、德国和澳大利亚的制成品进口额大量增加，反映出云南省近年来的消费升级和产业结构的转型升级。

5. 货物贸易开放度情况

贸易开放度主要体现了经济系统中货物贸易的开放水平，它是评价一个国家或地区经济开放水平的重要基础性指标，按照其活动方向可划分为进口依存度和出口依存度，二者在不同的国家或地区对经济发展的贡献程度不同，因此进口依存度和出口依存度可作为更加细化的指标来描述贸易开放水平。

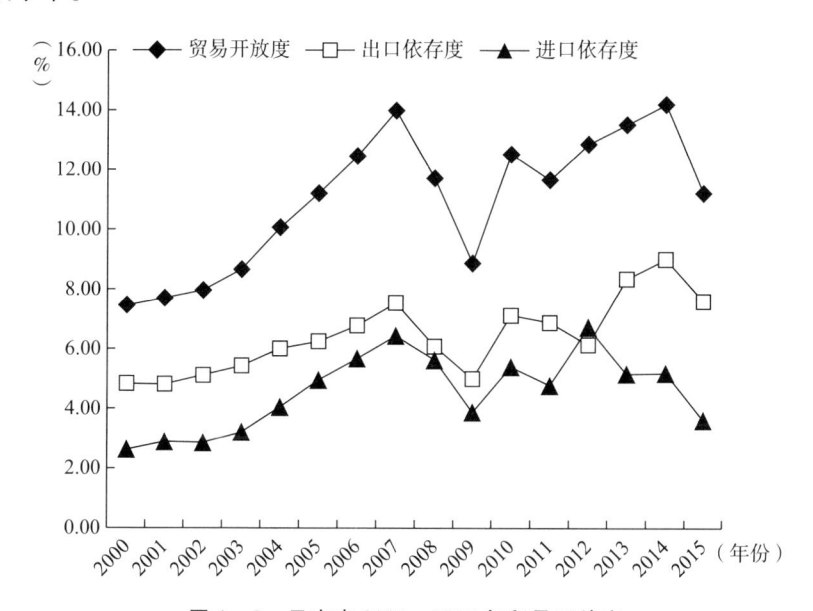

图1-5 云南省2000~2015年贸易开放度

资料来源：《云南统计年鉴》（2001~2016年），中国统计出版社。

由图1-5可知，2000~2007年是云南省贸易开放度提高最快的年份，2007年贸易开放度达到13.99%，为统计年份内贸易开放度的最大值。受2008年全球金融危机的影响，云南省进出口贸易总额在2008年出现了回落，贸易开放度在随后几年有所降低。出口贸易在云南对外贸易中占主导地位，对开放经济的贡献较大，但是随着经济的发展，出口依存度和进口依存度的差距逐步缩小，2008年差距最小，进出口表现出平衡发展的倾向。但是2012年之后，出口依存度和进口依存度的差距又变大了。

二 服务贸易发展现状

服务贸易是相对于货物贸易而言的，两者之间最显著的差别在于货物贸易是有形的，而服务贸易是无形的，服务的生产和消费同时进行，服务一旦生产出来就必须由消费者进行消费。笔者用国际旅游外汇收入、对外承包工程收入两个方面来衡量云南省服务贸易发展现状。

1. 旅游业发展现状

据国家统计局统计，2015年，云南省国际旅游外汇收入为2875.5万美元，排在广东、北京、上海等东部沿海省份之后，居全国第9位，为中西部地区之首。从图1-6中可以看出，2004年之前，云南省国际旅游外汇收入总体呈缓慢增长趋势，2004年之后，云南省国际旅游外汇收入呈较高速度增长，年均增长速度达到19.05%。

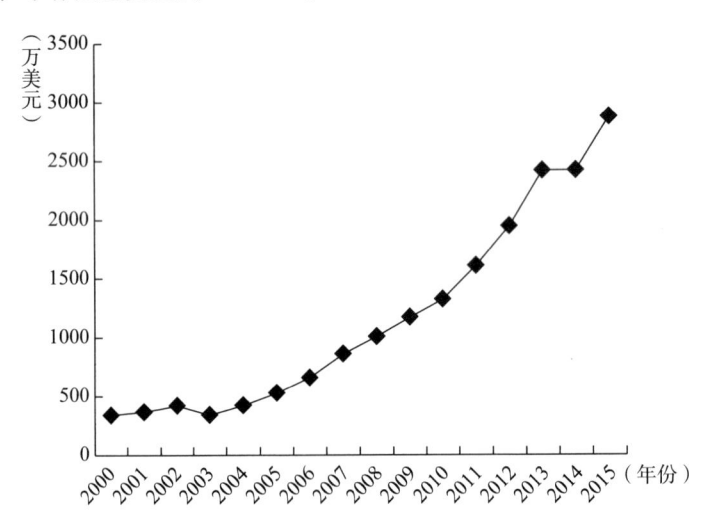

图1-6 云南省2000~2015年国际旅游外汇收入

资料来源：国家统计局数据库，http://www.stats.gov.cn/tjsj/。

2. 对外承包工程收入发展现状

除国际旅游外汇收入外，对外承包工程收入也是影响云南省服务贸易开放度的重要因素。由表1-6可知，云南省对外承包工程实际完成营业额从 2000 年的 1.53 亿美元增长到 2015 年的 23.42 亿美元。云南省服务贸易的开放程度与旅游外汇收入以及对外承包工程收入的发展趋势是一致的，随着经济的发展，它们都在不断提升。这表明服务贸易开放度的提升与国民经济的发展是密不可分的。

表 1-6 云南省 2000~2015 年对外承包工程情况

单位：份，亿美元

年份	合同数量	合同金额	完成营业额
2000	162	2.96	1.53
2001	60	1.53	1.45
2002	107	2.94	2.25
2003	71	3.07	2.44
2004	83	3.16	3.36
2005	131	5.34	3.87
2006	85	6.04	4.33
2007	96	7.00	4.99
2008	94	7.80	6.17
2009	63	9.24	7.38
2010	22	9.71	9.85
2011	47	11.21	11.45
2012	52	12.77	15.48
2013	55	12.81	18.17
2014	44	13.44	20.70
2015	95	12.86	23.42

资料来源：《云南统计年鉴》（2016 年），中国统计出版社。

2010 年"央企入滇"战略的实施为云南省外向型经济的发展开辟了更加广阔的空间。云南省积极发挥沿边优势，入滇的央企携手云南企业实施"走出去"战略，加快了对外承包工程的发展。2015 年，云南省签订对外承包工程合同 95 份，合同金额为 12.86 亿美元，完成营业额 23.42 亿美元。

3. 货物贸易开放度与服务贸易开放度比较

由图 1-7 可知，货物贸易仍是云南省对外贸易的主力军。和历年货物贸易的发展相比较，云南省服务业的发展水平落后，所占比重偏低，发展速度不快，开放程度不高。据世界银行统计，发达国家服务业产值一般在60%以上，中等收入国家平均为50%左右，而我国只有25%左右，不及美国的一半。从服务结构来看，云南省的服务业还集中在传统服务业上，技术密集型和知识密集型的服务行业处于初级阶段，发展水平不高，竞争力不强，表明云南省服务贸易的发展相对滞后，但同时也意味着云南省的服务业存在很大的发展空间。

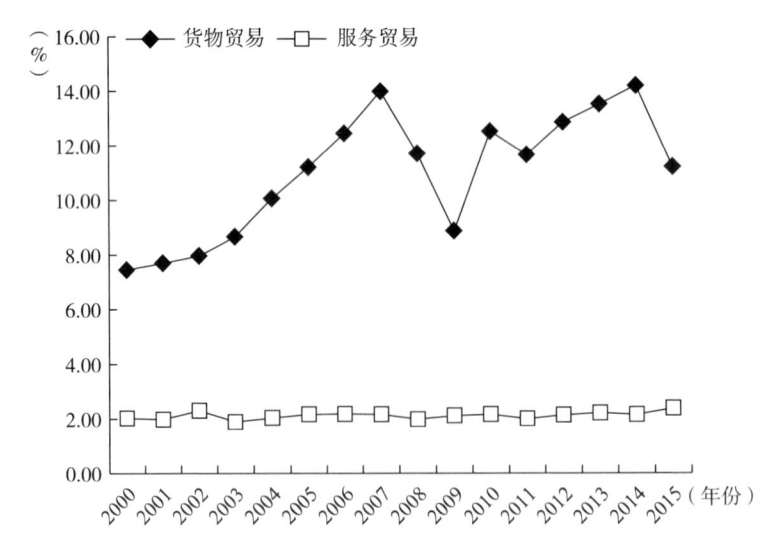

图 1-7　云南省 2000~2015 年货物贸易开放度与服务贸易开放度

资料来源：国家统计局数据库，http://www.stats.gov.cn/tjsj/。

三　外商直接投资发展现状

1. 外商直接投资规模

从图 1-8 可以看出，2000~2015 年云南省利用外商直接投资额呈增长趋势，并且 2006~2015 年一直处于快速增长阶段，从 2006 年的 3.02 亿美元增长到 2015 年的 29.92 亿美元。2009 年 10 月，云南省委八届八次全会提出了云南省经济社会发展新的奋斗目标，"建设绿色经济强省、民族文化强省和中国面向西南开放的桥头堡"（简称"两强一堡"）。这项战略的提出对促进云南利用外商直接投资起到了关键作用，在 2009 年之后，云南省实际

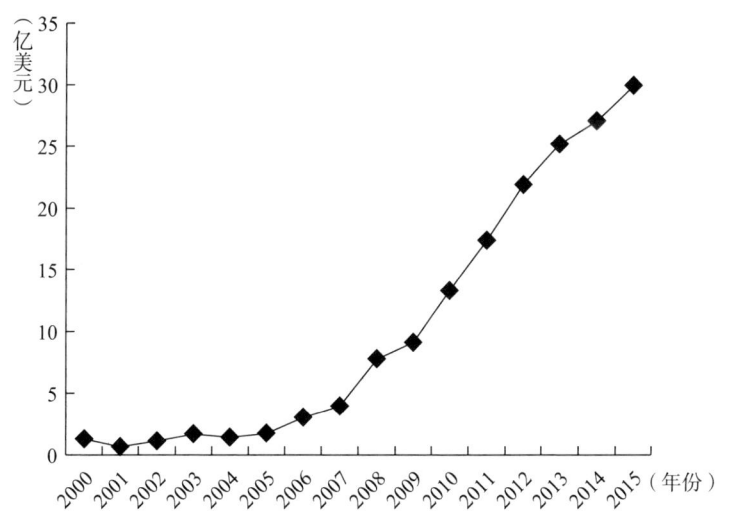

利用外资额突破 10 亿美元，达到 13.29 亿美元。

图 1-8　云南省 2000~2015 年实际利用外资额

资料来源：《云南统计年鉴》(2001~2016 年)，中国统计出版社。

2. 云南省外商直接投资地区结构

从表 1-7 中可以看出，云南省外商直接投资大部分来源于亚洲。而来源于亚洲的部分，除了来自中国香港、澳门、台湾部分外，来自东南亚国家的外商直接投资占了很大比例。云南与东南亚国家接壤，是我国面向东南亚开放的重要窗口，因此，在云南省外商直接投资的来源上，具有较为明显的区位特征。港、澳、台地区是云南省外商直接投资的主要来源地，特别是香港地区，始终是云南省最大的外商直接投资来源主体，2015 年香港向云南省投资 20.81 亿美元，占全省投资总额的比例高达 69.55%。中国－东盟自由贸易区的建立，促进了云南与东盟的贸易经济，东盟在 2012 年已成为云南省第二大外商直接投资来源地，实际到位资金超过欧美国家、日本和韩国的总和。

表 1-7　云南省 2010~2015 年实际利用外商直接投资额

单位：万美元

地区＼年份	2010	2011	2012	2013	2014	2015
亚洲	88563	113271	167900	204400	205100	222800
非洲	—	—	—	—	—	—

续表

地区\年份	2010	2011	2012	2013	2014	2015
欧洲	—	—	—	5700	35700	14600
拉丁美洲	—	—	4800	7900	5200	7000
北美洲	7863	2670	800	8600	2100	300
大洋洲	—	—	1000	100	—	—

资料来源：《云南统计年鉴》（2011～2016年），中国统计出版社。

3. 云南省外商直接投资行业结构

由表1-8可知，2015年，云南省房地产业实际利用外资87800万美元，居首位，其次是电力、热力、燃气及水的生产和供应业。云南省近年来房价保持一定的增长率，房地产的经营与开发受到外商投资的青睐实属正常。

表1-8 云南省2006～2015年分行业外商直接投资额

单位：万美元

行业\年份	2006	2007	2008	2009	2010	2011	2012	2013	2014	2015
农、林、牧、渔业	847	972	7226	5237	1657	14685	5256	2600	2100	2800
采矿业	3363	2299	3023	929	7954	4537	9400	6400	4900	7400
制造业	8302	11977	18089	24944	25942	26000	27200	57300	78400	46600
电力、热力、燃气及水的生产和供应业	10106	10080	5829	1345	15861	23585	14400	23900	16300	60800
建筑业	9	—	643	11151	29555	27473	19500	9900	9200	6100
交通运输、仓储及邮电通信业	500	35	356	1834	—	369	100			
批发、零售和餐饮业	711	3206	5928	9758	16807	21764	34700	21700	12900	30400
房地产业	845	5111	19666	10496	10952	29411	65800	95200	94600	87800
社会服务业	4647	4283	15338	12562	22250	21272	42700	34000	52200	57200
科学研究和综合技术服务业	904	1490	1590	854	1924	4658	—			

资料来源：《云南统计年鉴》（2007～2016年），中国统计出版社。

外商投资行业渐显多元化,投资领域不断拓展。2015年,云南省对外投资共分布在国民经济行业分类的9个大类。从投资额来看,传统投资领域仍占主导地位,但投资行业已呈现多元化趋势,表现为新批投资企业向高端制造业如医药制造业、新兴服务业如生态保护和环境治理业、电子商务服务业、文化产业等领域不断拓展。[①]

4. 外商直接投资对外开放度

外商直接投资对外开放度主要反映外商直接投资在地区经济发展中的地位,一个地区外商直接投资对外开放度越高,则该地区经济外向化程度就越高。云南省2000～2015年的投资开放度如图1-9所示。

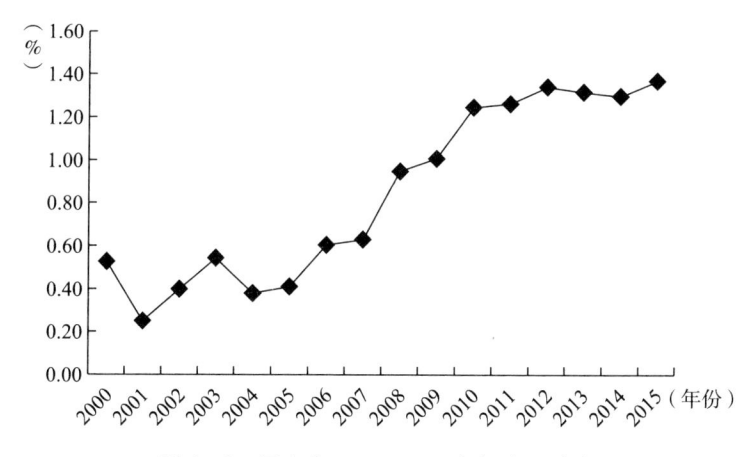

图1-9 云南省2000～2015年投资开放度

资料来源:《云南统计年鉴》(2001～2016年),中国统计出版社。

由图1-9可知,2000～2015年云南省投资开放度整体呈上升趋势,其中2006～2010年为增速最快的阶段,2010～2015年投资开放度的增速有所放缓,2015年投资开放度达到1.37%,为统计年份内贸易开放度的最大值。受2008年全球金融危机的影响,云南省进出口贸易额增速在2008年放缓,但是2009年金融危机对投资开放度的影响就消失了,2009～2010年云南省投资开放度大幅提高。

2015年1～10月,云南省共批外商投资项目106个,同比增长20.4%;

---

① 罗蓉婵:《我省对外投资保持高速增长》,《云南日报》2016年2月17日。

合同利用外资 15.7 亿美元，同比增长 95.9%；实际到位外资 20 亿美元，同比增长 18.4%。① 云南省企业"走出去"步伐加快，截至 2015 年，云南省境外投资企业（机构）已达 635 家，对外实际投资额累计达 57.6 亿美元。其中，2015 年云南省新设境外企业 103 家，对外直接投资 13.44 亿美元，同比增长 30.4%，对外直接投资业绩在全国排第 14 位，在西部地区排第 3 位。②

四 云南省外向型经济发展的阶段特征

总体上看，云南省经济开放水平在 1990~2015 年呈稳定增长态势，按曲线特征分为 1990~1995 年、2001~2007 年、2009~2012 年、2013~2015 年 4 个增长阶段。

第一个阶段（1990~1995 年）是快速增长阶段，增长幅度较大，特别是 1994~1995 年对外开放度增速为 104%。在整个第一阶段内，云南省对外开放度从负值提升到正值，有本质的突破，尤其是 1995 年对外开放度达到 20 世纪 90 年代经济开放的高峰。这种快速发展的态势主要源于国家宏观经济政策的改变。1992 年，邓小平发表南方谈话；同年，国家第一次在专营外贸这一传统规定上做出重大变革，允许固定资产在 1 亿元以上的国营生产企业开展进出口经营；1994 年，国家实行紧缩货币政策。

第二个阶段（2001~2007 年）是稳步增长阶段。2001 年，我国成功加入世贸组织，这为云南省经济开放水平稳步提升提供了外部契机；同年，我国与东盟达成建立中国-东盟自由贸易区的共识，云南省具有区位优势，这一共识使云南省与东盟各国的贸易往来更加密切，这无疑带动了云南省对外开放度的提升。综上所述，形成了云南省 2001~2007 年经济开放水平稳步提升的发展趋势。

第三个阶段（2009~2012 年）是快速增长的阶段，究其根本原因是"建设面向西南开放重要桥头堡"的重大战略提出之后，云南省以"三纵经济走廊"为依托，大力实施国际通道经济带动战略，促进云南省与东盟、

---

① 国家发改委网站，http://wzs.ndrc.gov.cn/wstz/wstzgk/201512/t20151225_768755.html。
② 罗蓉婵：《我省对外投资保持高速增长》，《云南日报》2016 年 2 月 17 日。

南亚等地区的贸易发展，因此货物贸易和服务贸易迅猛增长，投资规模、投资结构等各个方面都有了重大的改变。

第四个阶段（2013~2015年）是稳定增长的阶段。2015年初，习近平总书记考察云南时提出，希望云南主动服务和融入国家发展战略，努力成为面向南亚、东南亚的辐射中心。此后，随着2016年"一带一路"倡议的具体推进，云南省成为南方丝绸之路通往南亚、东南亚的战略支点。依托石油能源通道建设等基础设施建设，云南与东盟的贸易投资持续增长，与南盟的贸易实现突破，开放型经济建设呈现稳定增长。

第三节　云南省外向型经济发展中存在的主要问题

基于以上从货物贸易、服务贸易及外商直接投资3个方面对云南省外向型经济现状的分析，本节主要从规模、结构、对象及开放度4个角度进一步探究云南省外向型经济发展中存在的主要问题。

一　规模分析

1. 货物贸易总体规模偏小

近年来，虽然云南省货物贸易增速较快，但总体规模仍偏小。2015年，云南省进出口总额在全国排第22位，增幅在全国排第5位。进一步分析，2015年云南省货物进出口总额按经营单位所在地分为244.91亿美元，但按境内目的地和货源地分仅为189.91亿美元，按境内目的地和货源地分的进出口总额只占按经营单位所在地分的进出口总额的77.54%。2012年，云南省对东盟十国的出口总额占全国对东盟十国出口总额的2.97%，进口总额占2.53%。同时，云南省对南盟八国的出口总额占全国对南盟八国出口总额的1.14%，进口总额占比为0.17%。根据以上数据分析，云南省货物贸易总量偏低，虽毗邻东盟和南盟两大市场，但由于省内缺乏相应产业支撑，对这两大市场的货物贸易占比较低。而且，云南省作为最终目的地和货源地，进出口总额占总进出口额的比重不到六成，表明云南省仅成为面向国内的货物中转通道，自身外向型产业薄弱。

2. 贸易顺差持续加大

2009年以前，云南省进出口额总体规模逐年变化较为平稳，总体上呈现出口略微高于进口的态势，顺差均保持在5.5亿美元左右。2009年后，随着云南省对外贸易发展进入快车道，进出口额的波动逐渐剧烈，且进出口之间的差额不断扩大，尤其是2015年，云南省进出口顺差达到87.25亿美元，为2000年以来的最高值。与周边国家持续的贸易顺差一方面使得进一步拓展货物贸易出口的难度加大，另一方面也形成扩大进口的压力。

3. 服务贸易和吸引外商直接投资规模有待扩大

云南省服务贸易额和外商直接投资额虽呈逐年增长趋势，但与进出口总额相比规模较小，增速不高。截至2015年，云南省进出口总额达245.27亿美元，规模分别为服务贸易额的4.7倍、外商直接投资额的8.2倍。从增速看，2010~2015年云南省服务贸易增速为17.71%，高于进出口总额增速5.2个百分点，高于外商直接投资额增速0.1个百分点。

4. 对外投资合作业务整体规模较小

2015年，云南省对外直接投资额为13.44亿美元，占全国对外直接投资额的0.92%。从市场看，大湄公河"次区域五国"是云南省对外直接投资的主体市场。2015年云南省对"次区域五国"直接投资额为7.93亿美元，占同期直接投资额的59.4%，占同期全国对"次区域五国"直接投资的35.46%。从其他对外投资合作业务看，2015年云南省对外承包工程新签合同额为12.86亿美元，占全国的0.61%；对外承包工程完成营业额23.42亿美元，占全国的1.52%，在全国排第17位。2015年派出各类劳务人员338人，占全国的0.12%。截至2015年底，云南省累计外派各类劳务人员93625人，期末在外人数10460人，在全国排第15位。综上分析，在全国范围内，云南省对外投资合作产业国际竞争力不强，对外向型经济发展的推动力较弱。

二 结构分析

2010~2015年，从云南省劳动密集型、资本密集型、技术密集型制造业所占比重来看，云南省劳动密集型和资本密集型制造业占进口的比重较高，但是三者占出口的比重差别不大。从按国民行业分类的云南省主要出口商品所占比重来看,化学原料和化学制品制造业的比重最大。

从表1-9中可以看出,云南与东盟地区的产业内贸易主要集中在非金属矿物制品业,农副食品加工业,酒、饮料和精制茶制造业,石油加工、炼焦和核燃料加工业等行业。这些行业主要是劳动密集型和资本密集型制造业,相比之下技术密集型制造业主要从事产业间贸易。云南省对外贸易结构的优化取决于自身产业结构的优化。更为重要的是,在部分出口需求较大的行业,云南省自身产业发展并不具备优势,出口市场扩大和出口贸易结构升级有赖于这些行业的持续壮大。例如,在新东盟国家需求强劲的电气机械和器材制造业、交通运输设备制造业、专用设备制造业、通用设备制造业等资本密集型和技术密集型产业,云南省除了部分内燃发动机、土木建筑机械之外,大量产品需要从省外调入以满足对东盟地区的出口。而东盟国家需求很普遍的以化纤织物为主的纺织业,作为典型的劳动密集型产业,也不是云南具备规模优势的产业。今后要进一步扩大对东盟地区的出口,这些产业就必须快速发展以形成强有力的支撑。

表1-9 云南省与东盟地区2006~2015年产业内贸易指数

行业＼年份	2006	2007	2008	2009	2010	2011	2012	2013	2014	2015
农副食品加工业	0.88	0.73	0.33	0.23	0.20	0.18	0.18	0.21	0.26	0.81
食品制造业	0.00	0.00	0.00	0.00	0.01	0.01	0.06	0.09	0.09	0.91
酒、饮料和精制茶制造业	0.04	0.07	0.08	0.09	0.12	0.61	0.74	0.52	0.54	0.79
烟草制品业	0.00	0.00	0.00	0.00	0.00	0.00	0.00	0.00	0.00	0.00
纺织业	0.01	0.01	0.00	0.00	0.00	0.00	0.00	0.00	0.00	0.00
纺织服装、服饰业										
皮革、毛皮、羽毛及其制品和制鞋业	0.00	0.01	0.00	0.01	0.02	0.00	0.01	0.04	0.03	0.02
木材加工和木、竹、藤、棕、草制品业	0.04	0.10	0.22	0.00	0.12	0.05	0.01	0.01	0.02	0.05
家具制造业	0.02	0.09	0.17	0.00	0.04	0.09	0.18	0.07	0.04	0.05
造纸和纸制品业	0.04	0.18	0.36	0.00	0.00	0.01	0.00	0.00	0.00	0.00
印刷和记录媒介复制业	0.00	0.08	0.02	0.00	0.00	0.00	0.00	0.00	0.00	0.00
文教、工美、体育和娱乐用品制造业	0.37	0.05	0.12	0.07	0.03	0.03	0.02	0.01	0.01	0.01

续表

行业＼年份	2006	2007	2008	2009	2010	2011	2012	2013	2014	2015
石油加工、炼焦和核燃料加工业	0.28	0.25	0.02	0.29	0.28	0.41	0.63	0.54	0.32	0.21
化学原料和化学制品制造业	0.03	0.02	0.03	0.01	0.03	0.07	0.09	0.23	0.25	0.03
医药制造业	0.00	0.00	0.00	0.00	0.00	0.00	0.00	0.00	0.00	0.00
非金属矿物制品业	0.11	0.14	0.13	0.25	0.26	0.62	0.85	0.95	0.88	0.73
黑色金属冶炼和压延加工业	0.00	0.00	0.00	0.04	0.00	0.00	0.00	0.00	0.00	0.00
有色金属冶炼和压延加工业	0.24	0.29	0.11	0.80	0.79	0.92	0.72	0.35	0.36	0.29
金属制品业	0.01	0.01	0.00	0.00	0.00	0.00	0.01	0.00	0.00	0.00
通用设备制造业	0.10	0.03	0.06	0.08	0.02	0.09	0.01	0.03	0.01	0.00
专用设备制造业	0.53	0.23	0.16	0.26	0.19	0.38	0.56	0.57	0.66	0.45
汽车制造业	0.00	0.00	0.00	0.00	0.00	0.00	0.00	0.00	0.00	0.00
交通运输设备制造业										
电气机械和器材制造业	0.01	0.01	0.00	0.00	0.01	0.00	0.00	0.00	0.00	0.05
计算机、通信和其他电子设备制造业	0.00	0.00	0.00	0.01	0.01	0.01	0.00	0.02	0.02	0.01
仪器仪表制造业	0.00	0.00	0.00	0.00	0.00	0.00	0.00	0.00	0.00	0.00

资料来源：根据昆明海关数据整理所得。

扩大进口需求有赖于云南省优势产业发展与消费结构升级。云南从东盟国家进口的商品多为云南省支柱产业的资源和原料性初级产品，与云南自身的产业发展需求相吻合。而农、林、渔业进口增长很快，反映出随着收入提高，云南省居民的消费需求结构稳步升级。今后，进口需求的进一步扩大依然有赖于云南省支柱产业发展的速度、规模和居民消费结构的持续改善。

外商直接投资不断向房地产业、社会服务业等第三产业转移，不利于提升工业制造业的出口竞争力。2006年以来，云南省外商直接投资结构呈现由第二产业转移至第三产业的趋势。2006~2015年，云南省第二产业中的外商直接投资额逐年下降，第三产业中的外商直接投资额则逐年上升。云南省外商直接投资不断向第三产业转移，主要转向了房地产业、社会服务业。

三 对象分析

1. 贸易伙伴过于集中，不利于海外资源配置

云南省位于我国西南边陲，虽然近年来贸易活动向美国、德国等发达国家拓展，但其对外贸易的主要市场仍是亚洲。云南省进出口贸易近年来主要集中于缅甸、越南和中国香港地区，这也是云南省近年来出口总额波动较大的原因。云南应充分利用自身作为"一带一路"面向南亚、东南亚战略支点的区位优势，不断促进出口对象的多元化，提升海外资源配置能力。

2. 外商直接投资来源较为单一，不利于高级要素引进

从云南省吸引外商直接投资的地区结构看，截至2015年，港、澳、台地区对云南省直接投资额的占比高达69.89%，而东盟国家、欧美国家、日本、韩国等国家对云南省直接投资额的占比较低。以上数据反映出云南省外商直接投资来源单一，应调整引资结构，引进研发、资本、人才、技术、品牌等高级要素，推动云南省产业结构不断升级，提高产业国际竞争力。

四 开放度分析

1. 整体贸易开放度较低

通过2000~2015年贸易开放度的变化可以看出，云南省货物贸易开放度的最高值出现在2007年，而服务贸易和外商直接投资的开放度均低于货物贸易开放度。这说明，虽然云南省货物贸易总额、服务贸易总额和外商直接投资额均逐年增长，但对GDP的带动作用仍有很大空间，应充分利用自身面向西南开放的区位优势，不断提升外向型经济发展水平。

2. 着重提升服务贸易开放度，优化外商直接投资

与2000~2015年货物贸易开放度比较，服务贸易开放度的波动较小，长期维持较低水平。究其原因，云南省第三产业发展滞后，尤其是金融、科技、商贸、物流、广告、法律等生产型服务业发展滞后，是提升服务贸易开放度的重要制约因素。同时，云南省以房地产业为代表的第三产业吸引外商直接投资占比较高，虽然投资开放度整体呈上升趋势，但是对工业制造业出口竞争力提升的作用相当有限。

第四节　云南省产业基础对外向型经济发展的支撑作用

云南省外向型经济现处于贸易与投资整体规模较小、增速较快，贸易伙伴过于集中且开放水平低的阶段。本节引入出口倾向指数、贸易竞争力指数和出口竞争力指数，针对当前云南省外向型经济发展的阶段性特点，着重分析云南省工业制造业产业基础对外向型经济发展的支撑作用，以便进一步从行业的角度重点把握云南省外向型经济的发展状况。

一　指标说明

1. 出口倾向指数

$$出口倾向值 = 出口交货值 / 工业制造业销售值 \tag{1}$$

出口倾向指一国或地区产业的出口外向度，可用出口交货值占工业制造业销售值的比重来衡量。

出口倾向值越大，说明该行业所生产的产品用于出口的比例越高；出口倾向值越小，说明该行业所生产的产品供给国内市场的比例越高。

2. 贸易竞争力指数

$$TC_{it} = \frac{X_{it} - M_{it}}{X_{it} + M_{it}} \tag{2}$$

在研究一国或地区的出口竞争力与出口专业化程度时，选择贸易竞争力指数来度量。

公式中，X_{it} 表示 i 行业 t 时期的出口值，M_{it} 表示 i 行业 t 时期的进口值，TC_{it} 表示 i 行业 t 时期的贸易竞争力指数。

该指数一般用来反映一国或地区某类产品在国际市场上的竞争力状况，当 $TC_{it} > 0$ 时，表示该国 t 时期对 i 行业的出口大于对 i 行业的进口，从而该国在 i 行业的生产中具有比较优势；反之，当 $TC_{it} < 0$ 时，表示该国 t 时期对 i 行业的进口大于对 i 行业的出口，从而该国在 i 行业的生产中具有比较劣势。

3. 出口竞争力指数

$$ECI_{it} = \frac{ex_{it} / \sum_{i=1}^{n} ex_{it}}{gdp_{it} / \sum_{i=1}^{n} gdp_{it}} \quad (3)$$

为消除一个行业的出口与该行业的经济规模强相关的影响，引入涵盖行业经济规模因素的出口竞争力指数，用以衡量某一行业的出口相对规模与其经济总量相对规模的比值。

公式中 ex_{it} 表示 t 时期 i 行业的出口额，gdp_{it} 表示 t 时期 i 行业的工业制造业总产值，n 表示工业制造业中的行业数量，ECI_{it} 表示 t 时期 i 行业的出口竞争力指数。考虑到数据的可获得性，用出口交货值代替出口额，用工业制造业销售总值代替工业制造业总产值。

当 $ECI_{it} > 1$ 时，说明该行业相比其他行业有着较强的出口竞争力；当 $ECI_{it} < 1$ 时，则说明该行业的出口未达到与其经济规模相称的水平，即该行业的出口竞争力较弱。

二 云南省工业制造业出口外向度分析

表 1-10 2011~2015 年云南省工业制造业出口倾向指数

单位：%

行业 \ 年份	2011	2012	2013	2014	2015
煤炭开采和洗选业	0.65	—	0.21	0.00	
石油和天然气开采业	—	—	—	—	—
黑色金属矿采选业	—	—	—	—	—
有色金属矿采选业			0.00	0.00	
非金属矿采选业	—	—	—	—	—
农副食品加工业	4.59	5.37	7.31	7.97	7.76
食品制造业	11.61	8.31	9.19	5.99	6.48
酒、饮料和精制茶制造业	1.80	6.46	3.14	2.39	1.95
烟草制品业	0.99	1.01	0.94	0.99	0.99
纺织业	22.98	17.93	24.54	22.11	16.77
纺织服装、服饰业	11.73	0.00	10.69	9.37	10.24
造纸和纸制品业	0.00	0.00	0.00	0.00	0.00

续表

行业＼年份	2011	2012	2013	2014	2015
石油加工、炼焦和核燃料加工业	0.00	0.08	0.05	0.00	0.00
化学原料和化学制品制造业	4.41	4.26	2.22	2.57	2.08
医药制造业	2.49	2.78	1.90	1.84	0.88
非金属矿物制品业	0.11	0.16	0.11	0.11	0.10
黑色金属冶炼和压延加工业	0.00	0.01	—	0.15	0.28
有色金属冶炼和压延加工业	1.82	1.01	0.91	0.85	0.97
金属制品业	2.66	3.58	3.38	2.52	2.96
通用设备制造业	2.45	3.18	3.35	4.09	4.19
专用设备制造业	1.87	3.40	3.21	5.59	9.33
交通运输设备制造业	1.28	—	—	—	—
电气机械和器材制造业	2.78	1.97	2.15	2.78	2.32
计算机、通信和其他电子设备制造业	4.56	4.74	2.56	4.24	4.15
仪器仪表制造业	12.23	7.75	12.90	6.58	7.85
电力、热力、燃气及水的生产和供应业	0.00	0.00	0.00	0.56	0.50

资料来源：根据昆明海关数据整理所得。

1. 云南省工业制造业出口外向度整体水平较低

如表1-10所示，2011~2015年，在所分析的国民经济统计26个工业制造业中，出口倾向指数最高的行业为纺织业，但5年的平均值也不高，为20%左右。从变化趋势看，食品制造业，酒、饮料和精制茶制造业，纺织业，化学原料和化学制品制造业等行业出口倾向指数呈总体下降趋势，26个行业中仅有农副食品加工业、通用设备制造业和专用设备制造业的出口倾向指数明显上升。

2. 出口外向度较高的工业制造业集中于劳动密集型制造业

如表1-10所示，出口倾向指数较高的工业制造业主要为纺织业，仪器仪表制造业，纺织服装、服饰业和食品制造业。从以上4个行业可看出，云南省工业制造业出口倾向指数较高的行业集中于劳动密集型制造业，纺织业和仪器仪表制造业这两个行业的出口倾向指数呈下降趋势。劳动力成本的提升、原材料价格的上涨和人民币汇率的波动，势必对云南省国民经济行业出口倾向带来较大的影响。

3. 化学原料和化学制品制造业、医药制造业、有色金属冶炼和压延加工业、仪器仪表制造业等行业的出口外向度呈下降趋势

总体看,出口倾向指数下降幅度较大的行业分别为食品制造业、医药制造业、化学原料和化学制品制造业以及仪器仪表制造业。说明这些行业的出口能力没有随着行业规模的扩大而相应增强。

4. 采矿业、能源生产和供应业、农产品与装备制造业出口外向度偏低

在分析期内,出口倾向指数均值较低的行业主要分布于采矿业、酒类饮料业及电力基础设施生产和供应业。其中,有色金属矿采选业,烟草制品业,电力、热力、燃气及水的生产和供应业的出口倾向指数平均值长期不足1.0%,说明这些行业并没有随规模的扩大而扩大出口数量。近年来云南省大力推进高原特色农产品和装备制造业重点产业,反映在出口方面,劳动密集型的农副食品加工业,资本密集型的专用设备制造业、通用设备制造业的出口外向度明显提高,呈现明显的变化趋势。其中,2015年农副食品加工业的出口倾向指数较2011年提高3.17个百分点,通用设备制造业的出口倾向指数较2011年提高1.74个百分点,专用设备制造业的出口倾向指数比2011年提高7.46个百分点,但均处于10%以下。说明这些行业的规模扩大后出口能力相应增强,但是出口外向度低,仍然有较大的出口拓展潜力。

三 云南省工业制造业对外竞争力分析

表1-11 2011~2015年云南省工业制造业贸易竞争力指数

行业＼年份	2011	2012	2013	2014	2015
煤炭开采和洗选业	-0.90	-0.95	-0.96	-0.95	-0.77
石油和天然气开采业	1.00	1.00	1.00	-0.99	-0.99
黑色金属矿采选业	-1.00	-1.00	-1.00	-1.00	-1.00
有色金属矿采选业	-1.00	-1.00	-1.00	-1.00	-0.97
非金属矿采选业	-0.97	-0.98	-0.85	-0.74	-0.82
农副食品加工业	-0.82	-0.82	-0.76	-0.68	0.79
食品制造业	0.50	0.44	0.63	0.82	0.99
酒、饮料和精制茶制造业	0.83	0.85	0.84	0.75	0.31
烟草制品业	1.00	1.00	1.00	1.00	1.00

续表

行业 \ 年份	2011	2012	2013	2014	2015
纺织业	0.99	1.00	1.00	0.99	0.99
纺织服装、服饰业	1.00	1.00	1.00	0.99	1.00
造纸和纸制品业	0.76	0.35	0.91	0.93	0.93
石油加工、炼焦和核燃料加工业	0.75	0.87	0.38	0.19	0.71
化学原料和化学制品制造业	0.91	0.90	0.86	0.90	0.93
医药制造业	0.65	0.67	0.98	0.78	0.56
非金属矿物制品业	0.72	0.29	0.69	0.80	0.92
黑色金属冶炼和压延加工业	0.97	0.94	0.97	0.98	0.99
有色金属冶炼和压延加工业	-0.07	-0.65	0.54	0.31	0.69
金属制品业	0.95	0.99	0.96	0.97	0.98
通用设备制造业	0.16	0.28	0.34	0.59	0.65
专用设备制造业	-0.30	0.00	0.12	0.30	0.48
交通运输设备制造业	0.57	0.05	0.05	-0.07	0.11
电气机械和器材制造业	0.74	0.42	0.36	0.50	0.65
计算机、通信和其他电子设备制造业	0.75	0.93	0.93	0.99	0.97
仪器仪表制造业	0.30	0.14	0.22	0.38	0.46
电力、热力、燃气及水的生产和供应业	0.63	0.46	0.57	0.54	0.45

资料来源：《中国工业统计年鉴》（2012~2016年），中国统计出版社。

表1-12 2011~2015年云南省工业制造业出口竞争力指数

行业 \ 年份	2011	2012	2013	2014	2015
煤炭开采和洗选业	0.42	—	0.16	0.00	—
石油和天然气开采业	—	—	—	—	—
黑色金属矿采选业	—	—	—	—	—
有色金属矿采选业	—	—	0.00	0.00	—
非金属矿采选业	—	—	—	—	—
农副食品加工业	2.98	3.68	5.55	5.20	4.71
食品制造业	7.55	5.69	6.98	3.91	3.94
酒、饮料和精制茶制造业	1.17	4.42	2.39	1.56	1.19
烟草制品业	0.64	0.69	0.71	0.64	0.60
纺织业	14.94	12.28	18.62	14.44	10.19

续表

行业 \ 年份	2011	2012	2013	2014	2015
纺织服装、服饰业	7.63	0.00	8.11	6.12	6.22
造纸和纸制品业	0.00	0.00	0.00	0.00	0.00
石油加工、炼焦和核燃料加工业	0.00	0.06	0.04	0.00	0.00
化学原料和化学制品制造业	2.87	2.92	1.68	1.68	1.27
医药制造业	1.62	1.90	1.44	1.20	0.54
非金属矿物制品业	0.07	0.11	0.08	0.07	0.06
黑色金属冶炼和压延加工业	0.00	0.00	—	0.10	0.17
有色金属冶炼和压延加工业	1.18	0.69	0.69	0.55	0.59
金属制品业	1.73	2.45	2.57	1.64	1.80
通用设备制造业	1.60	2.18	2.54	2.67	2.54
专用设备制造业	1.21	2.33	2.44	3.65	5.67
交通运输设备制造业	0.83	—	—	—	—
电气机械和器材制造业	1.81	1.35	1.63	1.82	1.41
计算机、通信和其他电子设备制造业	2.96	3.25	1.94	2.77	2.52
仪器仪表制造业	7.95	5.31	9.79	4.30	4.77
电力、热力、燃气及水的生产和供应业	0.00	0.00	0.00	0.37	0.30

资料来源：《中国工业统计年鉴》（2012～2016年），中国统计出版社。

1. 云南省工业制造业行业对外竞争力整体水平较低

如表1-11所示，在所分析的26个工业制造业中，多数行业的贸易竞争力指数大于0，说明这些行业的出口规模相对于进口规模较大，贸易竞争力较大。但是在这些行业中，仅有食品制造业，烟草制品业，纺织业，纺织服装、服饰业，造纸和纸制品业，化学原料和化学制品制造业，非金属矿物制品业，黑色金属冶炼和压延加工业，金属制品业，计算机、通信和其他电子设备制造业的行业贸易竞争力指数接近1，即在国际贸易中有较强的比较优势。值得注意的是，在分析期内有3个行业的贸易竞争力指数由负变正，农副食品加工业的贸易竞争力指数从2011年的-0.82提升到2015年的0.79，有色金属冶炼和压延加工业的贸易竞争力指数从2011年的-0.07提升到2015年的0.69，专用设备制造业的贸易竞争力指数从2011年的-0.30提升到2015年的0.48，表明这3个行业贸易竞争力增强，但仍然处于低位。

如表1-12所示,在所分析的26个工业制造业中,有10多个行业的出口竞争力指数大于1,即在消除出口与该行业的经济规模强相关的影响后,这些行业具有较强的出口竞争力。综合来看,云南省工业制造业行业整体对外竞争力水平较低。

2. 纺织业,食品制造业,计算机、通信和其他电子设备制造业等对外竞争力较强

综合贸易竞争力指数和出口竞争力指数分析,纺织业,纺织服装、服饰业,食品制造业,化学原料和化学制品制造业,金属制品业,通用设备制造业,计算机、通信和其他电子设备制造业具有较强的对外竞争力。

劳动密集型的纺织业,纺织服装、服饰业等,以及近年来发展速度较快的计算机、通信和其他电子设备制造业对云南省外向型经济的发展具有较强的支撑作用。纺织业和纺织服装、服饰业的贸易竞争力指数与出口竞争力指数在26个行业中是排名最靠前的行业,是云南省工业制造业中具有最强对外贸易竞争力的行业。通用设备制造业相比其他行业有着较强的出口竞争力,在对外经济贸易中具有较强的比较优势。

3. 农副食品加工业对外竞争力显著增强

从分析指标来看,在所分析的26个行业中,农副食品加工业的贸易竞争力指数由负变正,从2011年的-0.82提高到2015年的0.79,同期出口竞争力指数从2.98提高到4.71。农副食品加工业在云南省高原特色农业重点产业发展支撑下,相对于其他行业在对外贸易中凸显比较优势,并且其出口规模也达到与其经济规模相称的水平。

4. 通用设备制造业,计算机、通信和其他电子设备制造业等行业呈现较大发展潜力

在分析期内,专用设备制造业的贸易竞争力指数从2011年的-0.30提高到2015年的0.48,其出口竞争力指数也由2011年的1.21提高到2015年的5.67。通用设备制造业的贸易竞争力指数从2011年的0.16提高到2015年的0.65。计算机、通信和其他电子设备制造业的贸易竞争力指数从2011年的0.75提高到2015年的0.97。

云南省装备制造业开始在对外贸易中呈现比较优势,但是交通运输设备等出口竞争力不突出,仍需重点发展。

四 云南省工业制造业对外向型经济发展的作用

1. 工业制造业整体外向度不高,且存在走低趋势

根据以上分析,食品制造业,烟草制品业,纺织业,纺织服装、服饰业,造纸和纸制品业,化学原料和化学制品制造业,非金属矿物制品业,黑色金属冶炼和压延加工业,金属制品业,计算机、通信和其他电子设备制造业的贸易竞争力指数等于或接近1,即在国际贸易中有较强的比较优势。云南省工业制造业中出口倾向指数和出口竞争力指数均较高的行业集中于纺织业,纺织服装、服饰业,农副食品加工业,化学原料和化学制品制造业、金属制品业等行业。进一步分析数据可得出,一方面,从出口倾向指数来看,上述行业中仅有3个行业出口倾向指数的均值超过0.1,且整体平均水平较低;另一方面,在上述行业中,劳动密集型的纺织业,纺织服装、服饰业,化学原料和化学制品制造业的出口倾向指数总体呈下降趋势。

综上所述,云南省工业制造业行业的整体外向度不高,农副食品加工业等近年来外向度提升显著,但仍然处于较低水平,传统劳动密集型行业外向度的下滑趋势明显,成为制约云南省外向型经济发展的重要瓶颈。

2. 工业制造业中部分贸易竞争力较强的行业未能实现高外向度

结合以上对云南省工业制造业26个行业的分析可知,部分贸易竞争力较强行业的出口倾向指数较低。具体的,云南省工业制造业中烟草制造业,医药制造业,电力、热力、燃气和水的生产和供应业等具有较强的比较优势,但出口倾向指数较低,出口未能达到与其经济规模相称的水平。伴随"一带一路"沿线周边国家工业化进程加快和消费能力不断提升,上述行业的出口增长仍有很大的潜力。

3. 工业制造业中部分与国外市场存在互补性的行业有待进一步扩大出口规模

分析发现,云南省工业制造业中部分行业出口竞争力指数较高,但出口倾向指数和贸易竞争力指数较低。这说明这部分行业同时具有出口需求和进口需求,该行业产品与国外市场同行业产品的差异性带来了进出口的双向需求，形成了与国外市场的优势互补，但是出口倾向指数较低体现出该行业仍需发挥产品优势，进一步扩大国外市场的需求，扩大出口规模。因此，应该关注国外市场的需求变化，不断提升本地区的生产技术能力，积极迎合国外市场需求，持续提升这部分行业的竞争力。具体的，在"一带一路"倡议实施和国际产能合作进程中，通用设备制造业、专用设备制造业和交通运输设备制造业应该不断强化竞争优势，依托基础设施项目推进大型机电、运输设备"走出去"，生产面向国外主要目标市场的差异化产品，争取更大的国外市场份额，扩大国外市场对本地产品的进口需求。

第二章
云南省产业发展和产业竞争优势分析

第一节 研究背景、问题和思路

一 研究背景

虽然改革开放后我国外向型经济的发展十分成功，并建立了庞大的出口产业，然而并不是所有省份的外向型经济发展都获得了成功。我国外向型经济的发展主要集中在东部沿海地区，这些地区过去就是我国经济较为发达的地区，改革开放后，这些地区通过引进外资、扩大出口，取得了迅速的发展。相比之下，我国中西部地区外向型经济的发展比较落后，未能充分利用改革开放建立强大的外向型产业基础。云南作为中西部地区的省份，虽然具备外向型经济发展的区位条件，但是总体而言，外向型经济的发展非常落后。外向型经济的发展，对地区经济和产业的发展十分重要。如图2-1所示，我国工业发展较好的省份都是外向型经济发展较为突出的地区，如广东、江苏、山东和浙江，而工业发展落后的省份大多是外向型经济发展较差的地区。2010年和2015年，云南的工业发展水平在全国分别处于第25位和第24位，是较为落后的省份，如何通过特色产业的发展，建立外向型经济的基础是云南经济发展面临的重要问题。

近年来，云南经济发展加速，2015年地区生产总值达13717.88亿元。其中，第一产业完成增加值2055.71亿元，同比增长5.9%；第二产业完成增加值5492.76亿元，同比增长8.6%；第三产业完成增加值6169.41亿元，同比增长9.6%。全省2015年农业总产值达3383.09亿元，比2014年增长6.0%。其中，农业产值达1840.61亿元，同比增长6.1%；林业产值达

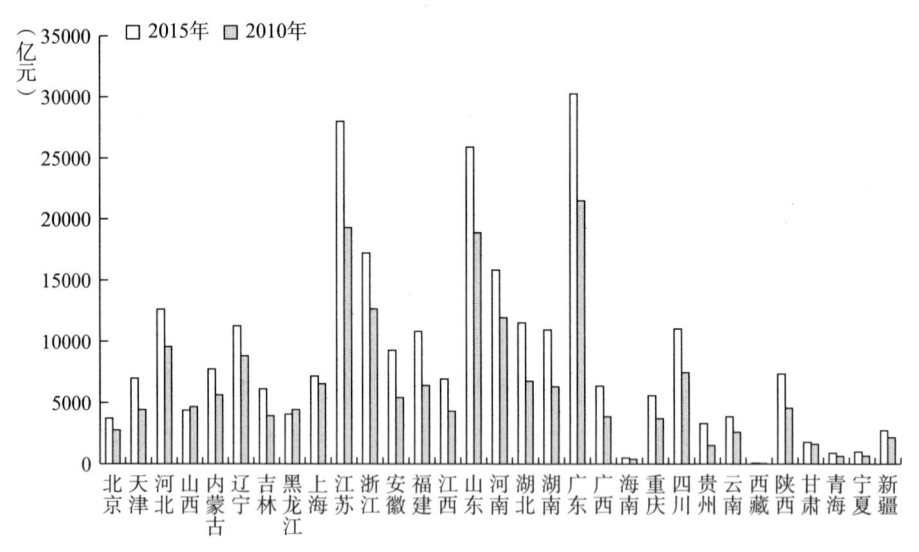

图 2-1 我国各省份工业增加值

317.52亿元，同比增长9.7%；牧业产值达1031.48亿元，同比增长4.0%；渔业产值达81.67亿元，同比增长8.8%；农林牧渔服务业产值达111.81亿元，同比增长10.1%。全省2015年工业增加值达3925.18亿元，比上年增长6.7%。规模以上工业增加值达3623.08亿元，同比增长6.7%。在规模以上工业中，从主要工业门类看，采矿业增加值达326.69亿元，同比增长10.6%；制造业增加值达2731.98亿元，同比增长6.0%；电力、热力、燃气及水的生产和供应业增加值达564.41亿元，同比增长7.5%。旅游业是云南服务业中外向发展程度最高的行业，2015年接待海外入境旅客（包括口岸入境一日游）1075.32万人次，比上年增长7.8%；实现旅游外汇收入28.76亿美元，同比增长18.8%。全年接待国内游客3.23亿人次，同比增长15.0%；实现国内旅游收入3104.37亿元，同比增长23.3%；全年实现旅游业总收入3281.79亿元，同比增长23.1%。

虽然从宏观经济数据来看，云南经济无论是在整体上还是在部分行业中都显示出增长良好的迹象，但是云南产业发展中存在的问题仍然不容忽视。首先，云南产业发展过度依赖资源。产业发展以云南境内的矿产、化工原料、水力、煤炭资源为基础。即使是云南烟草业的优势，也源于云南省特殊的自然环境生产出的优质烟叶。旅游业主要依靠自然和文化旅游资源。其次，云南产业的竞争力不强。云南省产业的核心技术能力较弱，产业发展仍然主要依靠产能扩张，产业效益提高主要源于产品价格的上涨，在企业技术革新、新产品开发及产品附加值提升等方面还有很大空间。

这些问题的存在使得云南经济长期持续稳定增长存在隐患，必须寻求产业结构调整和升级的途径。从云南所处的区位来看，云南与东南亚国家相邻，而且距离南亚国家也较近，通过外向型经济发展来带动产业结构调整和升级是合理的选择。然而，和东部沿海地区相比，云南外向型经济发展缺乏产业基础，如何构建外向型经济发展的产业基础是核心问题。因此，选择具有本地特色和发展前景较好的产业作为重点培养对象，有助于提高云南外向型经济的发展水平。本章将评估云南产业的发展现状和发展潜力，提供基本的备选产业范围。

二 文献综述

目前文献对云南产业发展现状所做的评估主要从产业发展的现状和趋势、产业增长潜力和产业发展与宏观经济增长的关系几个角度进行。对于产业发展的现状和趋势，传统研究主要是用经济指标体系来进行评估，而更深入的研究则涉及一个地区产业的关联和协同效应，或者从可持续发展的角度来进行评估。对于特色产业与外向型经济发展的关系，除了基本的指标评价外，大部分研究关注的是如何扩大特色产业的贸易和投资，如在战略方面，郭建军从贸易发展战略、产业发展战略和海外投资的区域化战略角度分析了云南产业如何促进外向型经济发展。邓伟根、王然从全球价值整合的角度研究了产业发展与外向型经济发展的关系。关于产业政策，Jesus Felipe、Utsav Kumar、Arnelyn Abdon 对印度产业政策进行分析，强调促进生产要素积累的重要性。Randall G. Holcombe 对韩国产业政策的研究强调减少政府的干预和创造产业发展的环境。中国国内对产业政策研究的基本观点与国外同类研究相似，但更加重视通过产业基地建设，创造局部的有利条件来促进产业发展。

综上所述，本领域类似的研究较多，研究方法和体系相对比较成熟。本章拟借鉴这些研究成果，构建相应的指标体系，对云南各产业的专业化发展水平、增长趋势、结构变动对经济增长的贡献等做出全面的评估。

三 研究的问题

第一，评价云南产业的发展现状和趋势。研究现有产业在云南国民经济中的地位，所处的发展阶段，其优势、挑战、发展机遇和发展战略。

第二，利用三位数产业分类法，研究在云南各产业中，哪些产业是主导产业、支柱产业、新兴产业和衰退产业。研究云南产业的比较优势，对比云南各产业与国内同类产业的发展情况，探析这些产业的发展演变趋势。

第三，研究云南产业与外向型经济发展的关系，特色产业的贸易现状和投资现状，其在云南外向型经济发展中的地位，以及这些产业贸易和投资的潜力。

第四，研究哪些政策可以促进这些产业的发展。

四 研究思路、内容和方法

基本思路：首先，分析云南产业的发展现状以及各产业的发展趋势，研究这些产业在国内的竞争优势，进一步分析这些产业与云南外向型经济发展的关系；其次，在此基础上分析这些产业发展面临的问题和制约因素；最后，提出促进云南产业发展的政策建议。

研究内容：搜集云南产业数据和资料，定量评估云南产业的发展现状、发展趋势，以及这些产业对云南经济增长的贡献，分析这些产业的比较优势和竞争优势，根据产业特征对这些产业进行分类。

云南产业的竞争优势分析：以我国同类产业的发展为参考，分析云南产业在国内的竞争优势。

促进云南特色产业外向发展的政策建议：在上述研究的基础上，分析云南产业发展所面临的问题和制约因素，并提出政策建议。

第二节 研究方法

一 特色产业评估体系

根据特色产业的界定标准，建立一个可量化的指标体系来评估云南各产业的情况，利用统计数据，从全部产业中选择出特色产业。我们选择了4个指标作为评估标准，包括地区专业化率（A）、产业结构转移份额（B）、产业区域竞争力（C）、地区增长的偏向性（D）。

二 地区专业化率（A）

如果某产业在某个地区具有特有的优势，那么该地区将会专业化从事该产业的生产，因此地区专业化率是评价地区产业特有优势的显性指标。地区专业化率可以用区位熵表示，区位熵大于1，表示产业的地区专业化水平高于全国，该值越大，表示地区专业化水平越高。通过计算云南各产业的区位熵，评估各行业的地区专业化率。此外，通过区位熵的变动，还可以反映地区各产业专业化生产的变化趋势。区位熵的计算方法如下：

$$Q_{ij} = (x_{ij} / \sum_j x_{ij}) / (X_{nj} \sum_j X_{nj}) \quad (1)$$

$$r_Q = (Q_{ij,t} - Q_{ij,t-k}) / Q_{ij,t-k} - 1 \quad (2)$$

式（1）中，Q_{ij}为i地区j产业的区位熵，x_{ij}为i地区j产业的产量指标（可用总产值、增加值，或就业人数等指标），X_{nj}为全国j产业的产量指标，$\sum_j x_{ij}$为i地区全部工业的产量指标，$\sum_j X_{nj}$为全国全部工业的产量指标。式（2）中，r_Q表示区位熵的变动率，t表示年份，k表示考察的时间跨度。

Q_{ij}的大小反映了产业地区专业化生产的水平，r_Q的大小反映了产业的地区专业化生产水平的变动情况。考虑到我们更关心产业未来的发展潜力，因此我们使用r_Q作为评估的标准，即选择地区专业化率上升的企业作为备选产业。

三 产业结构转移份额和产业区域竞争力

产业结构转移份额（B）和区域竞争力（C）均通过偏离—份额分析得出。假定地区i经过时间$(0,t)$之后，工业总量和结构都已发生了变化。设在时刻0时地区i的产业总规模为$x_{i,0}$，在时刻t时产业总规模为$x_{i,t}$，产业部门数量为n，分别以$x_{ij,0}$、$x_{ij,t}(j = 1, 2, \cdots, n)$表示区域$i$第$j$产业部门在初期与末期的规模。以$X_0$、$X_t$表示全国在同一时期初期与末期的产业总规模，以 $X_{j,0}$、$X_{j,t}$ 表示全国初期与末期第 j 产业部门的规模。定义以下几个变化率。

地区 i 第 j 产业在 $(0,t)$ 时间段的变化率 r_{ij} 为：

$$r_{ij} = (x_{ij,t} - x_{ij,0})/x_{ij,0} \quad (j = 1, 2, \cdots, n) \tag{3}$$

全国 j 产业在 $(0,t)$ 时间段的变化率 R_j 为：

$$R_j = (X_{j,t} - X_{j,0})/X_{j,0} \quad (j = 1, 2, \cdots, n) \tag{4}$$

以全国各产业部门所占的份额按下式将区域各产业部门的规模标准化：

$$x_{ij,0}^* = x_{ij,0}(X_{j,0}/X_0) \quad (j = 1, 2, \cdots, n) \tag{5}$$

这样，在 $(0,t)$ 时段内地区 i 第 j 产业部门的增长量 G_{ij} 可以分解为 N_{ij}、P_{ij}、D_{ij} 三个分量，表达为：

$$G_{ij} = N_{ij} + P_{ij} + D_{ij}$$
$$N_{ij} = x_{ij,0}^* R_j$$
$$P_{ij} = (x_{ij,0} - x_{ij,0}^*)R_j$$
$$D_{ij} = x_{ij,0}(r_{ij} - R_j)$$
$$G_{ij} = x_{ij,t} - x_{ij,0}$$

N_{ij} 称为份额分量，是指 j 部门的全国总量按比例分配，区域 i 的 j 部门规模发生的变化，也就是区域标准化产业部门按全国或所在大区的平均增长率发展所产生的变化量。

P_{ij} 称为产业结构转移份额，或产业结构效应，是指区域部门比重与全国或所在大区相应部门比重的差异引起的区域 i 第 j 部门的增长相对于全国标准所产生的偏差。P_{ij} 越大，说明部门结构对经济总量增长的贡献越大。

D_{ij} 称为区域竞争力偏离分量或区域份额效果，是指区域 i 第 j 部门的增长速度与全国相应部门增长速度的差别，反映区域 i 的 j 部门的相对竞争力。此值越大，说明区域 i 的 j 部门的竞争力对经济增长的作用越大。

四 地区增长的偏向性

地区经济增长不是各产业的平衡增长，产业增长的不平衡是常态，因此地区增长总是偏向于部分产业,这种现象称为地区增长的偏向性。从要素禀赋论的角度解释,地区增长的偏向性源于生产要素增长的不平衡,增长较快的产业通常是使用地区特有生产要素比例较高的产业。因此,地区增长的偏向性间接反映了产业与地区特定生产要素的关系。下面我们定义两种类型的相对增长速度来反映地区增长的偏向性。

第一,相对增长速度 GA。

相对增长速度 GA 反映了某个产业的增长率相对于本地区所有产业平均增长率的比例,用来衡量产业在本地区的增长偏向性,其计算方法如下:

$$GA_j = (x_{ij,t} - x_{ij,0})/x_{ij,0} : (x_{i,t} - x_{i,0})/x_{i,0} \tag{6}$$

式(6)中,$x_{ij,0}$ 和 $x_{ij,t}$($j = 1, 2, \cdots, n$)分别表示区域 i 的第 j 产业部门在初期与末期的规模。$x_{i,t}$ 和 $x_{i,0}$ 分别表示区域 i 全部产业在初期与末期的规模。GA_j 大于 1,表示 j 产业部门是地区增长偏向的产业。

第二,相对增长速度 GB。

相对增长速度 GB 反映了某个产业的增长率相对于本国所有产业平均增长率的比例,用来衡量产业在国内的增长偏向性,其计算方法如下:

$$GB_j = (x_{ij,t} - x_{ij,0})/x_{ij,0} : (X_t - X_0)/X_0 \tag{7}$$

式(7)中,X_t 和 X_0 分别表示本国全部产业在初期与末期的规模。GB_j 大于 1,表示 j 产业部门是国内增长偏向的产业。

第三节 云南产业发展评估

下面利用统计数据对云南的产业进行评估,从中挑选符合条件的特色产业,统计数据来源于历年《中国统计年鉴》《云南统计年鉴》等。

一 云南各产业地区专业化率变动情况

如表 2-1 所示,云南各产业中地区专业化率提高的产业共有 16 个,包括食品制造业,酒、饮料和精制茶制造业,烟草制品业,纺织服装、服饰业,木材加工和木、竹、藤、棕、草制品业,家具制造业,文教、工美、体育和娱乐用品制造业,化学纤维制造业,橡胶和塑料制品业,通用设备制造业,交通运输设备制造业，电气机械和器材制造业，废弃资源综合利用业，电力、热力的生产和供应业，燃气的生产和供应业，水的生产和供应业。

表2-1 云南地区专业化率计算结果

行业	2012年	2015年	Q_{ij}变动率（%）
煤炭开采和洗选业	1.593	1.203	-24.48
石油和天然气开采业	0.000	0.000	0.00
黑色金属矿采选业	2.060	1.963	-4.71
有色金属矿采选业	3.745	3.718	-0.72
非金属矿采选业	2.311	1.987	-14.02
农副食品加工业	0.855	0.855	0.00
食品制造业	0.906	0.987	8.94
酒、饮料和精制茶制造业	1.150	1.673	45.48
烟草制品业	18.653	20.504	9.92
纺织业	0.055	0.051	-7.27
纺织服装、服饰业	0.024	0.064	166.67
皮革、毛皮、羽毛及其制品和制鞋业	0.054	0.054	0.00
木材加工和木、竹、藤、棕、草制品业	0.513	0.648	26.32
家具制造业	0.018	0.050	177.78
造纸和纸制品业	0.524	0.506	-3.44
印刷和记录媒介复制业	1.491	0.927	-37.83
文教、工美、体育和娱乐用品制造业	1.358	2.200	62.00
石油加工、炼焦和核燃料加工业	0.620	0.306	-50.65
化学原料和化学制品制造业	1.277	0.840	-34.22
医药制造业	1.378	1.120	-18.72
化学纤维制造业	0.182	0.205	12.64
橡胶和塑料制品业	0.438	0.662	51.14
非金属矿物制品业	0.822	0.805	-2.07
黑色金属冶炼及压延加工业	1.439	0.878	-38.99
有色金属冶炼和压延加工业	3.644	2.758	-24.31
金属制品业	0.302	0.288	-4.64
通用设备制造业	0.151	0.205	35.76
专用设备制造业	0.264	0.230	-12.88

续表

行业	2012年	2015年	Q_{ij}变动率（%）
交通运输设备制造业	0.256	0.265	3.52
电气机械和器材制造业	0.157	0.167	6.37
计算机、通信和其他电子设备制造业	0.036	0.032	-11.11
仪器仪表制造业	0.170	0.037	-78.24
其他制造业	0.127	0.119	-6.30
废弃资源综合利用业	0.109	0.568	421.10
电力、热力的生产和供应业	1.977	2.843	43.80
燃气的生产和供应业	1.015	1.382	36.16
水的生产和供应业	1.268	1.532	20.82

资料来源：根据2013年和2016年《中国统计年鉴》《云南统计年鉴》计算。

总体上看，云南各产业中地区专业化率上升比较明显的产业集中在轻工业部门和部分机电设备制造业部门，而传统冶金类产业的优势有不同程度的下降。各产业地区专业化率的变化说明云南某些传统上依赖矿产资源的产业在国内的优势下降，但同时一些依赖自然资源的产业在国内的优势上升，表明云南的资源型产业有一定程度的优化。同时，部分机电设备制造业的地区专业化率上升，反映云南制造业出现了转型升级的迹象。但是，如果从地区专业化率的绝对值来看，云南的优势产业仍然集中在原来的传统产业。

二 云南各产业的结构转移份额和区域竞争力

偏离—份额分析的计算结果如表2-2所示。首先我们来看结构转移份额的计算结果，共有16个产业对云南经济增长的贡献比较大，分别是煤炭开采和洗选业，黑色金属矿采选业，有色金属矿采选业，非金属矿采选业，农副食品加工业，酒、饮料和精制茶制造业，烟草制品业，石油加工、炼焦和核燃料加工业，化学原料和化学制品制造业，医药制造业，非金属矿物制品业，黑色金属冶炼及压延加工业，有色金属冶炼及压延加工业，交通运输设备制造业，电气机械和器材制造业，电力、热力的生产和供应业。

表 2－2　偏离—份额分析计算结果

行业	N_{ij}	P_{ij}	D_{ij}	G_{ij}
煤炭开采和洗选业	5.507	235.346	180.772	421.624
石油和天然气开采业	0.003	0.131	－0.337	－0.203
黑色金属矿采选业	0.949	217.056	－88.356	129.650
有色金属矿采选业	1.406	265.439	－196.979	69.867
非金属矿采选业	0.319	98.009	－36.975	61.352
农副食品加工业	13.509	316.531	－55.291	274.749
食品制造业	0.741	49.185	64.253	114.179
酒、饮料和精制茶制造业	1.662	133.404	－54.096	80.970
烟草制品业	8.746	837.066	－173.937	671.875
纺织业	0.539	10.617	－1.425	9.730
纺织服装、服饰业	0.039	1.974	－0.185	1.828
皮革、毛皮、羽毛及其制品和制鞋业	0.001	0.070	5.148	5.218
木材加工和木、竹、藤、棕、草制品业	0.313	40.950	－6.294	34.970
家具制造业	0.006	0.963	－0.545	0.425
造纸和纸制品业	0.825	50.945	－20.198	31.572
印刷业和记录媒介复制业	0.302	56.158	－37.599	18.862
文教、工美、体育和娱乐用品制造业	0.000	0.063	47.400	47.463
石油加工、炼焦和核燃料加工业	6.747	132.887	15.218	154.852
化学原料和化学制品制造业	45.782	665.174	－225.126	485.830
医药制造业	2.414	155.105	－17.510	140.009
化学纤维制造业	0.114	11.171	－8.684	2.602
橡胶和塑料制品业	1.160	39.262	42.812	83.233
非金属矿物制品业	10.187	266.411	－30.595	246.003
黑色金属冶炼及压延加工业	56.666	644.468	－152.340	548.794
有色金属冶炼及压延加工业	71.869	1685.861	－1330.937	426.793
金属制品业	0.834	30.230	28.064	59.128
通用设备制造业	4.070	89.986	－74.237	19.820
专用设备制造业	2.112	82.868	－47.565	37.415
交通运输设备制造业	10.909	159.124	－72.646	97.387
电气机械和器材制造业	5.643	93.025	－65.333	33.335

续表

行业	N_{ij}	P_{ij}	D_{ij}	G_{ij}
计算机、通信和其他电子设备制造业	1.115	9.591	2.675	13.380
仪器仪表制造业	0.130	11.488	-7.670	3.948
废弃资源综合利用	0.011	7.998	-6.433	1.576
电力、热力的生产和供应业	39.363	529.228	-6.654	561.936
燃气的生产和供应业	0.072	30.519	-4.824	25.767
水的生产和供应业	0.015	6.822	-1.120	5.717

资料来源：根据相关年份《中国统计年鉴》《云南统计年鉴》计算。

结构转移份额较大的产业都是云南传统上的优势产业，集中在资源型产业中。然而，这些产业的区域竞争力总体上是下降的。从区域竞争力的分析结果看，区域竞争力上升的产业包括食品制造业，皮革、毛皮、羽毛及其制品和制鞋业，文教、工美、体育和娱乐用品制造业，橡胶和塑料制品业，金属制品业，计算机、通信和其他电子设备制造业6个产业，与传统上的优势产业没有重合。反映了云南资源型产业竞争力下降的同时，部分制造业的竞争力上升，但这些制造业目前在云南经济中的地位还不高。

三 云南各产业地区增长的偏向性

由表2-3可知，云南各产业中平均增长速度最快的10个产业分别是废弃资源综合利用业，家具制造业，纺织服装、服饰业，文教、工美、体育和娱乐用品制造业，燃气的生产和供应业，橡胶和塑料制品业，酒、饮料和精制茶制造业，水的生产和供应业，木材加工和木、竹、藤、棕、草制品业，通用设备制造业。这些产业反映了近年来云南产业发展的主要方向，然而这些产业中几乎不包含云南传统的几大优势产业。从表2-3中也可以看到，云南传统的烟草、冶金和化工类产业的增长态势不容乐观，可见云南产业转型升级的压力很大。

表2-3 云南各行业地区增长偏向性

行业	2012~2015年年均增长率（%）	GA	GB
煤炭开采和洗选业	-12.28	-1.93	-2.61

续表

行业	2012~2015年年均增长率（%）	GA	GB
石油和天然气开采业	—	—	—
黑色金属矿采选业	-3.96	-0.62	-0.84
有色金属矿采选业	2.48	0.39	0.53
非金属矿采选业	2.68	0.42	0.57
农副食品加工业	4.99	0.79	1.06
食品制造业	8.89	1.40	1.89
酒、饮料和精制茶制造业	14.14	2.23	3.01
烟草制品业	5.90	0.93	1.25
纺织业	2.68	0.42	0.57
纺织服装、服饰业	28.00	4.41	5.96
皮革、毛皮、羽毛及其制品和制鞋业	5.73	0.90	1.22
木材加工和木、竹、藤、棕、草制品业	11.65	1.84	2.48
家具制造业	31.34	4.94	6.67
造纸和纸制品业	1.80	0.28	0.38
印刷和记录媒介复制业	0.55	0.09	0.12
文教、工美、体育和娱乐用品制造业	20.56	3.24	4.37
石油加工、炼焦和核燃料加工业	-15.38	-2.42	-3.27
化学原料和化学制品制造业	-3.78	-0.60	-0.80
医药制造业	4.32	0.68	0.92
化学纤维制造业	4.52	0.71	0.96
橡胶和塑料制品业	14.35	2.26	3.05
非金属矿物制品业	5.88	0.93	1.25
黑色金属冶炼及压延加工业	-11.32	-1.78	-2.41
有色金属冶炼和压延加工业	-1.30	-0.20	-0.28
金属制品业	4.38	0.69	0.93
通用设备制造业	11.13	1.75	2.37
专用设备制造业	2.12	0.33	0.45
交通运输设备制造业	6.26	0.99	1.33
电气机械和器材制造业	6.37	1.00	1.35
计算机、通信和其他电子设备制造业	3.37	0.53	0.72
仪器仪表制造业	-21.91	-3.45	-4.66

续表

行业	2012~2015年年均增长率（%）	GA	GB
其他制造业	5.12	0.81	1.09
废弃资源综合利用业	47.99	7.56	10.21
电力、热力的生产和供应业	10.01	1.58	2.13
燃气的生产和供应业	19.54	3.08	4.16
水的生产和供应	11.69	1.84	2.49

资料来源：根据相关年份《中国统计年鉴》《云南统计年鉴》计算。

相对于全国的平均增长速度，云南各行业的增长情况略好。实际上，云南增长减速或衰退的产业是其传统的支柱产业。虽然以电气机械和器材制造业，计算机、通信和其他电子设备制造业为代表的部分制造业的增长速度高于全国平均水平，但这些产业在云南的规模较小。

第四节 云南细分产业分析

在上述分析的基础上，下面使用国标三位码产业分类法对云南各产业的发展情况做更详细的分析，分析使用的指标与二位码分类法相同。数据来自中宏产业经济数据库及中国统计信息应用系统。根据三位码产业分类法，共有工业门类138个，除去数据残缺、行业总产值非常低的行业，共有110个行业进入分析范围，分析使用的基本数据是工业总产值。

一 云南细分产业地区专业化水平分析

表2-4是按照2015年数据排序的云南各细分产业的地区专业化指数，表中列出了地区专业化指数大于2的产业。2015年云南共有21个产业的地区专业化指数大于2，属于云南在国内优势比较明显的产业。这些产业包括烟叶复烤业，其他烟草制品制造业，卷烟制造业，化学矿开采业，制糖业，精制茶加工业，采盐业，有色金属压延和加工业，中成药生产业，炼焦业，中药饮片加工业，肥料制造业，常用有色金属矿采选业，炼钢业，常用有色金属矿冶炼业，炼铁业，电力生产业，纸浆制造业，电力供应业，食品、饮料、烟草及饲料生产专用设备制造业，光学仪器及眼镜制造业。

从上述产业的特征来看，云南的优势产业具有以下几个特点。第一，专业化分工极其依赖资源，比较符合要素禀赋论的分工模式。例如，专业化分工水平最高的烟草、化工和冶金类产业，主要依赖于气候资源和矿产资源。第二，产品集中在产业链上游，以前向产业为主，除了烟草产业具有完整产业链之外，大多数产业提供的是原材料和初级产品。第三，具备优势的机械设备制造业比较缺乏，仅有光学仪器及眼镜制造业和食品、饮料、烟草及饲料生产专用设备制造业的区位熵大于2。

表2-4 2015年云南地区专业化指数大于2的细分产业

细分产业	区位熵	细分产业	区位熵
烟叶复烤业	44.50	肥料制造业	3.36
其他烟草制品制造业	14.78	常用有色金属矿采选业	3.05
卷烟制造业	13.35	炼钢业	2.98
化学矿开采业	12.68	常用有色金属矿冶炼业	2.65
制糖业	9.52	炼铁业	2.57
精制茶加工业	5.76	电力生产业	2.24
采盐业	5.16	纸浆制造业	2.21
有色金属压延加工业	4.61	电力供应业	2.15
中成药生产业	3.90	食品、饮料、烟草及饲料生产专用设备制造业	2.14
炼焦业	3.65	光学仪器及眼镜制造业	2.11
中药饮片加工业	3.55		

资料来源：中宏产业经济数据库（http://mcid.macrochina.com.cn）、中国统计信息应用系统（http://info.acmr.cn）。

从区位熵的变动来看，则情况有所好转。表2-5是2011~2015年区位熵提高大于1.5的细分产业。从表2-5中可以看到，农副食品加工类的细分产业区位熵提高最为明显，如调味品、发酵制品制造业，植物油加工业，水产品加工业，其他农副食品加工业，屠宰及肉类加工业，蔬菜、水果和坚果加工业等产业。建材类细分产业区位熵的提高也很明显，如砖瓦、石材等建筑材料制造业，土砂石开采业等。此外，机械制造、医药和纺织服装类产业也有部分细分产业的区位熵明显提高。

表 2-5　区位熵提高明显的行业（2011~2015年）

行业	区位熵变动	行业	区位熵变动
调味品、发酵制品制造业	13.58	通用仪器仪表制造业	2.33
植物油加工业	10.44	屠宰及肉类加工业	2.29
水产品加工业	9.45	蔬菜、水果和坚果加工业	2.24
合成材料制造业	8.94	石墨及其他非金属矿物制品制造业	2.13
其他农副食品加工业	6.56	其他食品制造业	2.04
化学矿开采业	4.08	生物药品制造业	2.02
风机包装设备等通用设备制造业	3.32	砖瓦、石材等建筑材料制造业	1.80
丝绢纺织及印染精加工业	3.04	土砂石开采业	1.69
其他烟草制品制造业	2.86	纤维素、纤维原料及纤维制造业	1.68
电子元件制造业	2.83	中成药生产业	1.68
烟煤和无烟煤开采洗选业	2.75	电力生产业	1.67
精制茶加工业	1.57		

资料来源：中宏产业经济数据库（http://mcid.macrochina.com.cn）、中国统计信息应用系统（http://info.acmr.cn）。

对比地区专业化率的绝对值和变化趋势，可以看到云南高度专业化的产业仍然是烟草、冶金、化工、电力这些传统的优势产业。这些产业的地区专业化水平虽然很高，但是已经提高缓慢。而以食品加工制造类、医药和部分机械设备制造类产业为代表的其他产业的专业化水平在不断提高，这是一个比较好的迹象，表明云南开始逐步摆脱对传统的烟草、冶金和化工产业的依赖，其他类别的产业开始出现加快发展的迹象。

二　云南细分产业的规模和增长分析

如表2-6所示，从产业规模来看，云南产业的集中程度很高，在全部产业中，工业总产值占全国工业总产值的比重大于1的产业共有19个。其中部分产业所占的比重非常高，特别是卷烟制造业、常用有色金属冶炼业和电力供应业，表明云南对传统支柱产业的依赖性仍然很强。在前19大产业中，除了汽车制造业、制糖业、中成药制造业外，其他产业都属于烟草、冶金、化工、建材和电力5个类别。

表 2-6 工业总产值占全国工业总产值比重大于 1% 的行业（2015 年）

行业	比重（%）	行业	比重（%）
卷烟制造业	12.89	基础化学原料制造业	1.71
常用有色金属冶炼业	11.34	常用有色金属矿采选业	1.32
电力供应业	6.98	铁矿采选业	1.44
钢压延加工业	4.54	汽车制造业	1.91
肥料制造业	3.80	制糖业	1.90
电力生产业	3.77	中成药制造业	1.90
烟煤和无烟煤的开采洗选业	2.91	炼铁业	0.80
炼焦业	2.97	专用化学产品制造业	1.51
水泥、石灰和石膏的制造业	3.01	烟叶复烤业	1.01
炼钢业	1.15		

资料来源：中宏产业经济数据库（http://mcid.macrochina.com.cn）、中国统计信息应用系统（http://info.acmr.cn）。

表 2-7 反映了产业的增长情况，其中相对增长率 A 是云南各产业相对于本地区工业的增长率，相对增长率 B 是云南各产业相对于国内同类产业的增长率。从相对增长率 A 来看，增长较快的产业非常多，可以大致分为几个类型：①汽车制造相关产业，云南历史上并不具有较强的汽车制造产业，但近几年汽车制造业的总产值增长较快；②食品加工类产业，如调味品、发酵制品制造业，其他农副食品加工业，植物油加工业，水产品加工业等；③建材类产业；④部分制造业。

表 2-7 相对增长率（2004~2011 年）

行业	相对增长率 A（%）	行业	相对增长率 B（%）
汽车车身、挂车制造业	5.57	电子和电工机械专用设备制造业	5.03
汽车整车制造业	4.42	汽车车身、挂车制造业	4.92
汽车零部件及配件制造业	3.97	汽车零部件及配件制造业	4.04
电子和电工机械专用设备制造业	2.62	炼钢业	3.19
炼钢业	2.47	汽车整车制造业	3.08

续表

行业	相对增长率 A (%)	行业	相对增长率 B (%)
调味品、发酵制品制造业	2.36	合成材料制造业	2.46
工艺美术品制造业	2.33	调味品、发酵制品制造业	2.31
其他农副食品加工业	2.12	工艺美术品制造业	2.30
植物油加工业	2.11	水产品加工业	2.28
水产品加工业	1.92	植物油加工业	2.18
炼焦业	1.87	丝绢纺织及印染精加工业	1.88
合成材料制造业	1.76	其他农副食品加工业	1.58
其他烟草制品制造业	1.61	化学矿开采业	1.52
烟煤和无烟煤开采洗选业	1.54	炼焦业	1.48
精制茶加工业	1.53	风机、衡器、包装设备等通用设备制造业	1.41
蔬菜、水果和坚果加工业	1.51	其他烟草制品制造业	1.12
生物药品制造业	1.50	烟煤和无烟煤开采洗选业	1.11
其他食品制造业	1.47	通用仪器仪表制造业	1.06
化学矿开采业	1.45	屠宰及肉类加工业	1.05
石墨及其他非金属矿物制品制造业	1.40	电力生产业	1.03

资料来源：中宏产业经济数据库（http://mcid.macrochina.com.cn）、中国统计信息应用系统（http://info.acmr.cn）。

相对增长率 B 反映的情况和相对增长率 A 类似，主要差别是产业门类相对要少。从两个指标反映的情况看，云南增长较快的产业主要是原来产业规模中下的产业，传统的规模较大的产业增长不快。产业结构已经出现优化调整的迹象，但总体产业结构尚未发生改变。

第五节 云南产业发展综合评价

一 云南产业优势的构成

1. 产业类型 A——依托气候、生物资源特有优势

这类产业的特点是依托云南的气候和生物资源优势。属于这一类型的产业共有 7 个，包括：①农副食品加工业；②食品制造业；③酒、饮料和精制茶制造业；④烟草制品业；⑤皮革、毛皮、羽毛及其制品和制鞋业；⑥医药制造业；⑦橡胶和塑料制品业。这些产业都在不同程度依赖云南良好的气候条件以及特有的自然和生物资源。

2. 产业类型 B——依托能源、矿产资源特有优势

这类产业的特点是依托云南的能源和矿产资源优势。属于这一类型的产业共有 7 个，包括：①石油加工、炼焦和核燃料加工业；②化学原料和化学制品制造业；③非金属矿物制品业；④黑色金属冶炼及压延加工业；⑤有色金属冶炼和压延加工业；⑥金属制品业；⑦电力、热力的生产和供应业。

在矿产资源方面，云南是我国金属和非金属矿产资源种类较多、储量较大的地区。已发现矿产 142 种，有 92 种探明了储量，矿产地 1274 处，有 54 种矿产保有储量居全国前 10 位。有色金属是云南最大的优势矿产，铝、锌、锡的保有储量居全国第 1 位，铜、镍的保有储量居全国第 3 位。在贵金属、稀有元素矿产中，铊、镉的保有储量居全国第 1 位，银、锗、铂族金属储量居全国第 2 位。在能源矿产中，煤炭保储量居全国第 9 位。在化工原料矿产中，磷、盐、芒硝、砷、钾盐、硫铁矿、电石用灰岩、化肥用蛇纹岩 8 种矿产的储量居全国前 10 位。

在能源资源方面，云南比较突出的是水能资源。云南省地跨六大水系，有 600 多条大小河流，正常年水资源总量 2222 亿立方米，水能资源理论蕴藏量为 10364 万千瓦，可开发的装机容量为 9000 多万千瓦，年发电量为 3944.5 亿千瓦时。

同时拥有矿产和能源资源使云南的冶金、化工工业具备非常明显的优势，这些产业是高耗能产业，云南既有丰富的矿产资源储备，又有充足的能源供应，非常有利于这类产业的发展。

二 各类产业的综合评价

综合上述分析，对产业进行综合评估。结合各产业的指标值以及产业类型，得到如下分析结果。

第一类产业：强势的传统优势产业。这类产业的主要特征是属于云南传统的优势产业，并且在指标考察期内，增长的态势比较好。属于这一类型的产业主要是烟草类、煤电类和钢铁类产业（见表2-8）。

表2-8 云南强势的传统优势产业

产业		综合评价
煤电类产业	烟煤和无烟煤开采洗选业	电力生产和电力供应业在云南工业中比重较大，专业化水平较高，区域竞争力较强，增长速度较快，是传统优势产业中表现较好的产业。虽然云南电力产业中水电的地位更为重要，但是在滇东产煤区，火电的规模也很大。烟煤和无烟煤开采洗选，以及褐煤开采洗选受电力生产的带动比较大，指标值也比较高
	褐煤开采洗选业	
	电力生产业	
	电力供应业	
钢铁类产业	炼铁业	炼钢产业在云南工业中比重较大，专业化水平较高，区域竞争力较强，对工业总产值增长的贡献大，增长速度较快，是这一组产业的核心。炼焦产业的各项指标值也较高。此外，铁矿采选和其他黑色金属矿采选产业受到的带动效应也比较大。而炼铁、钢压延加工、铁合金冶炼产业主要在产业规模、专业化水平方面具有一定的优势
	炼焦业	
	炼钢业	
	其他黑色金属矿采选业	
	钢压延加工业	
	铁矿采选业	
	铁合金冶炼业	
烟草类产业	卷烟制造业	烟草类产业以卷烟制造产业为核心，相对来说产业构成比较简单。卷烟制造业是云南规模最大的产业，烟叶复烤业是云南专业化水平最高的产业，对增长的贡献比较大，区域竞争力较强。相对来说，其他烟草制品制造业的指标值一般，但也属于这一类产业
	烟叶复烤业	
	其他烟草制品制造业	

第二类产业：一般的传统优势产业。这些产业和上一类产业一样，是云南传统上的优势产业，但是在指标考察期内，增长的态势不是很好，属于这一类的产业主要是有色金属类、化工类和建材类产业（见表2-9）。

表2-9 云南一般的传统优势产业

产业		综合评价
有色金属类产业	有色金属合金制造业	有色金属类产业拥有较大的规模，专业化水平也比较高，但是在考察期，增长速度低于工业平均水平，区域竞争力有下降的趋势
	有色金属压延加工业	
	常用有色金属矿冶炼业	

续表

产业		综合评价
化工类产业	专用化学产品制造业	化工类产业总体规模较大，包含的产业部门比较多。其中比较突出的是化学矿开采业和肥料制造业。总体上看，化工类产业偏向于化工原材料的生产制造，以及农用化工产品的生产。各产业的指标高于工业平均水平，但是优势并不突出，并且近年来的增长速度不快
	纤维素、纤维原料及纤维制造业	
	农药制造业	
	基础化学原料制造业	
	化学矿开采业	
	肥料制造业	
	采盐业	
建材类产业	砖瓦、石材等建筑材料制造业	建材类产业的情况和化工类产业相似，各项指标值处于中上水平。但是行业和房地产业高度相关，增长情况受房地产业的影响较大。由于考察期内房地产业的发展比较迅速，这些产业的增长也比较快，但是未来发展面临不确定性因素的影响
	土砂石开采业	
	水泥、石灰和石膏制造业	
	石膏、水泥制品及类似制品制造业	
	耐火材料制品制造业	

第三类产业：发展潜力较大的产业。这类产业在云南主要是农产品类和食品加工制造类产业。特点是虽然在云南工业中所占的比重远远低于传统的优势产业，但是增长率普遍较高，并且市场需求的前景较好（见表2-10）。

表2-10 云南发展潜力较大的产业

产业	综合评价
制糖业	属于这个类型的产业门类较多，共同特征是虽然产业规模不大，但是增长的情况良好。其中，制糖业，植物油加工业，调味品、发酵制品制造业，精制茶加工业的各项指标优于其他产业。随着我国工业化进程的加速，制造业产品的价格、利润不断下滑。而对高品质食品的需求不断提高，这类产业的发展前景较好
植物油加工业	
屠宰及肉类加工业	
调味品、发酵制品制造业	
糖果、巧克力及蜜饯制造业	
水产品加工业	
蔬菜、水果和坚果加工业	
乳制品制造业	
其他食品制造业	
其他农副食品加工业	
精制茶加工业	
罐头食品制造业	
方便食品制造业	
焙烤食品制造业	

第二章 云南省产业发展和产业竞争优势分析

第四类产业：具备一定发展潜力的产业。这类产业集中在机械设备制造业，指标表现与农产品类和食品加工制造类产业相似，规模不大，但是增长速度较快（见表2-11）。然而，就云南目前的产业基础而言，这些产业的发展潜力弱于前一组产业，这是因为前一组产业以云南独特的气候、生物资源为基础，而机械设备制造类产业需要形成相对完备的产业集群才能形成竞争力，但云南目前的产业结构显然还不具备这样的基础。

表2-11 云南具备一定发展潜力的产业

产业	综合评价
通用仪器仪表制造业	除了汽车制造相关产业外，这类产业的共同特征是虽然产业规模不大，但是增长的情况良好。这些产业大体上可以分为三类，第一类是汽车制造相关产业，包括汽车整车制造业，汽车零部件及配件制造业，汽车车身、挂车制造业三个产业部门。这类产业的规模明显大于其他产业，但是并不属于云南的传统优势产业，而且在国内的竞争优势也不强。第二类是和云南传统优势产业相关的机械设备制造业，如输配电及控制设备制造业，农、林、牧、渔专用机械制造业，食品、饮料、烟草及饲料生产专用设备制造业。这类产业由于和云南的优势产业相匹配，发展的潜力较大。第三类没有明确的特征，属于个别发展较好的制造业，比较具有代表性的是光学仪器及眼镜制造业
铁路运输设备制造业	
输配电及控制设备制造业	
食品、饮料、烟草及饲料生产专用设备制造业	
汽车整车制造业	
汽车零部件及配件制造业	
汽车车身、挂车制造业	
农、林、牧、渔专用机械制造业	
金属加工机械制造业	
化工、木材、非金属加工专用设备制造业	
光学仪器及眼镜制造业	
风机、衡器、包装设备等通用设备制造业	
非电力家用器具制造业	
电子元件制造业	
电子和电工机械专用设备制造业	
电池制造业	
泵、阀门、压缩机及类似机械制造业	

第五类产业：其他具有发展潜力的产业。这些产业的指标值较好，有一定的发展能潜力，但不能归入上述大类，因此单独列出（见表1-12）。

表 2-12 云南其他具有发展潜力的产业

产业	综合评价
中药饮片加工业	其中，医药制造类的产业指标值最高，特别是中药饮片加工业和中成药生产业。医药类产业同样依托于云南的生物资源优势，发展潜力较大。石墨及其他非金属矿物制品制造业、石棉及其他非金属矿采选业属于非金属矿采选和加工类行业，虽然不如金属矿采选和加工行业突出，但是也具有资源优势，有一定的发展潜力。合成材料制造业有云南其他金属、非金属原材料作为基础，发展潜力也较大
中成药生产业	
兽用药品制造业	
生物药品制造业	
合成材料制造业	
石墨及其他非金属矿物制品制造业	
石棉及其他非金属矿采选业	

第三章
云南省产业外向发展能力评价研究

第一节 云南省产业外向发展能力的界定与评估体系

一 产业外向发展能力的界定

产业外向发展源自外向型经济概念，一国或地区的经济外向度越高，与世界经济联系的紧密程度越高，综合竞争实力就越强。世界银行提出，所谓外向型经济是指一国的贸易政策和产业政策对为国内市场进行的生产活动与为出口进行的生产活动不存在歧视，同时对购买本国产品和购买外国产品不存在歧视。外向型经济通常被认为由"三外"，即"外贸"、"外资"和"外经"构成。由此，外向型经济是一种出口导向和进口替代并存的发展战略。而外向型经济在现实中往往体现为具体的行业或企业利用资源禀赋与技术发展优势在全球范围内实现资源的有效配置，从狭义的角度来看外向型经济实质上就是产业或企业参与国际贸易，即产业的外向发展。

产业外向发展能力则是一系列反映产业在全球范围内参与国际贸易、有效配置资源的能力，囊括产业发展外资、外贸、外经的能力以及为产业外向型发展提供支撑的生产及技术能力。由于外资与外经的数据难以获取，本章主要利用外贸数据考察企业"走出去"的能力，进而将产业外向发展能力分解为外向发展实力和外向发展潜力两个角度来考虑。

1. 产业外向发展实力

（1）区位比较优势。

区域内产业所具有的区位优势是企业外向发展的先决条件。区位优势由地理条件、自然资源禀赋、劳动力、产业基础等因素共同形成。新贸易理论将规模经济、产品差异、技术差异等新要素纳入比较优势的诸多因素中,发展并丰富了比较优势的内涵。区位比较优势是产业发展的天然优势,它意味着产业在生产过程中具有相对丰富的生产要素。由于自然、历史等原因,不同的区域具有不同的比较优势,如果产业能充分发挥所在区域的比较优势,就能通过区域间的分工合作在国际贸易过程中实现资源优化配置。

(2)生产率与贸易优势。

产业外向发展的竞争能力强调一个国家或地区的产业进入国际分工体系,参与国际贸易所表现出来的竞争优势。特指一个国家或地区的产业在生产过程中形成的、在国际竞争中所表现出来的贸易竞争能力,即一国或地区的产业能够持续有效地为国际市场提供产品与服务的能力。

2. 产业外向发展潜力

产业外向发展潜力指贸易扩张与市场潜力,强调各产业参与国际分工体系满足市场的潜在需求,以及各产业跨越边界获得贸易利益的能力。这一能力依赖于该产业所面临的市场潜力及相对的贸易利益空间。

由此,基于贸易理论的演进,产业外向发展能力是以区位比较优势为基础,以产业生产率与贸易竞争力为优势,通过贸易扩张与市场实现的。

二 云南省产业外向发展能力指标体系

考虑云南省外向经济的发展程度以及云南省产业的发展状况,基于上述产业外向发展能力的界定,我们考虑构建具体的能力评价指标。

1. 云南省产业外向发展实力(Ⅰ):区位比较优势

区位比较优势反映一定地理范围内发展某一产业所具有的优越条件,也是产业发展的天然优势,它意味着产业在生产过程中具有相对丰富的生产要素。有利的区位条件便于生产要素的投入与产品的生产,并有利于减少生产中的交易成本。产业专业化与集聚是产业具有较高生产率且有能力走外向发展道路的必要条件,而较低的生产成本则是充分条件。因此,本章选择行业的地区专业化指数、EG指数以及产业成本优势指数测度区位比较优势。

(1)行业的地区专业化指数。

地区专业化是指按照劳动地域分工规律,利用特定区域的自然条件、社会经济条件等诸方面的优势,大规模地集中地发展某个行业或某类产品,然后向区外输出，以求得最大经济效益，逐步形成一批具有地域特色且优于其他地域的专业化的生产部门的过程。樊卓福认为地区专业化水平越高，地区间贸易的相对规模越大。本章采用樊卓福的行业地区专业化指数来衡量某一地区产业的专业化程度，用 FI 表示：

$$FI_j = \frac{\frac{1}{2}\sum_{i=1}^{m}(|s_{ij} - s_j|\sum_{j=1}^{n}E_{ij})}{E_{ij}}$$

式中 i 代表地区，$i = 1, 2, \cdots, K, m$。j 代表行业，$j = 1, 2, \cdots, K, n$。E_{ij} 代表 i 地区 j 行业的产值，s_{ij} 代表 i 地区 j 行业产值占其工业总产值的份额，s_j 代表 j 行业产值占其工业总产值的份额。

$$s_{ij} = \frac{E_{ij}}{\sum_{j=1}^{n}E_{ij}}$$

$$s_j = \frac{\sum_{i=1}^{m}E_{ij}}{\sum_{i=1}^{m}\sum_{j=1}^{n}E_{ij}} = \sum_{i=1}^{m}\left(\frac{s_{ij}\sum_{j=1}^{n}E_{ij}}{\sum_{i=1}^{m}\sum_{j=1}^{n}E_{ij}}\right)$$

FI_j 的取值范围在 $[0, 1 - s_j]$。若每个地区 j 行业的产值占其工业总产值的比重相等，则 FI_j 的取值为 0；如果 j 行业集中于一个地区且该地区仅生产 j 行业的产品，则 FI_j 的取值为 $1 - s_j$。

（2）EG 指数（γ）。

产业在空间的聚集是区位自然优势、生产外部性及企业随机集中共同作用的结果。但衡量产业聚集的空间基尼系数往往存在失真的问题，结合赫芬达尔指数，Elision 和 Glaeser 提出新的测量产业集聚程度的集聚指数，称为 EG 指数。

$$\gamma_j = \frac{G_j - \left[1 - \sum_{i=1}^{m}\left(\frac{\sum_{j=1}^{n}E_{ij}}{\sum_{i=1}^{m}\sum_{j=1}^{n}E_{ij}}\right)^2\right]H_j}{\left[1 - \sum_{i=1}^{m}\left(\frac{\sum_{j=1}^{n}E_{ij}}{\sum_{i=1}^{m}\sum_{j=1}^{n}E_{ij}}\right)^2\right](1 - H_j)}$$

式中，$G_j = \sum_{i=1}^{m} \left(\dfrac{E_{ij}}{\sum_{i=1}^{m} E_{ij}} - \dfrac{\sum_{j=1}^{n} E_{ij}}{\sum_{i=1}^{m}\sum_{j=1}^{n} E_{ij}} \right)^2$，为 j 行业在 m 个地区内的基尼系数；赫芬达尔指数 $H_j = \sum_{k=1}^{t} \left(\dfrac{E_k}{\sum_{k=1}^{t} E_k} \right)^2$ 表示 j 行业中以产值计算的企业集中度，E_k 为第 k 个企业的产值。γ_j 具有较为严格的对称性。$\gamma_j < 0.02$，表明产业在该区域是分散的；$0.02 < \gamma_j < 0.05$，表明产业在该区域分布比较均匀；$\gamma_j > 0.05$，表明在该区域产业集聚度比较高。

（3）产业成本优势指数。

这一指数从单位工资成本的角度反映了一地区的要素优势，意味着企业劳动力投入的产出结果。计算公式如下：

$$XC_{ij} = \dfrac{X_{ij}}{w_{ij}} \bigg/ \dfrac{X_{Nj}}{w_{Nj}}$$

式中，XC_{ij} 为产业成本优势指数，X_{ij} 为 i 地区 j 产业的产值，w_{ij} 为 i 地区 j 产业的工资总额；X_{Nj} 为全省 j 产业的产值，w_{Nj} 为全省 j 产业的工资总额。该指标取值越大，其成本优势越明显。

2. 云南省产业外向发展实力（Ⅱ）：生产率与贸易优势

（1）产业生产效率指数。

该指数通过 j 行业平均从业人员的产值与全省平均从业人员产值的比重来测度，公式如下：

$$IP_j = \dfrac{Q_j}{\left(\dfrac{L_j}{N_j} \right)} \bigg/ \sum_{j=1}^{n} \dfrac{Q_j}{\left(\dfrac{L_j}{N_j} \right)}$$

式中，IP_j 表示产业生产效率，L_j 为 j 产业从业人员总数，N_j 为 j 产业的企业数量，Q_j 为 j 产业的产值。

（2）出口效率指数。

该指数通过 j 行业劳均出口额占全省劳均出口额的比重来测度。一地区或行业劳均出口额的高低直接受到一地区出口企业的交易效率和管理效率的影响，该指数能够综合反映一地区出口产业的效率水平。其计算公式如下：

$$XCI_{ij} = \frac{L\bar{X}_{ij}}{L\bar{X}_{Nj}}$$

式中，$L\bar{X}_{ij}$表示i地区j产业的劳均出口额，$L\bar{X}_{Nj}$表示全省j产业的劳均出口额。该指数取值越大，则出口效率越强，其竞争能力就越强；反之则反。

（3）贸易竞争力指数（TC指数）。

贸易竞争力指数也称贸易专业化指数，是用以论证产品周期理论的一种方法，指数的变化反映了产品在周期中由进口阶段、进口替代阶段、出口扩张阶段、成熟阶段到逆进口阶段的进程。计算公式为一国进出口贸易的差额占进出口贸易总额的比重，具体如下：

$$TC_{ij} = \frac{X_{ij} - M_{ij}}{X_{ij} + M_{ij}}$$

式中，X_{ij}表示i地区j产业的进口额，M_{ij}表示i地区j产业的进口额。该指标作为一个与贸易总额的相对值，剔除了通货膨胀等宏观因素方面波动的影响，即无论进出口的绝对量是多少，该指标均在-1至1之间。其值越接近于0，表示竞争力越接近平均水平；越接近于-1，表示竞争力越弱；越接近于1，表示竞争力越强。

TC_j表示j产品的贸易特化指数，X_j和M_j分别表示j产品的出口额和进口额，因此，贸易特化指数表示的是j产品的纯出口比率。贸易特化指数介于-1和1之间，从-1到1的上升运动反映了从净进口到净出口的变化过程，从1到-1的下降运动反映了从净出口到净进口的变化过程。一般来说，某种产品的贸易特化指数越接近1，说明该种产品在国际市场上的竞争力越强；贸易特化指数越接近-1，说明该种产品在国际市场上的竞争力越弱。

具体判断如下：若$TC \geq 0.8$，则表明该产品具有强的竞争力或大的比较优势；若$0.5 \leq TC < 0.8$，则表明该产品具有较强的竞争力或较大的比较优势；若$0 \leq TC < 0.5$，则表明该产品具有较弱的竞争力或较小的比较优势；

若 $-0.5 \leq TC < 0$，表明该产品具有较小的比较劣势；若 $-0.8 \leq TC < -0.5$，表明该产品具有较大的比较劣势；若 $TC < -0.8$，表明该产品具有大的比较劣势。

3. 云南省产业外向发展潜力：贸易扩张与市场潜力

（1）边际产业内贸易指数。

该指数以产业内贸易指数为基础，考察产业内贸易的变动趋势，同时该指数反映了某一产业的市场渗透情况。计算公式如下：

$$DGL_j = 1 - \frac{|\Delta E_j - \Delta M_j|}{|\Delta E_j| + |\Delta M_j|}$$

式中，DGL_j 代表产业的边际产业内贸易指数，ΔE_j 和 ΔM_j 分别为出口和进口的一阶差分。该指标取值范围为 [0, 1]，取值为 0 时，表示产业 j 的边际贸易全为产业间贸易，取值为 1，表示边际贸易全为产业内贸易。

（2）产业贸易扩张指数。

产业贸易扩张指数是某地区某产业对外出口年增长率与该产业产品年产量增长率之差的分析指标，它反映了国外市场与国内市场对某产品的需求增长速度之差和一个地区某产业产品开拓国外市场的能力，体现出该产业在区际的发展潜力。具体公式如下：

$$TE_j = \frac{\Delta E_j}{E_j} - \frac{\Delta Q_j}{Q_j}$$

式中，E_j 表示 j 产业产品对外出口额，ΔE_j 表示 j 产业对外出口增长额，Q_j 表示 j 产业年产品产量，ΔQ_j 表示 j 产业年产量增长额。该指数大于 0，说明该产业产品具有国际市场发展潜力，能拉动国民经济发展；该指数小于 0，说明该产业产品不具备国际市场发展潜力。

三 云南省产业外向发展能力具体评价方法

1. Wheaver - Thomas 组合指数模型法

进行产业选择时，单指标的数值往往较为容易获得，但各个指标的合成存在很大问题。由 Wheaver 提出后经 Thomas 改进的组合指数模型，可以有效地解决这一问题。Wheaver - Thomas 组合指数模型的主要原理是把一个实际分布与假设的均匀分布相比较,通过计算假设分布与实际分布之差的平方和的最小值,来选择一个最接近的分布,并以此来确定最佳拟和分布。通过计算 Wheaver – Thomas 组合指数,确定单一指标下产业的优选个数,进而通过指标权重的加权处理来确定整个指标体系下产业的优选个数;然后根据单指标数值的排序,结合 Wheaver – Thomas 的计算值,通过效用赋值来构造各产业的综合排序矩阵,进而以加权处理方法得到各产业的综合排序,据此进行优选。

2. 波士顿矩阵法

为获得产业外向发展实力与潜力指标的产业评价结果,本章借鉴管理学中的波士顿矩阵(BCG Matrix)方法,构建产业外向发展能力矩阵。波士顿矩阵最初用于企业分析时,选取的是产品销售增长率和市场占有率,组成 2×2 的矩阵进行联合分析。在坐标图上,以纵轴表示企业销售增长率,以企业产品战略对应的产品增长目标值为基准,横轴表示市场占有率,以企业市场占有率目标值为中点,分别划分高、低区域,将产业划分为 4 种类型:金牛产业、明星产业、问题产业、瘦狗产业。在构建波士顿矩阵过程中,如何使产业结构适应区域经济发展,以及如何有效合理地配置区域有限的资源以保证产业结构的合理是产业发展评价的主要因素。代明、韩启钰对产业的发展潜力和发展基础进行二维分析,以产业发展质量为纵轴(来源于产业本身的发展性质及对区域资源环境的适应性),以产业发展梯度为横轴(产业发展过程中实力的积累,产业间发展梯度的差距),划分出 4 种基本产业类型:一是发展质量和发展梯度双高的产业(明星产业);二是发展质量和发展梯度双低的产业(瘦狗产业);三是发展质量高与发展梯度低的产业(问题产业);四是发展质量低与发展梯度高的产业(金牛产业)(见图 3 – 1)。相同产业类型的发展质量与发展梯度并非完全一致,同时存在具有过渡性质的产业类型。

借鉴上述研究,本章拟从产业外向发展的实力与潜力两个维度来构建波士顿矩阵。

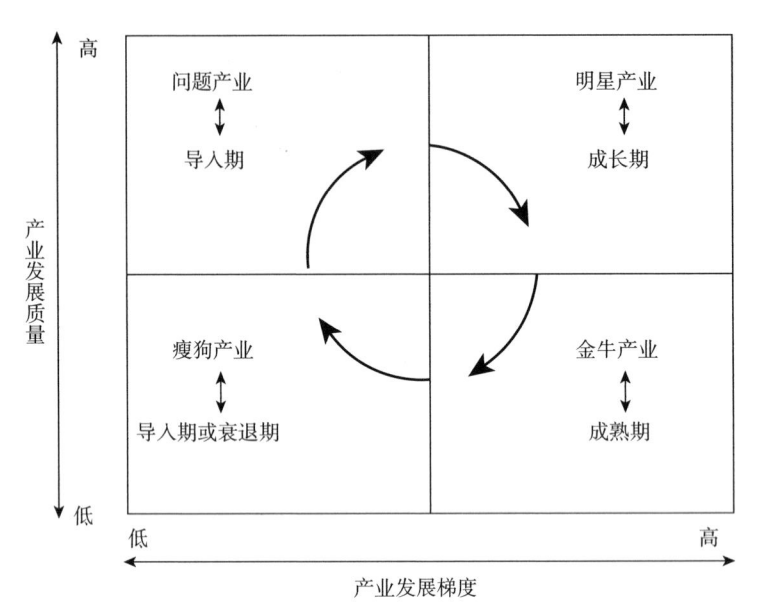

图3-1　基于产业发展梯度与产业发展质量的波士顿矩阵

四　云南省产业外向发展能力评价中的数据问题与处理方法

利用前文所述指标体系与方法对云南省产业外向发展能力进行评价时，可能面临数据不可得问题及各指标间的统一问题。

1. 不可得数据的处理问题

根据上述指标体系，本章评价产业外向发展能力需要用到国民经济行业分类的中类（三位码）产业数据，主要包括企业数量、分行业的从业人员数量、财务及经济指标，以及进出口指标等。但这些指标只有工业行业可得，而农业与服务业的细分行业数据不可得。针对这一问题，本章采用Wheaver - Thomas组合指数模型法与波士顿矩阵法处理工业行业数据，对农业部门则采用云南省农业龙头企业与示范合作社的调查数据予以分析，对服务业则采用定性的方法予以讨论。此外，与具体行业相匹配的外向能力评价指标只有对外贸易数据，因此，本章主要使用对外贸易数据评价产业的外向能力。

2. 各指标间的量纲统一问题

首先，需要对各个指标的计算结果进行标准化处理。目前数据标准化处理的方法很多，最主要的有向量归一化变换、线性比例变换和极差变换等，在此不做详细讨论，本章采取归一化处理方法。其次，对指标进行整合处理。目前处理这一问题的常用方法有主成分法、均值法以及加权平均值法，本章采用加权平均值法。

第二节　云南省工业行业外向发展能力评价

一　数据来源与说明

本部分研究数据来源于《中国海关统计年鉴》（2006~2010年）、中国经济与社会发展统计数据库以及中国工业企业调查数据库中云南省的数据。海关统计数据与工业行业统计数据的分类标准不同，《中国海关统计年鉴》中以H码与SITC.3码为分类标准，工业行业统计数据以中国国民经济行业分类码GB/T 4754-2002为分类标准。[①]

二　云南省工业行业外向发展实力（Ⅰ）：区位比较优势

1. 云南省工业行业的地区专业化指数分析

利用2006~2009年工业企业调查数据计算行业地区专业化指数，结果如表3-1所示。根据二位码分类的行业数值计算结果，38个行业中2009年地区专业化指数比2006年有所提高的行业为：煤炭开采和洗选业，黑色金属矿采选业，食品制造业，烟草制品业，纺织服装、服饰业，造纸和纸制品业，石油加工、炼焦和核燃料加工业，医药制造业，金属制品业，汽车制造业，铁路、船舶、航空航天和其他运输设备制造业，计算机、通信和其他电子设备制造业，其他制造业，废弃资源综合利用业，电力、热力的生产和供应业，燃气的生产和供应业。

[①] 本研究利用工业企业调查数据汇总对比各年《云南统计年鉴》中工业行业统计数据，工业企业调查数据中的工业产值、从业人员数据汇等指标值是统计年鉴中各项指标的95%左右，因此，利用工业企业调查数据计算误差较小。

表 3-1　2006~2009 年云南省工业行业地区专业化指数

行业＼年份	2006	2007	2008	2009
煤炭开采和洗选业	0.1080	0.0943	0.4276	0.3090
石油和天然气开采业	0.0002	0.0002	0.0001	—
黑色金属矿采选业	0.1462	0.1662	0.1601	0.1972
有色金属矿采选业	0.4077	0.2146	—	0.2445
非金属矿采选业	0.0046	0.0048	0.0052	0.0043
农副食品加工业	0.1837	0.1434	0.2109	0.1680
食品制造业	0.0110	0.0131	0.0167	0.0152
酒、饮料和精制茶制造业	0.1708	0.2238	0.2054	0.1509
烟草制品业	0.3414	0.2939	0.3647	0.4080
纺织业	0.0124	0.0111	0.0025	0.0116
纺织服装、服饰业	0.0004	0.0043	0.0005	0.0009
皮革、毛皮、羽毛及其制品和制鞋业	0.0031	0.0000	—	0.0000
木材加工和木、竹、藤、棕、草制品业	0.0607	0.0702	0.0921	0.0594
家具制造业	0.0002	0.0002	—	0.0001
造纸和纸制品业	0.0449	0.0536	0.0643	0.0466
印刷和记录媒介复制业	0.0368	0.0304	0.0263	0.0312
文教、工美、体育和娱乐用品制造业	0.0000	0.0000	—	—
石油加工、炼焦和核燃料加工业	0.0820	0.0758	0.1628	0.0993
化学原料和化学制品制造业	0.0970	0.0753	0.1073	0.0736
医药制造业	0.0262	0.0200	—	0.0274
化学纤维制造业	0.0035	0.0031	0.0038	0.0033
橡胶和塑料制品业	0.0024	0.0006	0.0008	0.0007
非金属矿物制品业	0.0068	0.0060	0.0065	0.0052
黑色金属冶炼和压延加工业	0.1104	0.0690	0.1196	0.0954
有色金属冶炼和压延加工业	0.1420	0.3880	0.2382	0.1368
金属制品业	0.2624	0.4218	—	0.3437
通用设备制造业	0.0021	0.0019	0.0018	0.0021
专用设备制造业	0.0037	0.0030	0.0048	0.0034

续表

行业＼年份	2006	2007	2008	2009
汽车制造业	0.0091	0.0089	0.0150	0.0105
铁路、船舶、航空航天和其他运输设备制造业	0.0431	0.0473	0.0666	0.0667
计算机、通信和其他电子设备制造业	0.0066	0.0058	0.0075	0.0074
仪器仪表制造业	0.0007	0.0007	0.0013	0.0007
其他制造业	0.0014	0.0012	0.0013	0.0015
废弃资源综合利用业	0.0054	0.0078	0.0070	0.0371
金属制品、机械和设备修理业	0.0022	0.0008	0.0003	0.0002
电力、热力的生产和供应业	0.5866	0.5420	0.9729	0.6317
燃气的生产和供应业	0.0025	0.0027	0.0074	0.0053
水的生产和供应业	0.0317	0.0167	0.0274	0.0208

资料来源：中国工业企业调查数据库。

按行业大类和行业中类划分法，2006～2009年地区专业化指数提高的行业如表3-2所示。对比表3-3，可筛选出如下行业。

（1）高地区专业化水平：煤炭开采和洗选业，黑色金属矿采选业，农副食品加工业，食品制造业，酒、饮料和精制茶制造业，烟草制品业，纺织业，木材加工和木、竹、藤、棕、草制品业，造纸和纸制品业，石油加工、炼焦和核燃料加工业，橡胶制品业，塑料制造业，黑色金属冶炼和压延加工业，专用设备制造业，废弃资源综合利用业。

（2）中等地区专业化水平：石油和天然气开采业，有色金属矿采选业，非金属矿采选业，化学原料和化学制品制造业，医药制造业，非金属矿物制品业，有色金属冶炼和压延加工业，金属制品业，通用设备制造业，电气机械和器材制造业，电力、热力的生产和供应业。

表3-2　2006～2009年地区专业化指数提高的行业（按国标行业三位码分）

行业编码	行业大类（二位码）	行业中类（三位码）
06	煤炭开采和洗选业	● 烟煤和无烟煤的开采洗选 ● 褐煤的开采洗选

续表

行业编码	行业大类（二位码）	行业中类（三位码）
08	黑色金属矿采选业	• 铁矿采选 • 其他黑色金属矿采选
10	非金属矿采选业	• 土砂石开采 • 采盐
13	农副食品加工业	• 饲料加工 • 制糖 • 水产品加工 • 蔬菜、水果和坚果加工 • 其他农副食品加工
14	食品制造业	• 焙烤食品制造 • 罐头制造 • 调味品、发酵制品制造 • 其他食品制造
15	酒、饮料和精制茶制造业	• 软饮料制造
16	烟草制品业	• 烟叶复烤 • 卷烟制造
17	纺织业	• 棉、化纤纺织及印染精加工 • 丝绢纺织及精加工 • 针织品、编织品及其制品制造
20	木材加工和木、竹、藤、棕、草制品业	• 锯材、木片加工 • 人造板制造 • 木制品制造
22	造纸和纸制品业	• 纸制品制造
23	印刷和记录媒介复制业	• 装订及其他印刷服务活动
25	石油加工、炼焦和核燃料加工业	• 精炼石油产品的制造
26	化学原料和化学制品制造业	• 基础化学原料制造 • 肥料制造 • 农药制造 • 涂料、油墨、颜料及类似产品制造 • 专用化学产品制造 • 日用化学产品制造
28	化学纤维制造业	• 纤维素、纤维原料及纤维制造
29	橡胶制品业	• 轮胎制造、橡胶制品业 • 再生橡胶制造 • 橡胶靴鞋制造

续表

行业编码	行业大类（二位码）	行业中类（三位码）
30	塑料制造业	• 塑料板、管、型材的制造 • 塑料丝、绳及编织品的制造 • 日用塑料制造 • 其他塑料制品制造
31	非金属矿物制品业	• 水泥、石灰和石膏的制造 • 水泥及石膏制品制造 • 砖瓦、石材及其他建筑材料制造 • 玻璃及玻璃制品制造 • 陶瓷制品制造 • 石墨及其他非金属矿物制品制造
32	黑色金属冶炼和压延加工业	• 炼铁 • 钢压延加工 • 铁合金冶炼
34	金属制品业	• 结构性金属制品制造 • 金属工具制造 • 集装箱及金属包装容器制造 • 建筑、安全用金属制品制造 • 金属表面处理及热处理加工 • 其他金属制品制造
35	通用设备制造业	• 锅炉及原动机制造 • 金属加工机械制造 • 起重运输设备制造 • 泵、阀门、压缩机及类似机械的制造 • 轴承、齿轮、传动和驱动部件的制造 • 风机、衡器、包装设备等通用设备制造 • 通用零部件制造及机械修理
36	专用设备制造业	• 食品、饮料、烟草及饲料生产专用设备制造 • 农、林、牧、渔专用机械制造 • 环保、社会公共安全及其他专用设备制造
37	交通运输设备制造业	• 铁路运输设备制造 • 汽车制造 • 交通器材及其他交通运输设备制造
39	电气机械和器材制造业	• 电机制造 • 输配电及控制设备制造 • 电池制造 • 其他电气机械及器材制造

续表

行业编码	行业大类（二位码）	行业中类（三位码）
40	计算机、通信设备和其他电子设备制造业	• 通信设备制造 • 电子计算机制造 • 电子器件制造 • 电子元件制造
41	仪器仪表及文化办公用机械制造业	• 通用仪器仪表制造
42	废弃资源综合利用业	• 工艺美术品制造
43	废弃资源和废旧材料回收加工业	• 金属废料和碎屑的加工处理
44	电力、热力的生产和供应业	• 电力供应
46	水的生产和供应业	• 自来水的生产和供应

资料来源：中国工业企业调查数据库。

（3）低地区专业化水平：纺织服装、鞋、帽制造业，皮革、毛皮、羽毛及其制品和制鞋业，家具制造业，仪器仪表及文化办公用机械制造业，废弃资源和废旧材料回收加工业，燃气的生产和供应业，水的生产和供应业。

表 3-3　2006~2009 年地区专业化指数较高的行业

2006 年	2007 年	2008 年	2009 年
对应行业大类（二位码）			
• 煤炭开采和洗选业 • 石油和天然气开采业 • 黑色金属矿采选业 • 有色金属矿采选业 • 非金属矿采选业 • 农副食品加工业 • 食品制造业 • 酒、饮料和精制茶制造业 • 烟草制品业 • 纺织业 • 皮革、毛皮、羽毛及其制品和制鞋业 • 木材加工和木、竹、藤、棕、草制品业 • 家具制造业 • 造纸和纸制品业	• 煤炭开采和洗选业 • 石油和天然气开采业 • 黑色金属矿采选业 • 有色金属矿采选业 • 非金属矿采选业 • 农副食品加工业 • 食品制造业 • 酒、饮料和精制茶制造业 • 烟草制品业 • 纺织业 • 纺织服装、鞋、帽制造业 • 木材加工和木、竹、藤、棕、草制品业 • 造纸和纸制品业 • 石油加工、炼焦和核燃料加工业	• 煤炭开采和洗选业 • 石油和天然气开采业 • 黑色金属矿采选业 • 有色金属矿采选业 • 非金属矿采选业 • 农副食品加工业 • 食品制造业 • 酒、饮料和精制茶制造业 • 烟草制品业 • 纺织业 • 木材加工和木、竹、藤、棕、草制品业 • 造纸和纸制品业 • 石油加工、炼焦和核燃料加工业 • 橡胶制品业	• 煤炭开采和洗选业 • 黑色金属矿采选业 • 有色金属矿采选业 • 农副食品加工业 • 食品制造业 • 酒、饮料和精制茶制造业 • 烟草制品业 • 纺织业 • 木材加工和木、竹、藤、棕、草制品业 • 造纸和纸制品业 • 石油加工、炼焦和核燃料加工业 • 化学原料和化学制品制造业 • 医药制造业

续表

2006 年	2007 年	2008 年	2009 年
对应行业大类（二位码）			
• 石油加工、炼焦和核燃料加工业 • 化学原料和化学制品制造业 • 医药制造业 • 橡胶制品业 • 塑料制造业 • 非金属矿物制品业 • 黑色金属冶炼和压延加工业 • 有色金属冶炼和压延加工业 • 专用设备制造业 • 交通运输设备制造业 • 电气机械和器材制造业 • 仪器仪表及文化办公用机械制造业 • 废弃资源综合利用业 • 电力、热力生产和供应业 • 燃气生产和供应业 • 水的生产和供应业	• 化学原料和化学制品制造业 • 医药制造业 • 橡胶制品业 • 塑料制造业 • 黑色金属冶炼和压延加工业 • 有色金属冶炼和压延加工业 • 金属制品业 • 通用设备制造业 • 专用设备制造业 • 交通运输设备制造业 • 废弃资源综合利用业 • 电力、热力生产和供应业	• 塑料制造业 • 非金属矿物制品业 • 黑色金属冶炼和压延加工业 • 金属制品业 • 通用设备制造业 • 专用设备制造业 • 交通运输设备制造业 • 电气机械和器材制造业 • 废弃资源综合利用业 • 废弃资源和废旧材料回收加工业 • 电力、热力生产和供应业	• 橡胶制品业 • 塑料制造业 • 非金属矿物制品业 • 黑色金属冶炼和压延加工业 • 有色金属冶炼和压延加工业 • 金属制品业 • 通用设备制造业 • 专用设备制造业 • 交通运输设备制造业 • 电气机械和器材制造业 • 计算机、通信设备和其他电子设备制造业 • 废弃资源综合利用业 • 水的生产和供应业
行业三位码结果：60 个	行业三位码结果：57 个	行业三位码结果：43 个	行业三位码结果：56 个

注：三位码分类的行业备索。

大类与中类计算及选择的结果显示，云南省工业行业中地区专业化水平平均增长率较高的行业除资源型行业及垄断行业之外，还有一部分以农产品为原料的轻工业和以化工产品为原料的机械制造业，有一部分重化工业也具有一定程度的地区专业化水平。从考察时间段的变化来看，资源型企业（如煤炭开采和洗选业、黑色金属矿采选业等）、部分轻工业（如纺织业、木材加工业等）以及少量的机械设备制造业保持较高的专业化水平，有色金属矿采选业及电气机械和器材制造业等的专业化水平有可能进一步提升，纺织服装、鞋、帽制造业，家具制造业，仪器仪表及文化办公用机械制造业等的专业水平有待进一步提高。

2. 云南省工业行业集聚指数分析

根据 2006~2009 年云南省工业企业数据，按产业分类的大类（二位码）计算各年规模以上工业企业的集聚指数，如图 3-2 至图 3-5 所示。首先，2006~2009 年云南省工业行业的集聚指数大部分大于 0.05 或小于 0.02，没有计算结果落在 0.02 与 0.05 之间。可以基本判断云南省工业行业分布或者是过于集聚，或者是过于分散，分布较为均匀的行业几乎没有。其次，具有一定工业发展基础的轻工业保持稳定的高度集聚，资源型企业的聚集程度变化依赖于资源需求的变化。2006 年与 2007 年集聚程度特别高的主要是农副食品加工业与金属制品业，需要注意的是，2007 年，酒、饮料和精制茶制造业的集聚度远高于其他行业；2008 年与 2009 年，煤炭开采和洗选业呈现高度集聚特征（集聚指数分别为 21.49 和 8.08）。需要说明的是，农副食品加工业与金属制品业的集聚指数在这 4 年间保持相近水平，略有波动。

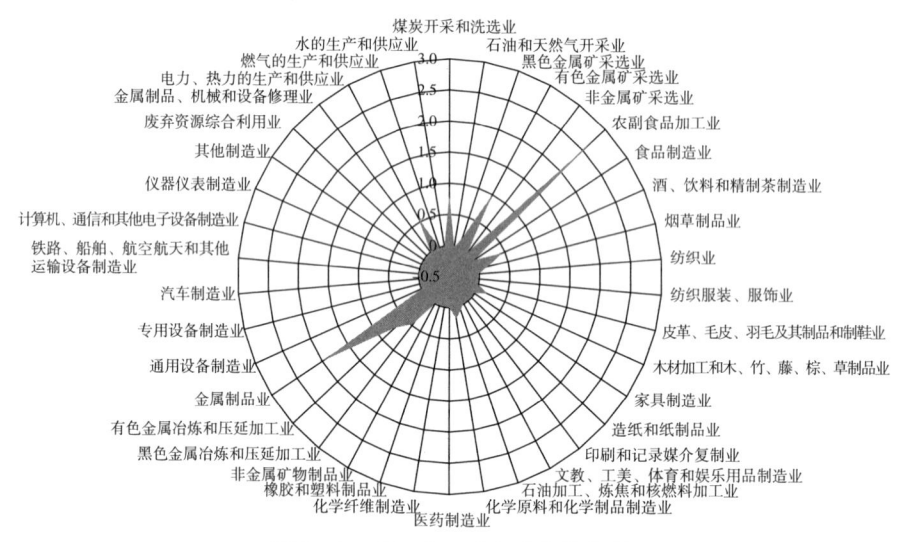

图 3-2 2006 年工业行业集聚指数

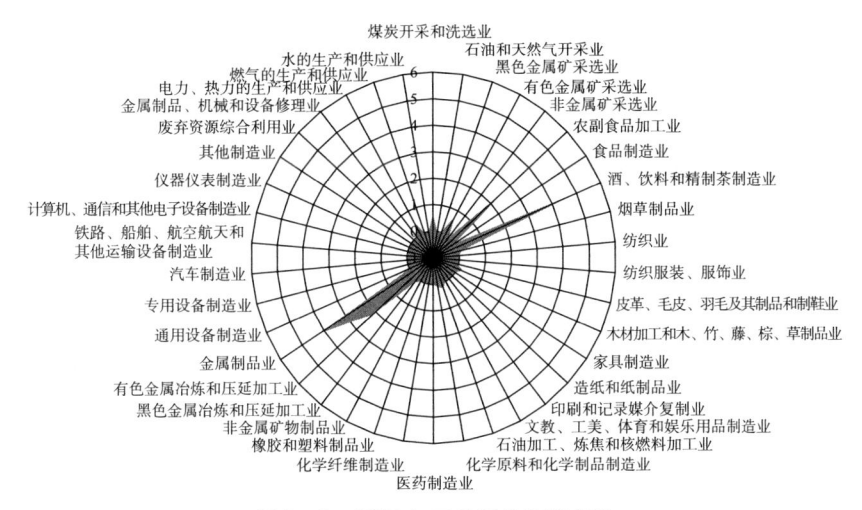

图 3-3 2007 年工业行业集聚指数

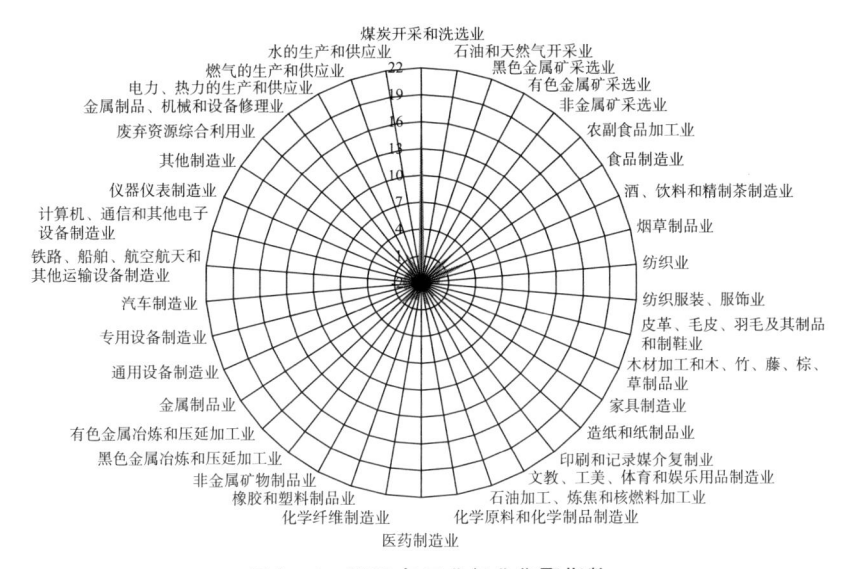

图 3-4 2008 年工业行业集聚指数

进一步,将各年集聚指数大于 0.05 的行业挑选出来。4 年间集聚指数都在 0.05 以上的行业有以下 13 个:煤炭开采和洗选业,黑色金属矿采选业,有色金属矿采选业,农副食品加工业,酒、饮料和精制茶制造业,烟草制品业,木材加工和木、竹、藤、棕、草制品业,石油加工、炼焦和核

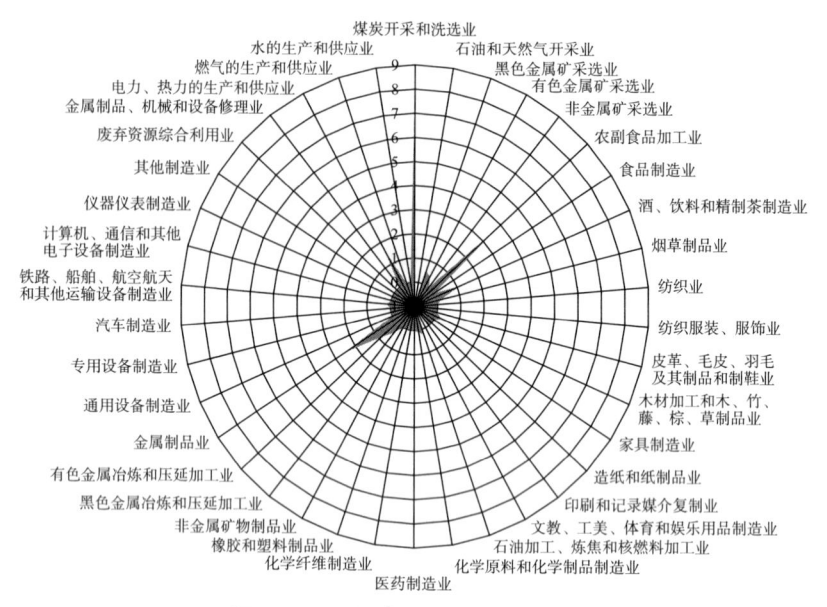

图 3-5　2009 年工业行业集聚指数

燃料加工业，化学原料和化学制品制造业，黑色金属冶炼和压延加工业，有色金属冶炼和压延加工业，金属制品业，电力、热力的生产和供应业。

2006~2009 年集聚指数平均增长率较高的行业见表 3-4。其中，煤炭开采和洗选业，黑色金属矿采选业，有色金属矿采选业，酒、饮料和精制茶制造业，烟草制品业，黑色金属冶炼和压延加工业，有色金属冶炼和压延加工业，电力、热力的生产和供应业 8 个大类行业的产业集聚程度较高。

表 3-4　2006~2009 年集聚指数年均增长率较高的行业

行业代码	行业名称（大类：二位码）	行业名称（中类：三位码）
61	煤炭开采和洗选业	烟煤和无烟煤的开采洗选
81	黑色金属矿采选业	铁矿采选
91	有色金属矿采选业	铜矿采选
15	酒、饮料和精制茶制造业	精制茶加工
16	烟草制品业	卷烟制造
20	木材加工和木、竹、藤、棕、草制品业	人造板制造

续表

行业代码	行业名称（大类：二位码）	行业名称（中类：三位码）
26	化学原料和化学制品制造业	专用化学产品制造
32	黑色金属冶炼和压延加工业	钢压延加工、铁合金冶炼
33	有色金属冶炼和压延加工业	常用有色金属冶炼
44	电力、热力的生产和供应业	电力生产、电力供应

根据集聚指数的分析可以初步判断，云南省工业行业或是高度集聚或是极为分散，几乎不存在分布均匀的行业。高度集聚的行业集中于资源型行业，如以矿产资源为原料的采选业与初级冶炼业，以农产品为原料的农副食品加工与食品制造业，以及以水资源为基础的电力、热力的生产和供应业，而以矿产资源为原料的采选业与初级冶炼业、以水资源为基础的电力、热力的生产和供应业在考察期间的集聚程度不断加强。

3. 云南省工业行业成本优势指数分析

产业成本优势指数计算结果如表 3-5 所示。表中数据表明大部分行业的成本优势指数偏小，即便是长期以来的云南支柱产业烟草制品业、有色金属矿采选业，其成本优势指数也不高，且逐年下降。

表 3-5 2006~2009 年云南省工业行业产业成本优势指数（行业大类：二位码）

行业＼年份	2006	2007	2008	2009
煤炭开采和洗选业	0.0077	0.0088	0.0128	0.0111
黑色金属矿采选业	0.0179	0.0208	0.0207	0.0252
有色金属矿采选业	0.1510	0.1126	0.0947	0.0658
非金属矿采选业	0.0191	0.0262	0.0261	0.0237
农副食品加工业	0.0019	0.0019	0.0021	0.0024
食品制造业	0.0040	0.0049	0.0048	0.0052
酒、饮料和精制茶制造业	0.0038	0.0083	0.0053	0.0038
烟草制品业	0.2014	0.1985	0.1904	0.1841
纺织业	0.0003	0.0003	0.0003	0.0001
纺织服装、鞋、帽制造业	0.0002	0.0002	0.0002	0.0002
家具制造业	0.0003	0.0003	0.0002	0.0003
造纸和纸制品业	0.0012	0.0021	0.0022	0.0024

续表

行业 \ 年份	2006	2007	2008	2009
印刷和记录媒介复制业	0.0238	0.0216	0.0171	0.0170
文教、工美、体育和娱乐用品制造业	—	0.0002	—	—
石油加工、炼焦和核燃料加工业	0.0030	0.0055	0.0080	0.0073
化学原料和化学制品制造业	0.0146	0.0135	0.0152	0.0117
医药制造业	0.0075	0.0081	0.0068	0.0071
塑料制造业	0.0894	0.0733	0.0766	0.0957
非金属矿物制品业	0.0316	0.0357	0.0375	0.0281
黑色金属冶炼和压延加工业	0.0002	0.0003	0.0003	0.0002
有色金属冶炼和压延加工业	0.0008	0.0006	0.0009	0.0021
金属制品业	0.0059	0.0068	0.0059	0.0046
通用设备制造业	0.0022	0.0022	0.0020	0.0021
专用设备制造业	—	0.0000	0.0001	0.0001
电气机械和器材制造业	0.0002	0.0005	0.0005	0.0003
计算机、通信和其他电子设备制造业	0.0000	0.0000	0.0001	0.0001
燃气的生产和供应业	0.0096	0.0095	0.0136	0.0109

此外，考察各行业的年均变化率可以看到，大多数行业的成本优势指数在2006~2009年有所增长，但成本优势指数相对较高的两个行业即烟草制品业与有色金属矿采选业，前者在2006~2009年略有下降，而后者的成本优势指数在这4年中下降较快。非金属矿物制造业、化学原料和化学制品制造业、印刷和记录媒介复制业、纺织业本来偏低的成本优势指数在考察期内总体呈现下降趋势。

4. 云南省产业外向发展实力（Ⅰ）（区位比较优势）评价结果

外向发展实力（Ⅰ）的三个指标分别反映了云南省工业企业在专业化程度、产业集聚程度以及成本优势方面的特征。为获得区位比较优势的评价结果，采用Wheaver - Thomas组合指数法进行计算并对工业行业进行筛选，具体筛选结果如表3-6所示。根据表3-6的结果，结合其他数据，可得出如下结论。

（1）强区位优势行业。

①煤炭开采和洗选业：烟煤和无烟煤的开采洗选，褐煤的开采洗选。

②黑色金属矿采选业：铁矿采选。

③食品制造业：调味品、发酵制品制造。

④烟草制造业：烟叶复烤、卷烟制造。

⑤石油加工、炼焦和核燃料加工业：炼焦。

⑥化学原料和化学制品制造业：肥料制造。

（2）中等区位优势行业。

①非金属矿采选业：化学矿采选，采盐。

②酒、饮料和精制茶制造业：酒精制造。

③造纸和纸制品业：纸浆制造。

④化学原料和化学制品制造业：基础化学原料制造。

⑤医药制造业：化学药品制剂制造。

⑥非金属矿物制品业：水泥、石灰和石膏的制造，水泥及石膏制品制造，玻璃及玻璃制品制造，陶瓷制品制造。

⑦黑色金属冶炼和压延加工业：铁合金冶炼。

⑧通用设备制造业：金属加工机械制造。

（3）弱区位优势行业。

①非金属矿采选业：石棉及其他非金属矿采选。

②农副食品加工业：植物油加工，蔬菜、水果和坚果加工，其他农副食品加工。

③酒、饮料和精制茶制造业：软饮料制造。

④纺织服装、服饰业：纺织服装制造。

⑤造纸和纸制品业：纸制品制造。

⑥医药制造业：化学药品原药制造。

⑦黑色金属冶炼和压延加工业：常用有色金属冶炼。

⑧通用设备制造业：不锈钢及类似日用金属制品制造。

⑨仪器仪表及文化办公用机械制造业：通信设备制造。

⑩电气机械和器材制造业：电机制造。

⑪燃气的生产和供应业：燃气生产和供应业。

（4）缺乏区位比较优势的行业。

部分农副食品加工业，纺织业，家具制造业，印刷和记录媒介复制业，文教、工美、体育和娱乐用品制造业。

上述区位比较优势选择的结果表明，云南省区位比较优势突出的行业集中在传统的工业行业中，而且集中于产业链上游的行业，那些需要技术创新以提升产品附加值的行业缺乏区位比较优势。

表3-6 Wheaver-Thomas 组合指数法下行业选择结果（2006~2009年）

行业选择结果（国标二位码）	行业选择结果（国标三位码）			
	2006年	2007年	2008年	2009年
煤炭开采和洗选业	• 烟煤和无烟煤的开采洗选 • 褐煤的开采洗选	• 烟煤和无烟煤的开采洗选 • 褐煤的开采洗选	• 烟煤和无烟煤的开采洗选 • 褐煤的开采洗选	• 烟煤和无烟煤的开采洗选 • 褐煤的开采洗选
黑色金属矿采选业	• 铁矿采选	• 铁矿采选	• 铁矿采选	• 铁矿采选
非金属矿采选业	—	• 化学矿采选 • 采盐 • 石棉及其他非金属矿采选	• 化学矿采选 • 采盐 • 石棉及其他非金属矿采选	• 化学矿采选 • 采盐
农副食品加工业	• 谷物磨制 • 蔬菜、水果和坚果加工	• 植物油加工 • 水产品加工	• 植物油加工 • 其他农副食品加工	• 蔬菜、水果和坚果加工 • 其他农副食品加工
食品制造业	• 液体乳及乳制品制造 • 调味品、发酵制品制造	• 液体乳及乳制品制造 • 调味品、发酵制品制造	• 糖果、巧克力及蜜饯制造 • 液体乳及乳制品制造 • 调味品、发酵制品制造	• 糖果、巧克力及蜜饯制造 • 液体乳及乳制品制造 • 调味品、发酵制品制造
酒、饮料和精制茶制造业	—	• 酒精制造 • 软饮料制造	• 酒精制造 • 软饮料制造	• 酒精制造
烟草制品业	• 烟叶复烤 • 卷烟制造	• 烟叶复烤 • 卷烟制造	• 烟叶复烤 • 卷烟制造	• 烟叶复烤 • 卷烟制造
纺织服装、服饰业	—	• 纺织服装制造	• 纺织服装制造	—
纺织业	—	—	• 麻纺织	• 棉、化纤纺织及印染精加工 • 麻纺织
家具制造业	—	—	—	• 其他家具制造
造纸和纸制品业	—	• 纸浆制造 • 纸制品制造	• 纸浆制造 • 纸制品制造	• 纸浆制造 • 纸制品制造

续表

行业选择结果（国标二位码）	选择结果（国标三位码）			
	2006 年	2007 年	2008 年	2009 年
印刷和记录媒介复制业	—	• 印刷	—	—
文教、工美、体育和娱乐用品制造业	—	• 文化用品制造	—	—
石油加工、炼焦和核燃料加工业	• 炼焦	• 炼焦	• 炼焦	• 炼焦
化学原料和化学制品制造业	• 基础化学原料制造 • 肥料制造	• 肥料制造	• 基础化学原料制造 • 肥料制造	• 基础化学原料制造 • 肥料制造 • 农药制造
医药制造业	• 化学药品原药制造 • 化学药品制剂制造	• 化学药品制剂制造	—	• 化学药品原药制造 • 化学药品制剂制造
非金属矿物制品业		• 水泥、石灰和石膏的制造 • 水泥及石膏制品制造 • 玻璃及玻璃制品制造 • 陶瓷制品制造	• 水泥、石灰和石膏的制造 • 水泥及石膏制品制造 • 玻璃及玻璃制品制造 • 陶瓷制品制造	• 水泥、石灰和石膏的制造 • 水泥及石膏制品制造 • 玻璃及玻璃制品制造 • 陶瓷制品制造
黑色金属冶炼和压延加工业	• 铁合金冶炼 • 常用有色金属冶炼	—	• 铁合金冶炼	• 铁合金冶炼 • 常用有色金属冶炼
金属制品业	—	—	—	• 结构性金属制品制造
通用设备制造业	• 金属加工机械制造	• 不锈钢及类似日用金属制品制造 • 金属加工机械制造	• 不锈钢及类似日用金属制品制造 • 金属加工机械制造	—
专用设备制造业	—	• 纺织、服装和皮革工业专用设备制造	—	• 风机、衡器、包装设备等通用设备制造
电气机械和器材制造业	—	• 电机制造	• 电机制造	—
仪器仪表及文化办公用机械制造业			• 通信设备制造	• 通信设备制造
燃气的生产和供应业	—	—	• 燃气生产和供应业	• 燃气生产和供应业

三 云南省工业行业外向发展实力(Ⅱ)：生产率与贸易优势

1. 云南省工业行业生产效率指数分析

由于数据的缺失，经过匹配后有51个行业的数值可用，以2009年产业生产效率指数从高到低排列为基准，绘制2006～2009年产业生产效率指数图（见图3-6）。

根据图3-6，烟草制造业一直是云南省工业产业中技术水平较高的行业，产业生产效率指数的计算结果显示卷烟制造的生产效率指数是云南省工业产业中最高的，在考察时期内平均为5.5，是紧随其后的玻璃及玻璃制品制造（IP=2.1）的两倍多，与卷烟制造同属烟草制造业的烟叶复烤的生产效率指数保持在1.6～2.7，也是生产效率较高的行业。除了烟草制造业之外，其他多数行业的产业生产效率指数保持在1～2.11，一部分行业的产业生产效率指数在1以下。我们将生产效率指数大于均值的行业视为生产效率较高的行业，分别是：卷烟制造，玻璃及玻璃制品制造，烟叶复烤，铁合金冶炼，水泥及石膏制品制造，植物油加工，炼焦，电机制造，肥料制造，燃气生产和供应业，精炼石油产品的制造，水泥、石灰和石膏的制造，基础化学原料制造，风机、衡器、包装设备等通用设备制造，通信设备制造。这些行业中除了通用设备制造与通信设备制造之外，其余大多是资源型工业。

从图3-7可以看到：第一，传统产业生产效率较高的行业如卷烟制造的生产效率出现下滑现象，一部分资源型高生产效率的工业也出现生产效率下降的现象，如精炼石油产品制造等；第二，一部分原本生产效率不高的行业出现生产效率大幅上升的情况，如风机、衡器、包装设备等通用设备制造，通信设备制造，化学药品原药制造，陶瓷制品制造，谷物磨制，常用有色金属冶炼，铁矿采选，农药制造等；第三，一部分原本生产效率较低行业的生产效率出现大幅下降，如常用金属矿采选。

2. 云南省工业行业出口效率指数分析

整理海关进出口数据并与工业行业数据进行匹配之后，发现少部分行业数据存在缺失，2006～2009年缺失程度不同，可算行业数据在80个以

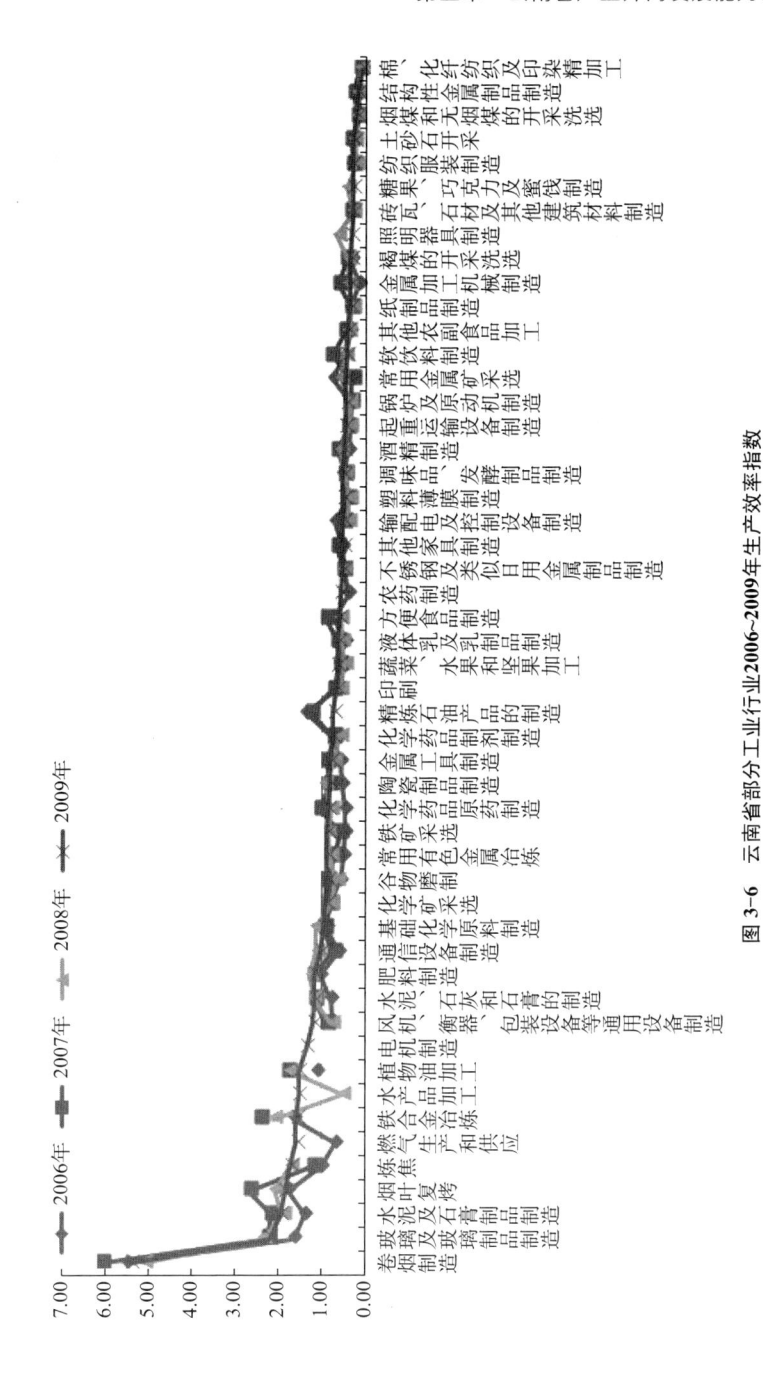

第三章 云南省产业外向发展能力评价研究

图 3-6 云南省部分工业行业 2006~2009 年生产效率指数

面向 "一带一路" 产业外向发展研究

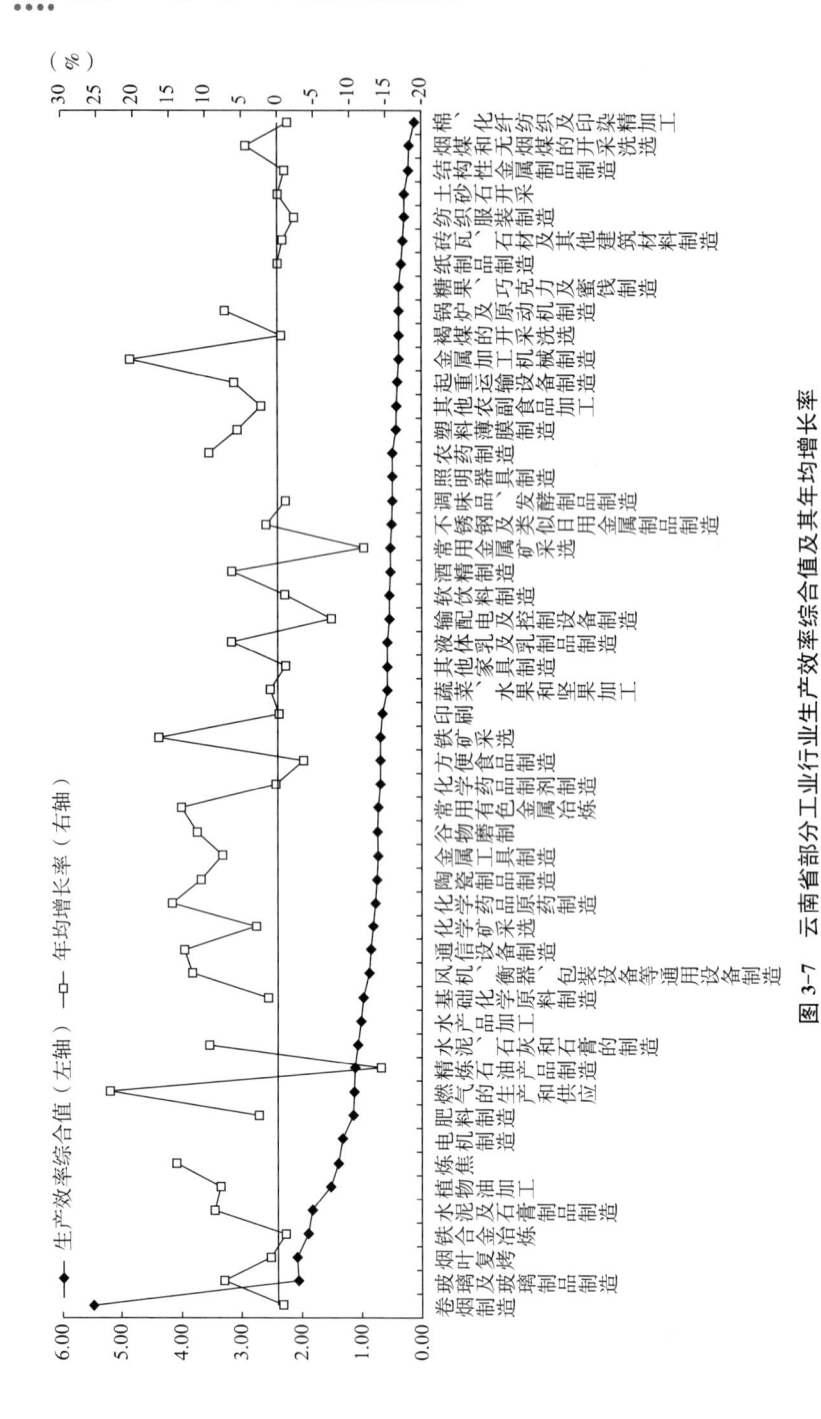

图 3-7 云南省部分工业行业生产效率综合值及其年均增长率

注：部分行业只有少数年份的数据，未计算年均增长率，如炼焦、水产品加工、照明器具制造、糖果、巧克力及蜜饯制造。

上。计算结果如图3-8所示。

根据图3-8所示，云南省工业行业中大部分出口效率偏低，少数行业在部分年份出现爆发式增长，如2009年水泥及石膏制品制造、2006年金属工具制造、2007年炼焦和2008年专用化学产品制造，出口效率指数达到或超过1，2007年其他农副食品加工的出口效率指数为0.55，其他大多数行业的出口效率在0.02及以下。

进一步计算产业出口效率4年的综合值及其年均增长率，结果如图3-9所示。产业出口效率高于均值的行业有金属工具制造、炼焦、专用化学产品制造、水泥及石膏制品制造、其他农副食品加工、精炼石油产品制造、纺织制成品制造等。

3. 云南省工业行业贸易竞争力指数分析

将海关数据按SITC码对应于GB行业分类三位码进行数据合并后，共得到95个行业的进出口数据，据此计算贸易竞争力指数。由图3-10可以看到，云南省工业行业贸易竞争力指数呈阶梯式分布，图左边的行业为具有强贸易竞争力的行业，图中间部分到贸易竞争力取值为0的部分为具有竞争力的行业，而贸易竞争力小于0的行业为具有贸易竞争劣势的行业。

进一步计算4个年份贸易竞争力的综合值，并根据综合值的大小，按照前述指标的判别标准进行分类，如表3-7所示。

4. 云南省工业行业外向发展实力（Ⅱ）（生产率与贸易优势）综合评价及产业选择结果

以上三个指数分别反映了云南省工业行业在生产效率、出口效率以及贸易竞争力方面的行业分类特征，为获得评价结果，采用Wheaver-Thomas组合指数法进行计算并对工业行业进行筛选，根据筛选结果，结合其他数据可得出如下结论。

（1）强生产效率与贸易竞争力行业。

①烟草制品业：烟叶复烤、卷烟制造。

②石油加工、炼焦和核燃料加工业：炼焦。

③化学原料和化学制品制造业：肥料制造、农药制造。

④非金属矿物制品业：水泥、石灰和石膏的制造。

⑤金属制品业：不锈钢及类似日用金属制品制造。

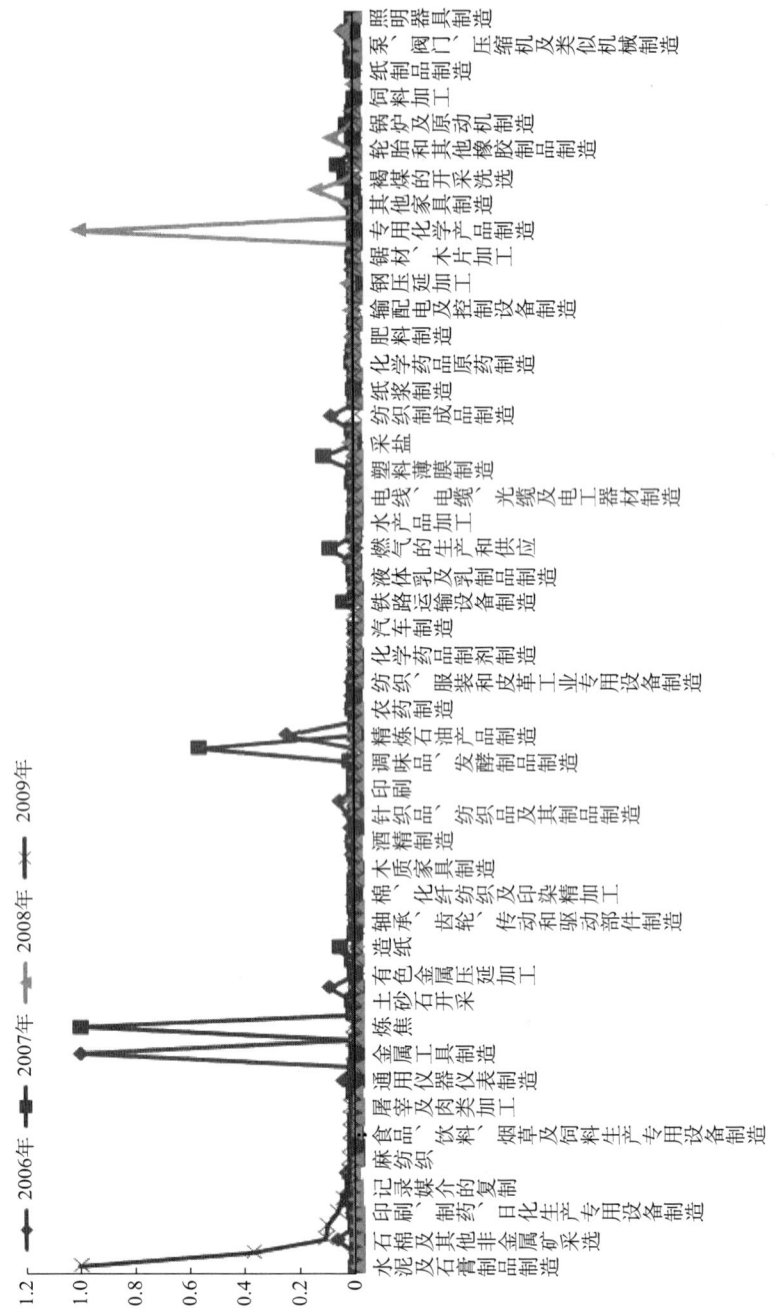

图 3-8 云南省部分工业行业 2006~2009 年出口效率指数

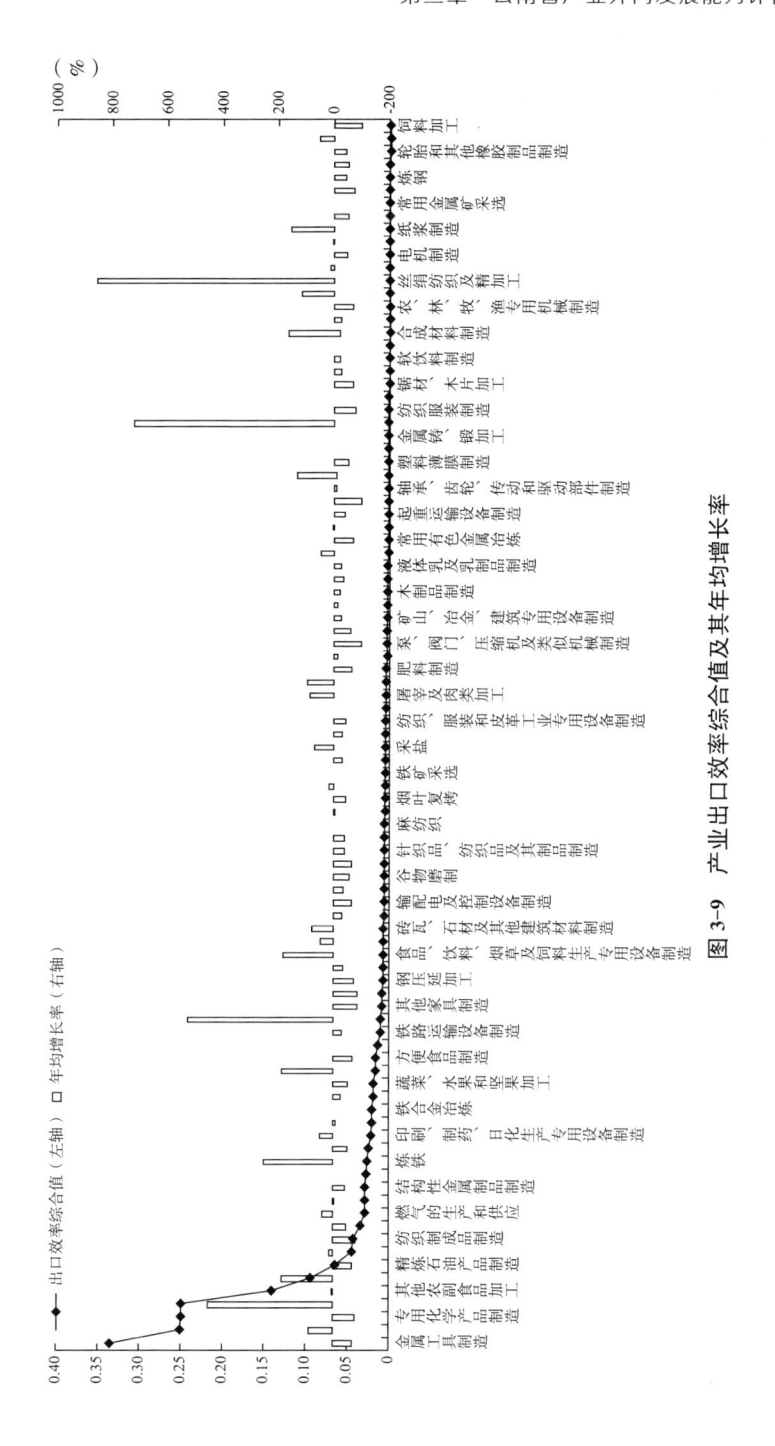

第三章 云南省产业外向发展能力评价研究

图 3-9 产业出口效率综合值及其年均增长率

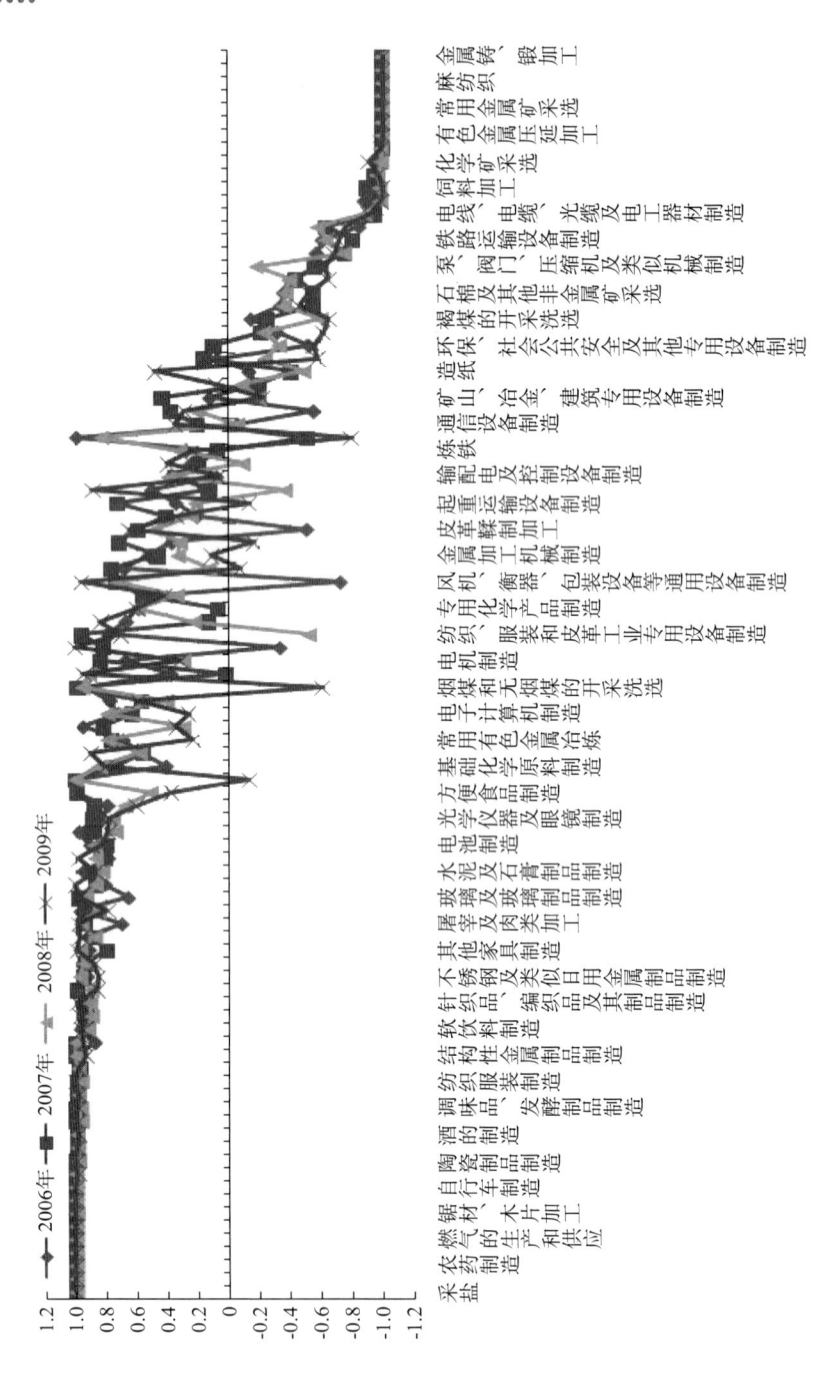

图3-10 云南省部分工业行业2006~2009年贸易竞争力指数

第三章　云南省产业外向发展能力评价研究

表3-7　云南省工业行业贸易竞争力评价结果

行业名称 （大类：二位码）	行业名称 （中类：三位码）	贸易竞争力	行业名称 （大类：二位码）	行业名称 （中类：三位码）	贸易竞争力
煤炭开采和洗选业	烟煤和无烟煤的开采洗选	较强竞争力	化学原料和化学制品制造业	合成材料制造	大的比较劣势
	褐煤的开采洗选	较小比较劣势		专用化学产品制造	较低竞争力
黑色金属矿采选业	铁矿采选	大的比较劣势	医药制造业	化学药品原药制造	强竞争力
有色金属矿采选业	常用金属矿采选	大的比较劣势		化学药品制剂制造	较小比较劣势
	土砂石开采	较低竞争力	橡胶制品业	轮胎和其他橡胶制品制造	强竞争力
非金属矿采选业	化学矿采选	大的比较劣势		橡胶板、管、带的制造	较强竞争力
	采盐	强竞争力	塑料制品业	塑料薄膜制造	较大比较劣势
	石棉及其他非金属矿采选	较小比较劣势	非金属矿物制品业	水泥、石灰和石膏的制造	强竞争力
农副食品加工业	谷物磨制	大的比较劣势		水泥及石膏制品制造	强竞争力
	饲料加工	较强竞争力		砖瓦、石材及其他建筑材料制造	较低竞争力
	植物油加工	较低竞争力		玻璃及玻璃制品制造	强竞争力
	屠宰及肉类加工	强竞争力		陶瓷制品制造	强竞争力
	水产品加工	大的比较劣势	黑色金属冶炼和压延加工业	炼铁	较低竞争力
	蔬菜、水果和坚果加工	较强竞争力		炼钢	较强竞争力
	其他农副食品加工	较低竞争力		钢压延加工	较低竞争力
	糖果、巧克力及蜜饯制造	强竞争力		铁合金冶炼	大的比较劣势
食品制造业	方便食品制造	较强竞争力	有色金属冶炼和压延加工业	常用有色金属冶炼	较强竞争力
	液体乳及乳制品制造	较低竞争力		有色金属压延加工	大的比较劣势
	调味品、发酵制品制造	强竞争力	金属制品业	结构性金属制品制造	强竞争力
酒、饮料和精制茶制造业	酒精制造	强竞争力		金属工具制造	强竞争力
	酒的制造	强竞争力		不锈钢类似日用金属制品制造	强竞争力

085

续表

行业名称 (大类：二位码)	行业名称 (中类：三位码)	贸易竞争力	行业名称 (大类：二位码)	行业名称 (中类：三位码)	贸易竞争力
烟草制品业	软饮料制造	强竞争力		锅炉及原动机制造	较低竞争力
	烟叶复烤	强竞争力		金属加工机械制造	较低竞争力
	卷烟制造	强竞争力		起重运输设备制造	较低竞争力
	棉、化纤纺织及印染精加工	强竞争力	通用设备制造业	泵、阀门、压缩机及类似机械制造	较小比较优势
	麻纺织	大的比较优势		轴承、齿轮、传动和驱动部件制造	较小比较优势
纺织业	丝绢纺织及精加工	较低竞争力		风机、衡器、包装设备等通用设备制造	较低竞争力
	纺织制成品制造	强竞争力		金属铸、锻加工	大的比较优势
	针织品、编织品及其制品制造	强竞争力		矿山、冶金、建筑专用设备制造	较低竞争力
纺织服装、鞋、帽制造业	纺织服装制造	强竞争力	专用设备制造业	食品、饮料、烟草及饲生产专用设备制造	较强竞争力
皮革、毛皮、羽毛及其制品和制鞋业	皮革鞣制加工	较低竞争力		印刷、制药、日化生产专用设备制造	较大比较优势
木材加工和木、竹、藤、棕、草制品业	锯材、木片加工	强竞争力		纺织、服装和皮革工业专用设备制造	较低竞争力
	人造板制造	较低竞争力		农、林、牧、渔专用机械制造	较强竞争力
	木制品制造	强竞争力		环保、社会公共安全及其他专用设备制造	较小比较劣势

第三章　云南省产业外向发展能力评价研究

续表

行业名称 （大类：二位码）	行业名称 （中类：三位码）	贸易竞争力	行业名称 （大类：二位码）	行业名称 （中类：三位码）	贸易竞争力
家具制造业	木质家具制造	强竞争力	交通运输设备制造	铁路运输设备制造	较大比较劣势
	其他家具制造	强竞争力		汽车制造	较低竞争力
造纸和纸制品业	纸浆制造	大的比较劣势		自行车制造	强竞争力
	造纸	较小比较劣势	电气机械和器材制造业	电机制造	较强竞争力
	纸制品制造	强竞争力		输配电及控制设备制造	强竞争力
印刷和记录媒介的复制	印刷	较小比较劣势		电线、电缆、光缆及电工器材制造	大的比较劣势
	记录媒介的复制	强竞争力		电池制造	强竞争力
文教、工美、体育和娱乐用品制造业	文化用品制造	强竞争力		照明器具制造	强竞争力
石油加工、炼焦和核燃料加工业	精炼石油产品制造	较强竞争力		其他电气机械及器材制造	较低竞争力
	炼焦	强竞争力	计算机、通信和其他电子设备制造业	通信设备制造	较低竞争力
化学原料和化学制品制造业	基础化学原料制造	较强竞争力		电子计算机制造	较强竞争力
	肥料制造	强竞争力	仪器仪表及文化办公用机械制造业	通用仪器仪表制造	较小比较劣势
	农药制造	强竞争力		光学仪器及眼镜制造	强竞争力
			燃气生产和供应业	燃气生产和供应业	强竞争力

（2）中等生产效率与贸易竞争力行业。

①食品制造业：糖果、巧克力及蜜饯制造，调味品、发酵制品制造。

②酒、饮料和精制茶制造业：酒精制造。

③纺织业：棉、化纤纺织及印染精加工。

④木材加工和木、竹、藤、棕、草制品业：锯材、木片加工。

⑤石油加工、炼焦和核燃料加工业：精炼石油产品制造。

⑥化学原料和化学制品制造业：基础化学原料制造。

⑦非金属矿物制品业：水泥及石膏制品制造、玻璃及玻璃制品制造、陶瓷制品制造。

⑧金属制品业：金属工具制造。

⑨通用设备制造业：风机、衡器、包装设备等通用设备制造。

（3）弱生产效率与贸易竞争力行业。

①非金属采选业：采盐。

②农副食品加工业：蔬菜、水果和坚果加工。

③食品制造业：方便食品制造。

④酒、饮料和精制茶制造业：酒的制造。

⑤家具制造业：木质家具制造、其他家具制造。

⑥造纸和纸制品业：纸制品制造。

⑦文教、工美、体育和娱乐用品制造业：文化用品制造。

⑧医药制造业：化学药品原药制造。

⑨橡胶制造业：橡胶板、管、带的制造。

⑩交通运输设备制造业：自行车制造。

⑪电气机械和器材制造业：输配电及控制设备制造。

⑫计算机、通信和其他电子设备制造业：电子计算制造。

⑬燃气的生产和供应业：燃气的生产和供应。

（4）缺乏生产效率及贸易竞争力的行业。

缺乏生产效率和贸易竞争力的行业如下：煤炭开采和洗选业（烟煤和无烟煤的开采洗选），农副食品加工业（屠宰及肉类加工、其他农副食品加工），食品制造业（方便食品制造），纺织业（纺织制成品制造），纺织服装、鞋、帽制造业（纺织服装制造），有色金属冶炼和压延加工业（常用有色金属冶炼），金属制品业（结构性金属制品制造），电气机械和器材制造业（电池制造、照明器具制造），仪器仪表及办公用机械制造业（光学仪器及眼镜制造）。

四 云南省工业行业外向发展潜力评价：贸易扩张潜能

外向发展实力指标反映了产业的静态发展，而潜力指标则是根据产业的动态发展予以判断的。本章采用边际产业内贸易指数与产业贸易扩张指数评价云南省工业行业外向发展潜力，前者反映了云南省工业行业在贸易过程中借助垄断力量或因产品差异性而产生的贸易可能，后者反映了工业行业的贸易发展潜力。将海关统计年鉴中的进出口数据按国民经济行业分类进行汇总后，产生101个行业的进出口数据。但是企业的生产数据与进出口数据不是一一对应的，数据统计汇总后笔者发现，2006年有16个大类23个中类的工业行业没有出口数据，2010年有20个大类31个中类的行业有产出数据没出口数据。

1. 云南省工业行业边际产业内贸易指数评价结果

对边际产业内贸易指数进行评价之前，有必要对行业大类的边际产业内贸易指数进行计算，匹配之后产生33个大类行业的贸易数据，计算结果如图3-11所示（按2010年计算结果降序排列）。根据2010年边际产业内贸易指数的结果将上述行业分为三类。第一，产业内贸易指数偏低的行业（低于0.1）：酒、饮料和精制茶制造业，非金属矿采选业，金属制品业，家具制造业，皮革、毛皮、羽毛及其制品和制鞋业，塑料制造业，纺织业，纺织服装、鞋、帽制造业，烟草制品业，文教、工美、体育和娱乐用品制造业，有色金属矿采选业，黑色金属矿采选业，化学纤维制造业，燃气生产和供应业。第二，边际产业内贸易指数中等的行业（0.1~0.5）：印刷和记录媒介复制业，电气机械和器材制造业，计算机、通信和其他电子设备制造业，食品制造业，木材加工和木、竹、藤、棕、草制品业，橡胶制品业，石油加工、炼焦和核燃料加工业，化学原料和化学制品制造业，非金属矿物制品业。第三，边际产业内贸易指数高的行业（高于0.5）：通用设备制造业，交通运输设备制造业，农副食品加工业，专用设备制造业，煤炭开采和洗选业，有色金属冶炼和压延加工业，仪器仪表及文化办公用机

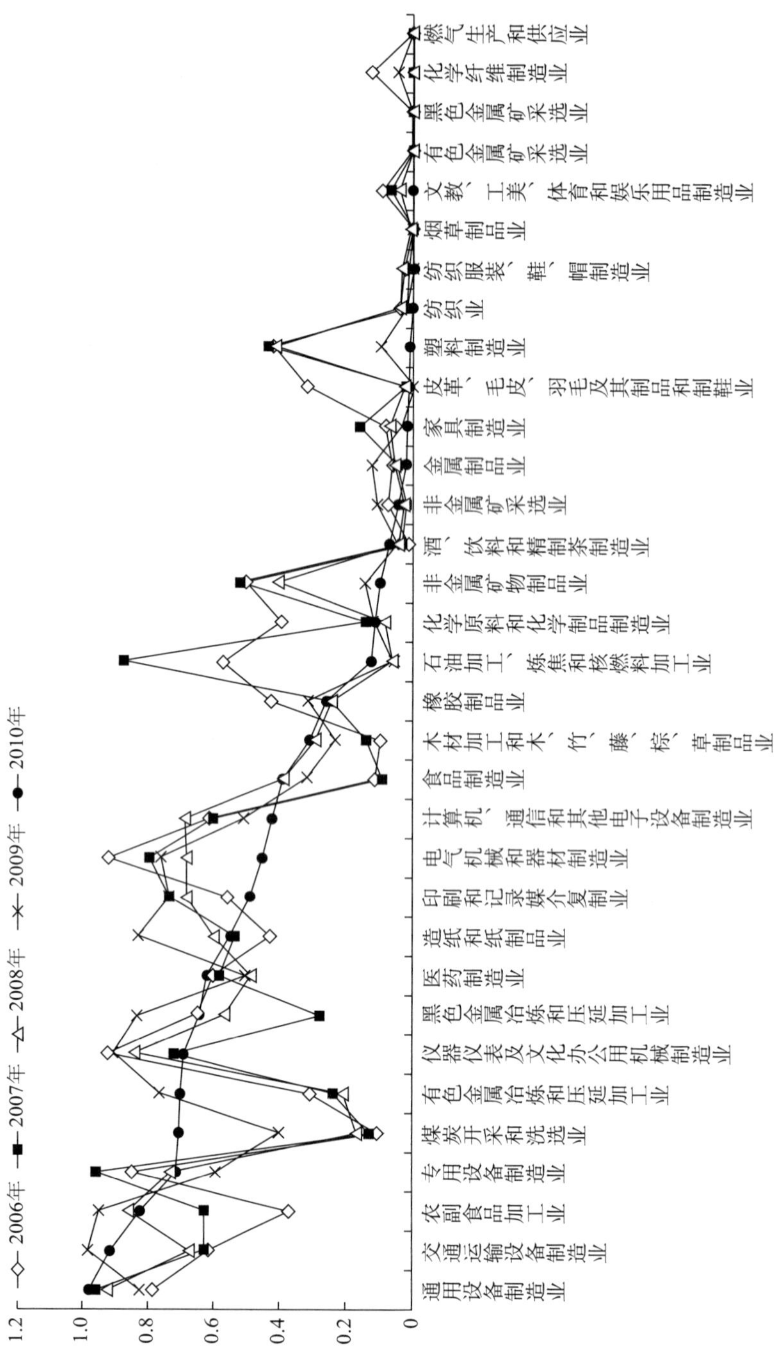

图 3-11 2006~2010年云南省工业行业边际产业内贸易指数（按行业大类计算）

械制造业，黑色金属冶炼和压延加工业，医药制造业，造纸和纸制品业。

将计算结果扩大至中类，计算各个行业的边际产业内贸易指数。结果表明，2007~2010年每年大约有50个行业的边际产业内贸易指数大于0，剩余行业均为0。根据前述判断标准，近一半的工业行业以行业间贸易为主，各年边际产业内贸易指数的均值如下：2007年为0.1453，2008年为0.1559，2009年为0.1291，2010年为0.1333。显然，云南省工业行业边际产业内贸易指数有下滑趋势。对比2007年与2010年的情况，可以大致将云南省工业行业的边际产业内贸易指数的变化情况分为3类。

第一类是边际产业内贸易指数在0的基础上出现较大增长的，这意味着其外向发展潜力得到发挥，产业内贸易不断发展，这些行业为：广播电视设备制造、炼焦、植物油加工、专用化学产品制造、医疗仪器设备及器械制造、钟表与计时仪器制造、汽车制造、精炼石油产品制造、精制茶加工、铁路运输设备制造、电机制造、电池制造、麻纺织、基础化学原料制造、其他电气机械及器材制造。

第二类是从2007年到2010年边际产业内贸易指数均为0或微小波动的行业，这意味着这些行业的产业内贸易未能得到有效的扩张。这些行业中比较突出的是卷烟制造、有色金属冶炼和压延加工业、纺织业、黑色金属冶炼和压延加工业、通用设备制造业、交通运输设备制造业。

第三类是从2007年到2010年边际产业内贸易指数变化较大的行业，这些行业有50个。但如果把2008年与2009年的数据并入，则根据边际产业内贸易指数的变化难以找到行业变动的规律。鉴于这一情况，根据产业内贸易理论的主要观点，产业内贸易是一国规模经济借助垄断竞争的力量，占据较大市场份额而获得贸易利益，这种贸易利益不会随国际贸易的发展而转移，据此判断，云南省工业的行业内贸易优势偏低，在仅依靠区位优势难以获得贸易竞争力的现实背景下，云南省工业行业的国际市场拓展能力较弱，为进一步验证这一看法，随后采用贸易扩张指数来观察云南省工业的国际市场拓展能力。

2. 云南省工业行业贸易扩张指数分析

图3-12与图3-13分别显示2007~2010年云南省工业行业按行业大类、行业中类计算的贸易扩张指数变化情况，两图除两端有显著变化之外，

大部分行业的贸易扩张指数在2007~2010年接近0，计算各年均值分别为：2007年0.2411，2008年-0.0149，2009年0.2445，2010年0.4248。根据这一数据结果，云南省工业行业贸易扩张指数整体偏小，工业出口增长拉动行业发展的能力相对较弱。另外也意味着云南省工业行业所面临国际市场的需求波动较大，工业行业发展受外部影响较为明显。

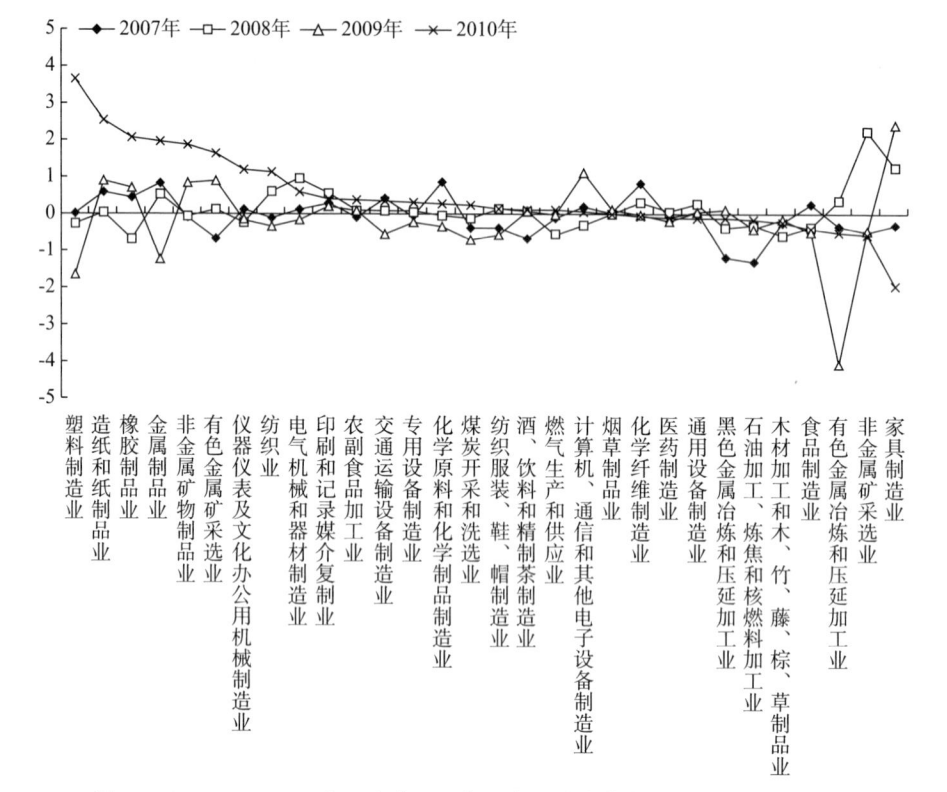

图3-12 2007~2010年云南省工业行业贸易扩张指数（按行业大类计算）

3. 云南省工业行业贸易扩张能力综合评价结果

以上两个指标分别反映了云南省工业行业在产业内贸易以及国际市场潜力方面的行业分类特征，总体上云南省工业行业在贸易扩张方面的优势不强，无论是边际产业内贸易指数还是贸易扩张指数均呈现极强的不稳定性。为获得贸易扩张能力的评价结果，同样采用Wheaver-Thomas组合指数法进行计算并对工业行业进行筛选，具体筛选结果如表3-8所示。除了少部分传统行业外，相当一部分行业的进出口在不同年份变化较大，我们看

第三章 云南省产业外向发展能力评价研究

图 3-13 云南省2007~2010年工业行业贸易扩张指数（按行业中类计算）

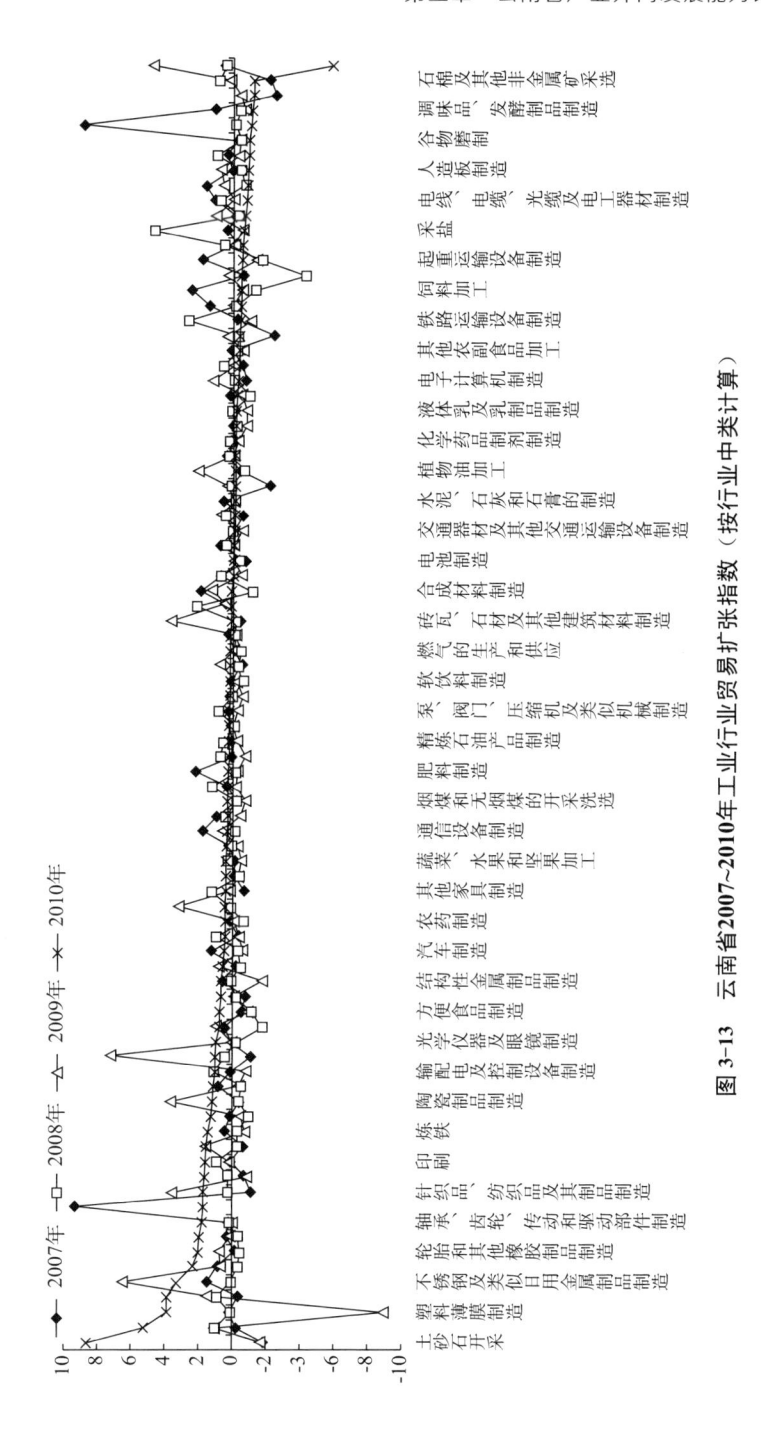

到表3-8中较少行业在考察期内被选择出来，可以初步判断云南省工业行业普遍缺乏外向发展潜力。按照前面两类指标的选择依据，优选出来的行业的发展潜力较少能持续，具体而言有如下结果。

（1）强外向发展潜力行业。

电气机械和器材制造业：家用电力器具制造。

（2）中等外向发展潜力行业。

①通用设备制造业：风机、衡器、包装设备等通用设备制造。

②专用设备制造业：医疗仪器设备及器械制造、电机制造。

（3）弱外向发展潜力行业。

①农副食品加工业：屠宰及肉类加工。

②皮革、毛皮、羽毛及其制品和制鞋业：皮革鞣制加工。

③印刷和记录媒介复制业：印刷、记录媒介的复制。

④化学原料和化学制品制造业：合成材料制造。

⑤金属制造业：不锈钢及类似日用金属制品制造。

⑥通用设备制造业：锅炉及原动机制造。

⑦专用设备制造业：食品、饮料、烟草及饮料生产专用设备制造。

（4）缺乏外向发展潜力的行业。

煤炭开采和洗选业（褐煤的开采洗选），非金属矿采选业（采盐），农副食品加工业（饲料加工，蔬菜、水果和坚果加工），食品制造业（方便食品制造），家具制造业（木质家具制造），石油加工、炼焦和核燃料加工业（炼焦），化学原料和化学制品制造业（专用化学产品制造），医药制造业（化学药品原药制造），橡胶制造业（轮胎和其他橡胶制品制造），非金属矿物制品业（石墨及其他非金属矿物制品制造），黑色金属冶炼和压延加工业（钢压延加工），通用设备制造业（金属加工机械制造），交通运输设备制造业（铁路运输设备制造业、汽车制造、摩托车制造），电气机械和器材制造业（照明器具制造、输配电及控制设备制造），计算机、通信和其他电子设备制造业（通信设备制造、电子计算机制造、广播电视设备制造），仪器仪表及文化办公用机械制造业（钟表与计时仪器制造）。

表3-8 Wheaver–Thomas模型的行业选择结果：产业外向发展潜力指标综合（2007~2010年）

产业分类（二位码）	产业分类（三位码）			
	2007年	2008年	2009年	2010年
煤炭开采和洗选业	● 褐煤的开采洗选	—	—	—
非金属矿采选业	—	● 采盐	—	—
农副食品加工业	● 饲料加工	—	—	● 蔬菜、水果和坚果加工
	● 屠宰及肉类加工	● 屠宰及肉类加工		
食品制造业	—	—	—	● 方便食品制造
皮革、毛皮、羽毛及其制品和制鞋业	● 皮革鞣制加工	—	—	● 皮革鞣制加工
家具制造业	—	—	● 木质家具制造	—
印刷和记录媒介复制业	● 记录媒介的复制	● 印刷	● 印刷	
	—	● 记录媒介的复制		
石油加工、炼焦和核燃料加工业	—	—	—	● 炼焦
化学原料和化学制品制造业	● 合成材料制造	—	● 合成材料制造	● 专用化学产品制造
医药制造业	—	—	● 化学药品原药制造	
橡胶制品业	—	—	—	● 轮胎和其他橡胶制品制造
非金属矿物制品业	● 石墨及其他非金属矿物制品制造	—	—	—
黑色金属冶炼和压延加工业	—	—	● 钢压延加工	
金属制造业	—	—	● 不锈钢及类似日用金属制品制造	● 不锈钢及类似日用金属制品制造

续表

产业分类 （二位码）	产业分类（三位码）			
	2007 年	2008 年	2009 年	2010 年
通用设备制造业	• 风机、衡器、包装设备等通用设备制造	• 锅炉及原动机制造 • 金属加工机械制造	• 锅炉及原动机制造 • 风机、衡器、包装设备等通用设备制造	• 轴承、齿轮、传动和驱动部件制造 • 风机、衡器、包装设备等通用设备制造
专用设备制造业	• 食品、饮料、烟草及饲料生产专用设备制造	• 食品、饮料、烟草及饲料生产专用设备制造 • 医疗仪器设备及器械制造 • 电机制造	• 医疗仪器设备及器械制造 • 电机制造	• 医疗仪器设备及器械制造 • 电机制造
交通运输设备制造业	—	• 铁路运输设备制造	—	• 汽车制造 • 摩托车制造
电气机械和器材制造业	• 家用电力器具制造 • 照明器具制造	• 输配电及控制设备制造 • 家用电力器具制造	• 家用电力器具制造	• 家用电力器具制造
计算机、通信和其他电子设备制造业	• 通信设备制造	—	• 电子计算机制造	• 广播电视设备制造
仪器仪表及文化办公用机械制造业	—	—	—	• 钟表与计时仪器制造

五 云南省工业行业外向发展能力评价结果分析

1. 云南省工业行业外向发展区位比较优势指标评价结果分析

区位优势指标涉及地区专业化、产业聚集程度以及生产成本优势 3 个指标。由于数据缺失或行业某一时点的指标异常，前述筛选结果存在不符合云南工业行业实际的情况，需要进一步分析。在此，本研究考虑具有弱区位优势以上的所有行业。

第一，强区位优势行业存有疑义的有调味品、发酵制品制造业，分别对照该行业的 3 类指标，除反映产业集聚程度的指数之外，地区专业化与成本优势指数位于全部工业行业的前列。对照企业数量来看，2006年云南省规模以上调味品、发酵剂品制造业有8家企业，到2009年有15家，诸如昆明酿造总厂、丘北县达平食品有限责任公司、云南过桥味精食品工业有限公司、云南双柏妥甸酱油有限公司等。该行业充分利用资源禀赋优势，生产已达一定规模且具有特色，有必要保留该行业。

第二，可能存在遗漏行业的情况。例如，根据相关资料，云南省有色金属矿产包括铜、铅、锌、铝、锡等13种矿产，贵金属矿产包括金、银、铂等8种矿产，稀有金属矿产包括锂、铍、锆、锶等8种矿产，稀土金属矿产包括硒、镉等20种矿产。云南有色金属采选企业数量较多，规模以上企业数量在100家左右，其中诸如云南铜业公司、云南锡业公司、驰宏锌锗公司等大型工业企业的生产规模较大，采选冶技术在国内外均属领先。但有色金属采选行业的数据缺失使计算结果不能反映现实情况，有必要在强区位优势行业中增加有色金属采选业以及有色金属冶炼业。

再如，云南省生物资源的丰富性、多样性为医药制造业提供了良好的资源基础，但由于数据匹配过程中计算指标所需要的部分数据缺失，诸如中药饮片加工，中成药制造，生物、生化制品的制造等细分行业未能纳入计算范围。工业企业调查数据显示，2009年云南省医药制造业中中药饮片加工企业有6家，中成药制造企业有57家，生物、生化制品的制造企业有5家。特别是中成药制造的诸多产品为独有品种，2009年，《国家基本药物目录（基层医疗卫生机构配备使用部分）》公布，云南生产的药品有121个品种进入，其中，化学药品种75个，中药品种46个。2009年国家医保目录调整，云南有12种独家生产的民族药、创新药进入国家医保目录。加上2004年进入的品种，云南共有29个独家品种进入国家医保目录。云南白药、灯盏花、血塞通、螺旋藻等系列产品在国内的知名度不断提高。此外，2010年数据显示：云南化学药品制造业总产值为34.3亿元，比上年增长14.68%；植物药制造业总产值为111.73亿元，比上年增长41.84%；生物、生化制品制造业总产值为5.30亿元，比上年增长6.3%。其中，云南植物药制造业的增长速度高于全国平均水平，支撑了云南医药行业的整体发展。因此，强区位优势行业中应该包括医药制造业中的中药饮片加工，中成药制造，生物、生化制品的制造。

除此之外，饮料制造业中的软饮料制造与精制茶加工具有天然的资源优势，无论在企业数量还是产品生产规模上都具有比较优势，而且产品独具特色，具有差异化优势。因此，需要将软饮料制造与精制茶加工纳入行业选择范围。

第三，需要剔除的行业。云南省不锈钢及类似日用金属制品制造企业仅有5家，通信设备制造企业仅有4家，企业规模较小，难以形成行业优势。此外，燃气生产和供应业的生产主要是满足本省燃气需求，难以转化为出口优势。以上行业应从行业选择结果中剔除。

第三节 云南省工业行业外向发展生产率与贸易优势指标评价结果分析

一 云南省工业行业外向发展潜力分析结果的甄别

生产率与贸易优势指标涉及行业生产效率、出口效率与贸易竞争力3个指标。新贸易理论强调规模经济，新新贸易理论强调企业异质性是出口竞争力的重要来源，前者认为由于存在规模经济和贸易成本，拥有较大本地市场的地区能够充分发挥规模经济而实现净出口，后者则认为由于存在沉没成本和可变贸易成本，只有生产率水平达到阈值的企业才能克服这些成本成为出口者。将生产率与出口指标合在一起可以识别高生产率高出口水平的行业。但是，在计算过程中由于数据缺失和不同来源数据不匹配，存在偏离实际的情况，因此有必要对已选行业进行分析并识别。

规模以上工业企业调查数据显示，纺织业，仪器仪表及文化办公机械制造业，纺织服装、鞋、帽制造业的企业数量非常少，2009年纺织业24家，仪器仪表及文化办公机械制造业30家（规模最大的为云南南天信息有限公司），纺织服装、鞋、帽制造业仅6家，分别是昆明盘龙海鹏工贸有限公司、石林毕氏民族服饰服装有限公司、云南奥斯迪实业有限公司、云南坤宇服装总厂、云南绍华服装实业有限公司、云南仙都制衣有限公司。三类行业无论是行业生产规模、产品特色，还是出口规模，优势都不明显。可以简单地判断这3类行业出口外向度较高的原因主要在于专业从事进出口的贸易企业，而非这类行业的生产性企业。因此，这类行业我们不选择。

规模以上工业企业调查数据还显示，食品制造业、农副食品加工业、医药制造业行业规模大，各行业企业数量都在100家以上，特别是农副食品加工业，2009年规模以上企业有234家。此外，2014年云南省人社厅对云南省农业龙头企业与示范合作社的调查显示，全省农业龙头企业与农业示范合作社有1430家，这些企业大多数属于农副食品加工业。这3类行业在生产规模、产品特色及出口规模上都有可以挖掘的空间。因此，这3类行业需要被纳入产业选择结果中。

此外还有需要删除的行业。例如，食品制造业中的糖果、巧克力及蜜饯制造，饮料制造业中的酒精制造，以及文教、工美、体育和娱乐用品制造业中的文化用品制造，其产业规模与出口交货值都偏低，尤其是糖果、巧克力及蜜饯制造与文化用品制造在规模以上工业企业中分别只有一家。再如，交通运输设备制造业中的自行车制造，规模以上工业企业中就没有这类企业。对于这类行业，我们也将其从产业选择结果中剔除。此外，出于同样的原因，不锈钢及类似日用金属制品业、燃气生产与供应业也应从选择结果中剔除。

二 云南省工业行业外向发展潜力指标评价结果分析

工业行业外向发展潜力分别采用产业内贸易指数与贸易扩张指数来测度。近年来地区间产业内贸易成为主要的贸易方式之一，但是根据前述计算结果，具有贸易竞争力的行业的外向发展潜力有限，工业行业整体的贸易扩张能力偏低。前述计算贸易扩张潜能的数据来源是昆明海关统计年鉴，有部分行业的进出口产品来自其他省份，有些产品虽然有较大的进出口贸易优势及发展潜力，但云南省工业行业没有生产，因此，有必要将之前的评价结果做进一步分析。

前文对贸易扩张能力进行评价并做了初步的产业选择，利用工业企业调查数据考察弱外向发展潜力以上的行业，在10个行业中，工业企业调查数据中没有找到与之匹配的生产企业的行业为：家用电力器具制造，医疗仪器设备及器械制造，皮革鞣制加工，印刷、记录媒介的复制，合成材料制造。这意味着这5个行业的贸易产品不是来自云南省工业企业的生产。而剩余的5个行业中,风机、衡器、包装设备等通用设备制造企业2009年有9家,电机制造企业2009年有6家,屠宰及肉类加工企业2009年有26家,锅炉及原动机制造企业2009年有4家,食品、饮料、烟草及饮料生产专用设备制造企业2009年有14家。这些行业的生产企业在区位与生产率方面均不占优势。利用贸易扩张指标来筛选具备外向发展潜力的行业不能反映云南省工业行业发展的现实情况,筛选出来的行业难以成为云南省外向发展的支柱产业。因此,贸易扩张指标的计算结果将不用于产业选择,这一指标蕴含的政策含义更为重要。

第四节 云南省工业行业外向发展能力综合评价

一 云南工业行业外向发展能力波士顿矩阵产业分布及变化

在对昆明市海关统计数据与工业行业调查数据进行匹配时,出口水平较高的行业并不一定是生产实力较强的行业,有些甚至没有这类产品的生产。考虑数据的对接性,把三大指标的数据进行匹配(见表3-9)。

表3-9 2007~2009年所有指标匹配后的产业分类

单位:家

行业 \ 年份	2007	2008	2009
煤炭开采和洗选业	2	2	2
黑色金属矿采选业	1	1	1
非金属矿采选业	4	4	4
农副食品加工业	5	5	5
食品制造业	4	4	4
酒、饮料和精制茶制造业	2	2	8
烟草制品业	2	2	2
纺织业	2	2	2
纺织服装、鞋、帽制造业	1	1	4
家具制造业	1	0	1
造纸和纸制品业	2	2	2

续表

行业 \ 年份	2007	2008	2009
印刷和记录媒介复制业	1	2	1
文教、工美、体育和娱乐用品制造业	1	0	0
石油加工、炼焦和核燃料加工业	2	2	8
化学原料和化学制品制造业	3	3	12
医药制造业	2	0	2
塑料制造业	1	1	1
非金属矿物制品业	5	5	5
黑色金属冶炼和压延加工业	1	1	4
有色金属冶炼和压延加工业	0	1	3
金属制品业	3	3	3
通用设备制造业	5	4	5
专用设备制造业	1	0	0
电气机械和器材制造业	2	2	2
计算机、通信和其他电子设备制造业	1	1	4
燃气的生产和供应业	1	1	1

根据上述匹配数据，对各个指标进行标准化处理，标准化处理后的数值通过平均加权法进行指标合成，分别获得区位优势、生产率与贸易优势、贸易扩张能力以及云南省工业行业外向发展实力与发展潜力的指标。标准化后各个指标取值在［0，1］之间，越趋近1，表示这一指标表现越好。2007~2009年各个指标的合成结果如表3-10所示。

表3-10 2007~2009年云南省工业行业外向发展能力指标基本统计

单位：家

指标	2007年				2008年				2009年			
	行业数量	均值	最小值	最大值	行业数量	均值	最小值	最大值	行业数量	均值	最小值	最大值
外向发展实力指标I	56	0.16	0.02	0.44	50	0.15	0.02	0.48	54	0.14	0.02	0.44
外向发展实力指标II	44	0.30	0.01	0.70	44	0.30	0.03	0.70	49	0.30	0.02	0.69

续表

指标	2007年 行业数量	均值	最小值	最大值	2008年 行业数量	均值	最小值	最大值	2009年 行业数量	均值	最小值	最大值
外向发展实力指标综合	43	0.23	0.08	0.46	39	0.23	0.06	0.46	47	0.22	0.04	0.44
外向发展潜力指标	81	0.12	0.00	0.53	80	0.13	0.00	0.56	80	0.28	0.00	0.74

图3-14至图3-16为云南省工业行业外向发展实力指标与外向发展潜力指标波士顿矩阵图，图中第一象限为明星产业，即外向发展实力较强、潜力较大的行业，第四象限为金牛产业，即外向发展潜力小而发展实力强的行业，第二象限为问题产业，即外向发展潜力大而发展实力弱的行业，第三象限为瘦狗产业，即外向发展实力较弱、潜力较小的行业。

图中所示各个象限内的产业状况在各年内变化较大，特别是第一象限的明星产业，3年间没有一个产业持续位于该象限，换言之，没有某一个行业能持续成为明星产业，大多数行业3年间在金牛产业与问题产业之间变动，相当一部分行业处于瘦狗行业之列。由此，本章重点关注在金牛产业与问题产业之间变动较为频繁的产业，这些产业为：蔬菜、水果和坚果加工，印刷，化学药品原药制造，塑料薄膜制造，砖瓦、石材及其他建筑材料制造，锅炉及原动机制造，风机、衡器、包装设备等通用设备制造，通信设备制造，烟煤和无烟煤的开采洗选，方便食品制造，液体乳及乳制品制造，软饮料制造，卷烟制造，烟叶复烤，化学药品原药制造，棉、化纤纺织及印染精加工，炼焦，水泥、石灰和石膏的制造，玻璃及玻璃制品制造，陶瓷制品制造，铁合金冶炼，结构性金属制品制造，金属工具制造，不锈钢及类似日用金属制品制造。只要有合适的外部需求，其发展潜力即可激发出来成为明星产业。由此，给予适当的政策环境支持，再加上符合产业发展的外部需求的增长，这些产业的区位优势与生产实力即可转化为贸易优势，而将其外向发展潜力发挥出来，成为明星产业。

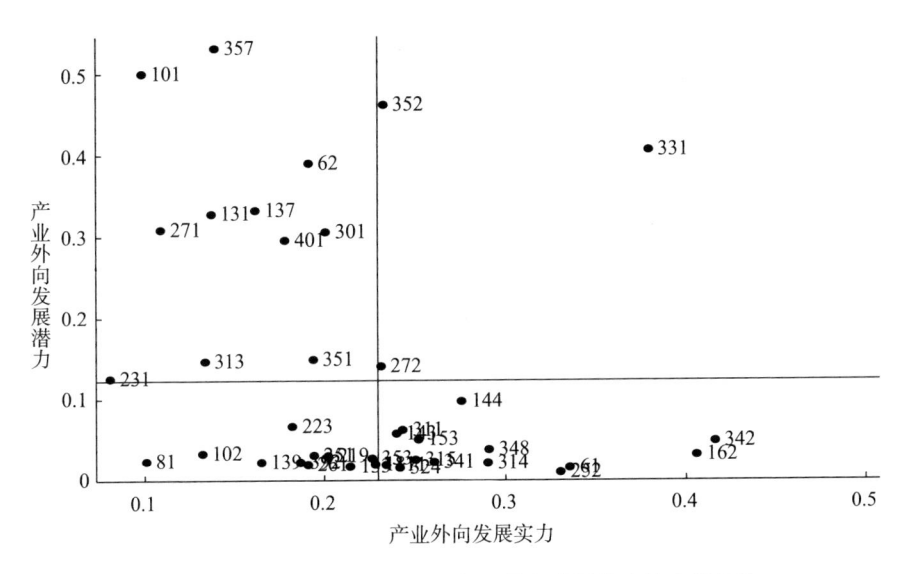

第三章 云南省产业外向发展能力评价研究

图 3-14　2007 年云南省工业行业外向发展能力波士顿矩阵

注：图中所标数值为国标行业分类的中类代码，即三位码。

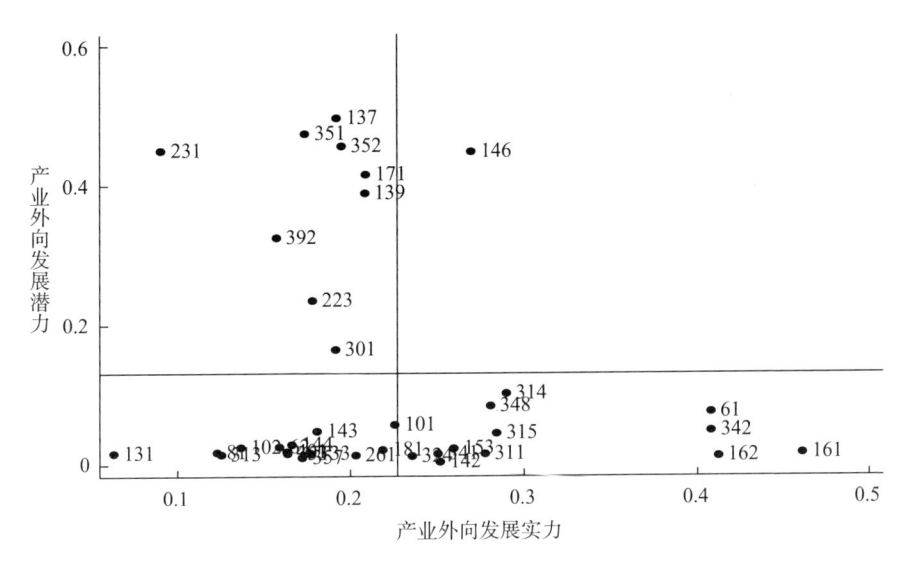

图 3-15　2008 年云南省工业行业外向发展能力波士顿矩阵

注：图中所标数值为国标行业分类的中类代码，即三位码。

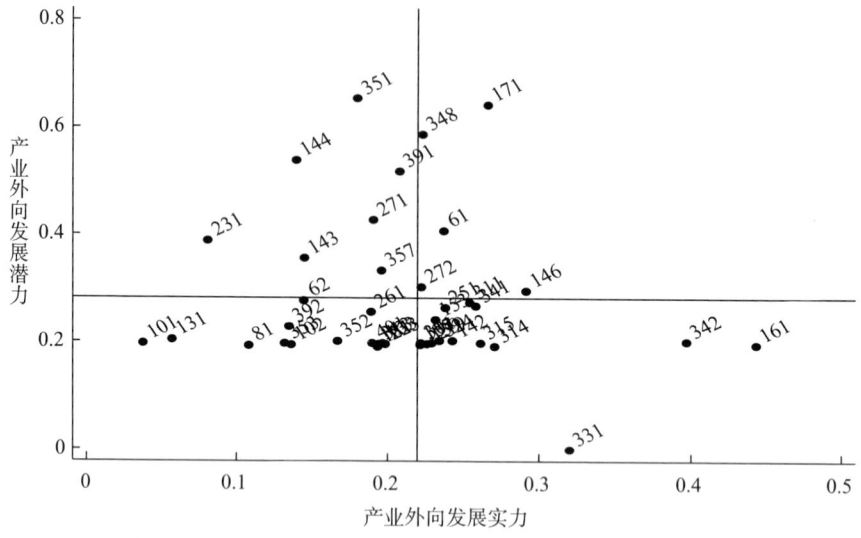

图 3-16　2009 年云南省工业行业外向发展能力波士顿矩阵

注：图中所标数值为国标行业分类的中类代码，即三位码。

但是，采用波士顿矩阵法进行产业选择时，同样存在遗漏产业的情况，诸如前述常用有色金属的采选与冶炼业、医药制造业、软饮料制造中的精制茶加工业，以及农副食品加工业，应将上述行业作为未来发展的重点行业包括进来。

二　云南省经济外向发展工业行业选择

根据单项指标以及波士顿矩阵的产业选择结果，结合云南省在"一带一路"倡议下的定位及云南省外向经济发展的状况，综合考虑区位优势、生产率与贸易优势及可能的发展潜力，本章对云南省工业行业外向发展能力的综合评价如下。

第一类：区位优势强、生产率与贸易优势强的行业（见表 3-11）。这类行业充分利用资源禀赋优势，成为云南省传统的优势产业，部分行业的生产技术长期领先，且是对外开放"走出去"的主导行业，但这类行业面临贸易竞争力下滑的风险。

表 3-11　云南省区位优势强、生产率与贸易优势强的工业行业

行业名称	发展策略
有色金属矿采选业 　　常用有色金属采选 　　贵金属采选 　　稀有金属采选 食品制造业 　　调味品、发酵制品制造 烟草制造业 　　卷烟制造 　　烟叶复烤 石油化工、炼焦和核燃料加工业 　　炼焦 非金属矿制造业 　　水泥、石灰和石膏的制造 　　水泥及石膏制品制造 　　玻璃及玻璃制品制造 　　陶瓷制品制造 化学原料和化学制品制造业 　　肥料制造业 　　基础化学原料制造 有色金属冶炼和压延加工业 　　常用有色金属冶炼 　　贵金属冶炼 　　稀有稀土金属冶炼 电力、热力的生产和供应业 　　电力生产	通过创新、市场需求细分持续保持产业的区位优势与生产率优势； 受国外自然资源开发政策限制的行业可选择技术输出方式获得外向型能力的持续发展； 开发并生产适合主要出口国家消费者需求的产品； 开发有产品需求的国家的外向发展潜力

第二类：区位优势强、生产率与贸易优势弱的行业（见表 3-12）。这类行业充分利用资源禀赋优势，成为云南省传统的优势产业，但由于周边国家政策制约或产品生产率的因素，未能成为贸易优势行业。

表 3-12　云南省区位优势强、生产率与贸易优势弱的工业行业

行业名称	发展策略
煤炭开采和洗选业 　　烟煤和无烟煤的开采洗选 　　褐煤的开采洗选 黑色金属采选业 　　铁矿采选 非金属矿采选 　　化学矿采选 　　采盐 软饮料制造 　　酒精制造	进一步加强行业的地区专业化优势，提高企业的生产效率； 受国外自然资源开发政策限制的行业可选择技术输出方式获得外向型能力的持续发展； 受行业生产效率制约的行业，根据行业特点选择相应的生产效率提高途径，对资源丰富但规模不足的行业来说，提高产品质量是提升生产效率的有效途径来说，其他如机械设备行业可通过技术引进推动生产效率的改进

续表

行业名称	发展策略
精制茶加工 软饮料制造 化学原料和化学制品制造业 肥料制造 造纸和纸制品业 纸浆制造 医药制造业 中药饮片加工 中成药制造 生物、生化制品的制造 黑色金属冶炼和压延加工业 炼铁 炼钢 铁合金冶炼 通用设备制造业 金属加工机械制造	

第三类：区位优势弱、生产率与贸易优势强的行业（见表 3-13）。这类行业在云南省本身的地区专业化程度偏低，产业也比较分散，生产规模不大。

表 3-13 云南省区位优势弱、生产率与贸易优势强的工业行业

行业名称	发展策略
化学原料和化学制品制造业 农药制造 纺织业 棉、化纤纺织及印染精加工 金属制品业 金属工具制造 通用设备制造业 风机、衡器、包装设备等通用设备制造	引进省内外同行企业的先进技术，改善企业产品结构，增强企业的专业化生产能力； 了解周边国家的消费需求，根据国外消费需求改善企业生产结构

第四类：区位优势弱、生产率与贸易优势弱的行业（见表 3-14）。这类行业普遍缺乏区位优势，企业规模小且分散，产业聚集能力较低，部分具有资源禀赋优势的行业没有实现地方专业化，生产效率低且不具贸易竞争力。

表 3-14　云南省区位优势弱、生产率与贸易优势弱的工业行业

行业名称	发展策略
非金属矿采选业 　采盐 　石棉及其他非金属矿采选 造纸和纸制品 　纸制品制造 家具制造业 　木质家具制造业 　其他家具制造业 医药制造业 　化学药品原药制造 电气机械和器材制造业 　电机制造	对于具有资源优势的行业，给予孵化器政策，扶持行业发展

第五类：未来发展较有潜力的行业。这类行业在云南或已有雏形，或在"一带一路"的战略格局中会成为迅速发展起来的产业。这些行业包括：石油加工、炼焦和核燃料加工业中的精炼石油产品制造，涉及基础设施建设的建筑业，以及与基础设施建设相关的装备制造业，近年来进出口额大幅上升的农产品业如蔬菜产业、鲜切花产业、茶叶产业、咖啡产业、坚果产业等。

第四章
云南特色产业国际市场需求研究

第一节 文献综述

进口需求是国际商务和国际经济学中被广泛研究的一个领域。国际商务方面的文献主要关注微观因素对贸易表现的影响，包括三方面的微观因素：①购买者的特征，比如购买者的预算、购买者的人口特征以及进口经理人的特质；②供给者的特征，特别是供给公司的特征和关系网络；③感知的产品属性，包括质量、价格、可信度、耐用性、品牌、售后服务、声誉、技术先进性、风格等。国际经济学方面的文献则更看重宏观和中观层面的因素，比如收入、价格、汇率、贸易壁垒、贸易自由化、出口促进、国家风险等。这些方面的研究能帮助我们理解影响进口需求的因素，为我们的研究提供必要的知识。

我国作为出口快速增长的大国，其出口发展吸引了学界的大量注意力。已有一些研究从宏观层面研究了中国出口竞争力的现状、变化和驱动力量，还有一些学者集中分析了某个产业的出口竞争力，也有学者研究了中国企业在国际市场的竞争力。这一类研究能帮助我们深入了解中国产业竞争力的通性，并且从方法学上为我们的研究提供良好借鉴。

贸易促进也是一个被广泛研究的领域，其研究成果具有显著的实践指导意义。贸易促进活动通常由公共机构（比如政府，以及一些政府性的组织）以及私有机构（比如公司）来完成。已有研究涉及如下方面：①政府使用的外贸促进工具；②各种贸易促进措施（比如出口补贴、出口退税）的效益和成本；③产业和国家选择。其中关于产业和国家选择的研究与本章内容最为相关。这类文献对影响市场渗透的一些因素，比如国外市场规模和增长情况、竞争者及其产品，以及进入壁垒等进行了广泛研究。这类研究主要是以产业和国家组合为基本的分析单位。本章将借鉴这一方法对云南省特色产业的出口市场进行分析。

第二节　研究数据与方法

一　数据及来源

1. 国际数据

世界200多个国家和地区2007~2013年的GDP、GDP增长率、人均GDP数据，来源于世界银行。

101个国家和地区的产业进出口数据，来源于联合国。

81个国家和地区的分产业关税数据，来源于世贸组织。

2. 中国国家层面数据和云南省级层面数据

中国国家层面和云南省级层面的进出口数据、GDP数据，来源于《中国统计年鉴》和《云南统计年鉴》等。

二　方法和步骤

根据本章研究目标，我们把国际需求、出口竞争力和贸易促进放在一个统一的框架内，并以此框架来设计研究方法和步骤。

本章所使用的模型是在Ludo Cuyvers及其团队开发出的决定支撑模型（DSM）的基础上改进的。原始DSM模型包括4个连续的步骤，每一步都根据贸易和其他统计数据选择市场和产业，每一步使用一套选择标准作为过滤器来消除一些国家和产业（见图4-1）。第1步，国家风险和重要国家宏观经济表现的标准被用来作为第一个过滤器，过滤掉潜力不大的国家。第2步，在选出国家的基础上，根据进口规模和增长情况来评估产业-国家组合。第3步，根据贸易限制和其他贸易壁垒来进一步确定现实的出口机会。第4步，对现实的出口机会进行分类。

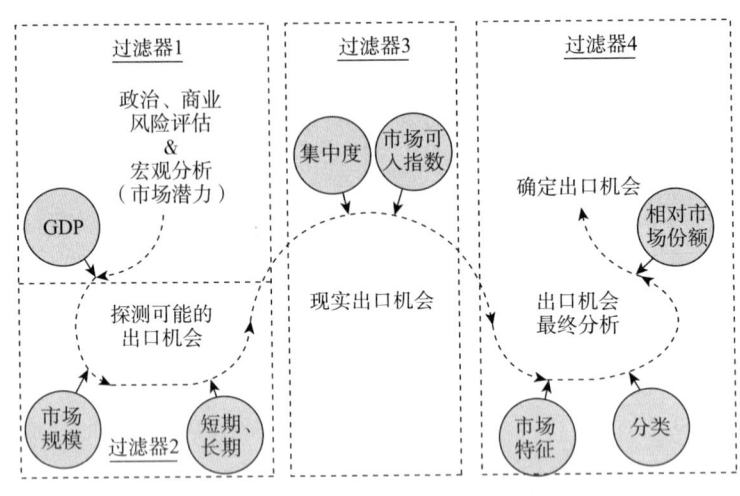

图4-1 原始DSM模型

根据云南的实际情况,我们对该模型进行了改进。具体使用如下5个步骤。

第1步:国家分析

在本步骤中,使用两个过滤器来选择有潜力的国家。

第一个过滤指标是贸易成本。我们使用贸易成本而不是原始DSM模型中的政治风险作为过滤指标。就云南的实际情况而言,政治风险不能作为过滤指标来筛选云南有潜力的贸易伙伴。比如,从世界银行的世界治理指标(WGI)来看,从政治稳定性的程度来衡量缅甸是一个高风险的国家。然而,它是云南最重要的贸易伙伴,在过去几十年云南对其出口占云南省总出口的10%以上。相比较而言,贸易成本是一个更全面的选择国家的指标。因此,我们使用贸易成本作为第一个过滤指标,根据贸易成本对各个国家进行排序,贸易成本高的国家将被滤除。

贸易成本包含从外国转移货物到本国消费者和从本国转移货物至外国消费者过程中的监管、运输、物流成本。Jacks等发现二战后,33%的贸易增长利益来自贸易成本的降低。因此,我们认为贸易成本是评估贸易潜力的一个重要标准。我们使用以下公式计算云南与贸易伙伴的贸易成本:

$$T_{yf} = 1 - \left[\frac{X_{yf}X_{fy}}{\sigma_y(Y_y - X_y)\sigma_f(Y_f - X_f)}\right]^{\frac{1}{2\varepsilon-2}} \quad (1)$$

其中，X_{yf}表示从云南到国家f的出口，X_{fy}表示从国家f到云南的出口，X_y和X_f分别表示云南和国家f的总出口，Y_y和Y_f分别表示云南和国家f的GDP，σ_y和σ_f分别表示云南和国家f的可贸易货物占总收入的份额。

第二个过滤指标是进口国家的宏观经济规模和经济增长情况。

第一个过滤指标的临界值或切断点是：

$$CV = \bar{x} + \alpha\sigma_x \tag{2}$$

第二个过滤指标的临界值或切断点是：

$$CV = \bar{x} - \alpha\sigma_x \tag{3}$$

其中，$\bar{x}$是x（贸易成本、GDP、人均GDP或GDP增长率）的平均值，σ_x是x的标准差，α是用于进行敏感分析的系数。

如果对于第一个过滤指标，有：

$$x \leqslant CV$$

对于第二个过滤指标，有：

$$x \geqslant CV$$

则一个国家将被选定。

第2步：产业分析

结合世界产业的进口增长情况和特色产业的名单，可确定具有潜力的、可以进入下一轮分析的产业。世界产业的长期增长率和短期增长率将被作为选择指标，临界值或切断点的确定见公式（3）。

第3步：产业和国家组合分析

对通过第1和第2步选出的国家和产业做进一步分析。本步骤将选出每一个产业中具有潜力的关键国家。每个国家的产业贸易指标，比如进口规模和进口增长率将被用于评估分析。本步骤的分析单位是产业和国家的组合，分析目的是发现潜在的出口机会。

3个变量将被用于潜在出口机会分析：短期进口增长率、长期进口增长率以及进口市场规模。短期进口增长率是指最近1年的进口增长率，长期进口增长率是指最近5年的年均增长率。进口市场规模指相对市场规模，由国

家 i 在产业 j 的进口量除以产业 j 的进口总量计算得出。

进口增长率的临界值或切断点定义为：

$$G_j = g_{wj} s_j, \text{如果 } g_{wj} \geq 0$$

$$G_j = g_{wj}/s_j, \text{如果 } g_{wj} < 0$$

其中，g_{wj} 是产业 j 的世界总进口量。

上式中，s_j 被定义为：

$$s_j = 0.8 + \frac{1}{(RCA_j + 0.85)\exp(RCA_j - 0.01)} \tag{4}$$

其中，

$$RCA_j = \left(\frac{X_{ij}}{X_{wj}}\right) \bigg/ \left(\frac{X_{i,tot}}{X_{w,tot}}\right) \tag{5}$$

在式（5）中，X_{ij} 是国家 i 在产业 j（也就是产品类别 j）的出口，X_{wj} 是产业 j 的世界总出口，$X_{i,tot}$ 是国家 i 的总出口，$X_{w,tot}$ 是世界所有产业（产品类别）的总出口。

如果 $g_{ij} \geq G_j$，则一个国家和产业的组合将被选择。

其中，g_{ij} 是国家 i 在产业 j 的短期进口增长率或长期进口增长率。

相对进口市场规模的切断点定义为：

$$S_j = 0.02 M_{ij}, \text{如果 } RCA_j \geq 1$$

$$S_j = [(3 - RCA_j)/100] M_{ij}, \text{如果 } RCA_j < 1$$

其中，M_{ij} 是国家 i 在产业 j 的进口规模。

如果 $M_{ij} \geq S_j$，则一个国家和产业的组合将被选择。

第 4 步：国际进口需求与云南出口供给的匹配分析

使用云南产业在世界的出口份额、显示性比较优势指数（RCA）等指标来鉴别云南具有出口潜力的产业，并根据国际进口需求增长及云南产业在本土的竞争力等情况，从云南特色产业中筛选出云南外向型经济发展的重点目标产业。

第 5 步：云南重点目标产业的市场类型划分及市场准入分析

对重点目标产业的市场进行类型划分，并分析各市场的准入障碍，以

第四章 云南特色产业国际市场需求研究

评估云南在重点目标市场的现实出口能力。关税水平及其他指标如进口市场集中度、开放度、文化距离、贸易成本等将被用来评估市场准入障碍。

第三节 研究结果

一 国家分析

国家分析的目的是通过两个过滤指标的综合筛选，选出进入后续分析的国家。

1. 过滤指标 1——贸易成本

根据前面的方法，第1个过滤指标是贸易成本。根据公式（1），我们计算出云南与其他国家的贸易成本。由于数据的限制，我们只能计算出云南对38个国家的贸易成本。显然，38个国家和地区的样本太小，会产生偏差。因此，我们同时计算出中国与178个国家和地区的贸易成本。在此基础上，做进一步分析。理由是，云南的贸易成本数据和中国的贸易成本数据呈显著正相关，总体上，对云南的贸易成本较低或较高的国家，对中国的贸易成本也较低或较高。当然，也有一些例外，比如，缅甸对云南的贸易成本偏低，但对中国的贸易成本属中等水平。但这类偏差主要集中于毗邻我国云南省的几个国家，对于绝大多数国家来说，两者具有较高的一致性。因此用中国贸易成本数据替代部分云南贸易数据，不会造成大的偏差。这仅是第一步初选，我们使用的选择国家的 DSM 切断点标准实际上很宽松，不会将对云南贸易成本低的国家漏选。而且，我们将在后面进一步使用云南的贸易成本数据进行具体产业和市场的分析。

我们在方法一节中讨论过，需要通过贸易成本和几个与 GDP 有关的数据来计算临界值或切断点，以确定进入下一轮的具有潜力的国家。对过滤指标贸易成本而言，公式（2）计算出的临界值是 0.626（即贸易成本高出 0.626 的国家被滤除），其中阿尔法值是 0.40。

我们通过贸易成本，从175个参选国家和地区中选出122个国家和地区，入选率为70%。

2. 过滤指标 2——宏观经济指标（GDP 增长率、人均 GDP 和 GDP）

我们使用3个指标来评估197个国家和地区的宏观经济表现：GDP 增长

率、人均 GDP 和 GDP。这 3 个指标实际上分别反映经济增长率、国家富有程度及经济总量。GDP 增长率为 2007~2012 年的年均增长率。人均 GDP 和 GDP 是 2012 年的数据。根据公式（3）计算出下面的数值。

过滤指标 2a：GDP 增长率，临界值是 6.32，其阿尔法值是 0.20，筛选出 108 个国家和地区。

过滤指标 2b：人均 GDP，临界值是 1083.93，其阿尔法值是 0.64，筛选出 156 个国家和地区。

过滤指标 2c：GDP，临界值是 15.98，其阿尔法值是 0.25，筛选出 115 个国家和地区。

3. 综合筛选

结合过滤指标 1 和过滤指标 2，我们确定如下标准来决定一个国家或地区能否通过选择程序从而进入下一轮分析：一个国家或地区首先必须满足过滤指标 1 即贸易成本的条件，并且它必须至少通过过滤指标 2（GDP 增长率、人均 GDP 和 GDP）中的两项才有资格入选。这意味着，一个国家或地区的贸易成本必须相对较低，而且，其必须在 GDP 增长率、人均 GDP 和 GDP 三个方面中至少有两个方面表现良好，才会被认为是云南产品的潜在市场。

经过上述综合选择程序，我们筛选出 99 个国家和地区。

4. 结果 1

通过本轮筛选，我们得到包含 99 个国家和地区的样本。样本中这些国家和地区的贸易成本较低，而且在 GDP 增长率、人均 GDP 和 GDP 三个方面中至少有两个方面表现良好。这个样本将用于后续分析。

二 产业分析

为了进行产业分析，我们必须先定义产业的划分。在本章中，我们使用国际贸易和海关通用的协调制度编码（Harmonized System Code，简称 HS 编码）的产品分类系统。考虑到与中国的传统产业分类系统相匹配以及工作量的问题，我们把本章研究的产业水平定位在 HS 编码的两位数，因此，每一个两位数 HS 编码的产品类别就构成一个产业。在两位数 HS 水平，总共有 99 个产品类别，但由于 HS 系统本身保留 2 个产品类别未使用，总共就有97个产品类别即产业可供分析。接下来所有的分析,都是围绕这两位数 HS 编码的97个产业(或产品类别)进行的。

1. 世界各产业总体需求的评估

我们用这两个指标来评估世界的产业增长情况:世界每个产业的进口在 2007～2012 年和 2002～2012 年两个时间段的年均复合增长率。评估和筛选方法依然使用上述 DSM 方法。临界值的计算与前文相同,参见公式(3)。

过滤指标1:5年期年均增长率,临界值是1.23,筛选出69个产业。

过滤指标2:10年期年均增长率,临界值是5.67,筛选出78个产业。

符合长期或短期周期标准的产业,被考虑为世界上有增长潜力的产业。表4-1为97个产业的5年期和10年期增长率排序。

表4-1 世界97个产业的5年期和10年期增长率

单位:%

产业编号	产业描述	5年期增长率	按5年期增长率排序	产业编号	产品描述	10年期增长率	按10年期增长率排序
H0-13	虫胶;树胶、树脂及其他植物液、汁	18.52	1	H0-80	锡及其制品	17.82	1
H0-09	咖啡、茶、马黛茶及调味香料	11.48	2	H0-26	矿砂、矿渣及矿灰	17.51	2
H0-71	天然或养殖珍珠、宝石或半宝石、贵金属、包贵金属及其制品;仿首饰;硬币	11.37	3	H0-27	矿物燃料、矿物油及其蒸馏产品;沥青物质;矿物蜡	17.43	3
H0-31	肥料	11.30	4	H0-31	肥料	17.15	4
H0-86	铁道及电车道机车、车辆及其零件;铁道及电车道轨道固定装置及其零件、附件;各种机械(包括电动机械)交通信号设备	11.07	5	H0-78	铅及其制品	14.88	5

115

续表

产业编号	产业描述	5年期增长率	按5年期增长率排序	产业编号	产品描述	10年期增长率	按10年期增长率排序
H0-15	动植物油、脂及其分解产品；精制的食用油脂；动植物蜡	10.96	6	H0-74	铜及其制品	14.73	6
H0-23	食品工业的残渣及废料；配制的动物饲料	10.48	7	H0-15	动植物油、脂及其分解产品；精制的食用油脂；动植物蜡	14.68	7
H0-27	矿物燃料、矿物油及其蒸馏产品；沥青物质；矿物蜡	9.90	8	H0-13	虫胶；树胶、树脂及其他植物液、汁	14.45	8
H0-12	含油籽仁及果实；杂项籽仁及果实；工业用或药用植物；稻草、秸秆及饲料	9.70	9	H0-86	铁道及电车道机车、车辆及其零件；铁道及电车道轨道固定装置及其零件、附件；各种机械（包括电动机械）交通信号设备	14.06	9
H0-05	其他动物产品	8.26	10	H0-09	咖啡、茶、马黛茶及调味香料	13.74	10
H0-17	糖及糖食	8.05	11	H0-71	天然或养殖珍珠、宝石或半宝石、贵金属、包贵金属及其制品；仿首饰；硬币	13.23	11
H0-43	毛皮、人造毛皮及其制品	8.03	12	H0-72	钢铁	12.80	12
H0-91	钟表及其零件	7.91	13	H0-40	橡胶及其制品	12.01	13

第四章 云南特色产业国际市场需求研究

续表

产业编号	产业描述	5年期增长率	按5年期增长率排序	产业编号	产品描述	10年期增长率	按10年期增长率排序
H0-40	橡胶及其制品	7.34	14	H0-23	食品工业的残渣及废料；配制的动物饲料	11.71	14
H0-16	肉、鱼、甲壳动物、软体动物及其他水生无脊椎动物的制品	6.83	15	H0-81	其他贱金属、金属陶瓷及其制品	11.56	15
H0-18	可可及可可制品	6.79	16	H0-89	船舶及浮动结构体	11.34	16
H0-21	杂项食品	6.49	17	H0-75	镍及其制品	11.31	17
H0-19	谷物、粮食粉、淀粉或乳的制品；糕饼点心	6.42	18	H0-30	药品	11.27	18
H0-38	杂项化学产品	6.28	19	H0-73	钢铁制品	11.23	19
H0-11	制粉工业产品；麦芽；淀粉；菊粉；面筋	6.15	20	H0-28	无机化学品；贵金属、稀土金属、放射性元素及其同位素的有机及无机化合物	10.77	20
H0-02	肉及食用杂碎	5.99	21	H0-10	谷物	10.74	21
H0-80	锡及其制品	5.94	22	H0-21	杂项食品	10.67	22
H0-10	谷物	5.90	23	H0-12	含油籽仁及果实；杂项籽仁及果实；工业用或药用植物；稻草、秸秆及饲料	10.67	23
H0-24	烟草、烟草及烟草代用品的制品	5.60	24	H0-11	制粉工业产品；麦芽；淀粉；菊粉；面筋	10.65	24
H0-08	食用水果及坚果；柑橘属水果或甜瓜的果皮	5.57	25	H0-17	糖及糖食	10.51	25

117

续表

产业编号	产业描述	5年期增长率	按5年期增长率排序	产业编号	产品描述	10年期增长率	按10年期增长率排序
H0-90	光学、照相、电影、计量、检验、医疗或外科用仪器及设备、精密仪器及设备；上述物品的零件、附件	5.53	26	H0-19	谷物、粮食粉、淀粉或乳的制品；糕饼点心	10.50	26
H0-26	矿砂、矿渣及矿灰	5.45	27	H0-38	杂项化学产品	10.40	27
H0-30	药品	5.37	28	H0-18	可可及可可制品	10.27	28
H0-34	肥皂、有机表面活性剂、洗涤剂、润滑剂、人造蜡、调制蜡、光洁剂、蜡烛及类似品、塑型用膏、牙科用蜡及牙科用熟石膏制剂	5.30	29	H0-39	塑料及其制品	9.80	29
H0-42	皮革制品；鞍具及挽具；旅行用品、手提包及类似容器；动物肠线（蚕胶丝除外）制品	5.18	30	H0-33	精油及香膏；芳香料制品及化妆盥洗品	9.69	30
H0-14	编结用植物材料；其他植物产品	5.14	31	H0-16	肉、鱼、甲壳动物、软体动物及其他水生无脊椎动物的制品	9.65	31
H0-36	炸药；烟火制品；火柴；引火合金；易燃材料制品	4.77	32	H0-08	食用水果及坚果；柑橘属水果或甜瓜的果皮	9.54	32
H0-35	蛋白类物质；改性淀粉；胶；酶	4.76	33	H0-04	乳；蛋品；天然蜂蜜；其他食用动物产品	9.38	33

续表

产业编号	产业描述	5年期增长率	按5年期增长率排序	产业编号	产品描述	10年期增长率	按10年期增长率排序
H0-33	精油及香膏；芳香料制品及化妆盥洗品	4.70	34	H0-34	肥皂、有机表面活性剂、洗涤剂、润滑剂、人造蜡、调制蜡、光洁剂、蜡烛及类似品、塑型用膏、牙科用蜡及牙科用熟石膏制剂	9.32	34
H0-01	活动物	4.53	35	H0-36	炸药；烟火制品；火柴；引火合金；易燃材料制品	9.17	35
H0-64	鞋靴、护腿和类似品及其零件	4.43	36	H0-20	蔬菜、水果、坚果或植物其他部分的制品	9.16	36
H0-28	无机化学品；贵金属、稀土金属、放射性元素及其同位素的有机及无机化合物	4.23	37	H0-29	有机化学品	9.10	37
H0-65	帽类及其零件	4.20	38	H0-02	肉及食用杂碎	9.08	38
H0-03	鱼、甲壳动物、软体动物及其他水生无脊椎动物	4.16	39	H0-90	光学、照相、电影、计量、检验、医疗或外科用仪器及设备、精密仪器及设备；上述物品的零件、附件	9.00	39
H0-20	蔬菜、水果、坚果或植物其他部分的制品	4.12	40	H0-22	饮料、酒及醋	8.92	40
H0-88	航空器、航天器及其零件	4.12	41	H0-91	钟表及其零件	8.82	41

续表

产业编号	产业描述	5年期增长率	按5年期增长率排序	产业编号	产品描述	10年期增长率	按10年期增长率排序
H0-22	饮料、酒及醋	4.02	42	H0-79	锌及其制品	8.71	42
H0-07	食用蔬菜、根及块茎	4.00	43	H0-05	其他动物产品	8.68	43
H0-82	贱金属工具、器具、利口器、餐匙、餐叉及其零件	3.94	44	H0-99	特殊交易品及未分类	8.64	44
H0-04	乳品；蛋品；天然蜂蜜；其他食用动物产品	3.82	45	H0-63	其他纺织制成品；成套物品；旧衣着及旧纺织品；碎织物	8.54	45
H0-29	有机化学品	3.81	46	H0-42	皮革制品；鞍具及挽具；旅行用品、手提包及类似容器；动物肠线（蚕胶丝除外）制品	8.47	46
H0-39	塑料及其制品	3.67	47	H0-85	电机、电气设备及其零件；录音机及放声机、电视图像、声音的录制和重放设备及其零件、附件	8.43	47
H0-63	其他纺织制成品；成套物品；旧衣着及旧纺织品；碎织物	3.62	48	H0-35	蛋白类物质；改性淀粉；胶；酶	8.39	48
H0-85	电机、电气设备及其零件；录音机及放声机、电视图像、声音的录制和重放设备及其零件、附件	3.45	49	H0-76	铝及其制品	8.38	49
H0-60	针织物及钩编织物	3.40	50	H0-25	盐；硫黄；泥土及石料；石膏料、石灰及水泥	8.38	50

第四章 云南特色产业国际市场需求研究

续表

产业编号	产业描述	5年期增长率	按5年期增长率排序	产业编号	产品描述	10年期增长率	按10年期增长率排序
H0-66	雨伞、阳伞、手杖、鞭子、马鞭及其零件	3.39	51	H0-07	食用蔬菜、根及块茎	8.29	51
H0-89	船舶及浮动结构体	3.37	52	H0-82	贱金属工具、器具、利口器、餐匙、餐叉及其零件	8.26	52
H0-56	絮胎、毡呢及无纺织物；特种纱线；线、绳、索、缆及其制品	3.14	53	H0-43	毛皮、人造毛皮及其制品	8.14	53
H0-32	鞣料浸膏及染料浸膏；鞣酸及其衍生物；染料、颜料及其他着色料；油漆及清漆；油灰及其他胶粘剂；墨水、油墨	3.12	54	H0-68	石料、石膏、水泥、石棉、云母及类似材料的制品	8.09	54
H0-67	已加工羽毛、羽绒及其制品；人造花；人发制品	3.08	55	H0-83	贱金属杂项制品	8.03	55
H0-93	武器、弹药及其零件、附件	2.83	56	H0-84	核反应堆、锅炉、机器、机械器具及其零件	7.81	56
H0-61	针织或钩编的服装及衣着附件	2.59	57	H0-14	编结用植物材料；其他植物产品	7.78	57
H0-96	杂项制品	2.46	58	H0-93	武器、弹药及其零件、附件	7.74	58
H0-25	盐；硫黄；泥土及石料；石膏料、石灰及水泥	2.34	59	H0-56	絮胎、毡呢及无纺织物；特种纱线；线、绳、索、缆及其制品	7.69	59

121

续表

产业编号	产业描述	5年期增长率	按5年期增长率排序	产业编号	产品描述	10年期增长率	按10年期增长率排序
H0-73	钢铁制品	2.22	60	H0-01	活动物	7.49	60
H0-84	核反应堆、锅炉、机器、机械器具及其零件	2.06	61	H0-94	家具；寝具、褥垫、弹簧床垫、软坐垫及类似的填充制品；未列名灯具及照明装置；发光标志、发光铭牌及类似品；活动房屋	7.45	61
H0-59	浸渍、涂布、包覆或层压的织物；工业用纺织制品	2.01	62	H0-88	航空器、航天器及其零件	7.43	62
H0-92	乐器及其零件、附件	1.69	63	H0-32	鞣料浸膏及染料浸膏；鞣酸及其衍生物；染料、颜料及其他着色料；油漆及清漆；油灰及其他胶粘剂；墨水、油墨	7.14	63
H0-83	贱金属杂项制品	1.52	64	H0-64	鞋靴、护腿和类似品及其零件	7.14	64
H0-06	活树及其他活植物；鳞茎、根及类似品；插花及装饰用簇叶	1.45	65	H0-65	帽类及其零件	6.93	65
H0-94	家具；寝具、褥垫、弹簧床垫、软坐垫及类似的填充制品；未列名灯具及照明装置；发光标志、发光铭牌及类似品；活动房屋	1.45	66	H0-97	艺术品、收藏品及古物	6.85	66

第四章 云南特色产业国际市场需求研究

续表

产业编号	产业描述	5年期增长率	按5年期增长率排序	产业编号	产品描述	10年期增长率	按10年期增长率排序
H0-70	玻璃及其制品	1.27	67	H0-70	玻璃及其制品	6.79	67
H0-62	非针织或非钩编的服装及衣着附件	1.13	68	H0-03	鱼、甲壳动物、软体动物及其他水生无脊椎动物	6.71	68
H0-55	化学纤维短纤	1.11	69	H0-69	陶瓷产品	6.62	69
H0-68	石料、石膏、水泥、石棉、云母及类似材料的制品	0.90	70	H0-87	车辆及其零件、附件,但铁道及电车道车辆除外	6.55	70
H0-54	化学纤维长丝	0.90	71	H0-61	针织或钩编的服装及衣着附件	6.43	71
H0-47	木浆及其他纤维状纤维素浆;纸及纸板的废碎品	0.70	72	H0-24	烟草、烟草及烟草代用品的制品	6.36	72
H0-48	纸及纸板;纸浆、纸或纸板制品	0.66	73	H0-59	浸渍、涂布、包覆或层压的织物;工业用纺织制品	6.19	73
H0-69	陶瓷产品	0.30	74	H0-66	雨伞、阳伞、手杖、鞭子、马鞭及其零件	6.08	74
H0-81	其他贱金属、金属陶瓷及其制品	0.29	75	H0-60	针织物及钩编织物	5.98	75
H0-87	车辆及其零件、附件,但铁道及电车道车辆除外	0.09	76	H0-96	杂项制品	5.84	76
H0-74	铜及其制品	-0.38	77	H0-06	活树及其他活植物;鳞茎、根及类似品;插花及装饰用簇叶	5.79	77

123

续表

产业编号	产业描述	5年期增长率	按5年期增长率排序	产业编号	产品描述	10年期增长率	按10年期增长率排序
H0-97	艺术品、收藏品及古物	-0.61	78	H0-47	木浆及其他纤维状纤维素浆；纸及纸板的废碎品	5.71	78
H0-57	地毯及纺织材料的其他铺地制品	-0.81	79	H0-95	玩具、游戏品、运动用品及其零件、附件	5.49	79
H0-46	稻草、秸秆、针茅或其他编结材料制品；篮筐及柳条编结品	-0.82	80	H0-48	纸及纸板；纸浆、纸或纸板制品	5.29	80
H0-95	玩具、游戏品、运动用品及其零件、附件	-0.88	81	H0-92	乐器及其零件、附件	5.07	81
H0-58	特种机织物；簇绒织物；花边；装饰毯；装饰带；刺绣品	-0.90	82	H0-62	非针织或非钩编的服装及衣着附件	4.97	82
H0-41	生皮（毛皮除外）及皮革	-0.93	83	H0-57	地毯及纺织材料的其他铺地制品	4.42	83
H0-76	铝及其制品	-1.00	84	H0-49	书籍、报纸、印刷图画及其他印刷品；手稿、打字稿及设计图纸	4.27	84
H0-72	钢铁	-1.01	85	H0-44	木及木制品；木炭	4.09	85
H0-49	书籍、报纸、印刷图画及其他印刷品；手稿、打字稿及设计图纸	-1.53	86	H0-67	已加工羽毛、羽绒及其制品；人造花；人发制品	3.95	86
H0-78	铅及其制品	-1.61	87	H0-55	化学纤维短纤	3.93	87

第四章 云南特色产业国际市场需求研究

续表

产业编号	产业描述	5年期增长率	按5年期增长率排序	产业编号	产品描述	10年期增长率	按10年期增长率排序
H0-52	棉花	-1.99	88	H0-46	稻草、秸秆、针茅或其他编结材料制品；篮筐及柳条编结品	3.12	88
H0-53	其他植物纺织纤维；纸纱线及其机织物	-2.15	89	H0-54	化学纤维长丝	3.08	89
H0-99	特殊交易品及未分类	-2.26	90	H0-50	蚕丝	2.99	90
H0-45	软木及软木制品	-2.32	91	H0-58	特种机织物；簇绒织物；花边；装饰毯；装饰带；刺绣品	2.20	91
H0-44	木及木制品；木炭	-2.72	92	H0-45	软木及软木制品	2.10	92
H0-51	羊毛、动物细毛或粗毛；马毛纱线及其机织物	-2.85	93	H0-41	生皮（毛皮除外）及皮革	1.99	93
H0-50	蚕丝	-3.96	94	H0-52	棉花	1.06	94
H0-37	照相及电影用品	-5.83	95	H0-53	其他植物纺织纤维；纸纱线及其机织物	0.77	95
H0-75	镍及其制品	-9.41	96	H0-51	羊毛、动物细毛或粗毛；马毛纱线及其机织物	0.74	96
H0-79	锌及其制品	-10.60	97	H0-37	照相及电影用品	-2.25	97

注：按5年期增长率排序的前69个产业和按10年期增长率排序的前78个产业入选后续分析。

2. 结果 2

通过对产业总体需求增长的评估，我们获取了两个产业样本，69 个产业满足短期（5 年周期）增长标准，78 个产业满足长期（10 年周期）增长标准。这两个样本将用于后续分析。

3. 统一云南特色产业的分类口径

在母项目"云南省外向型经济建设中的产业发展战略研究"的另一个专题项目"云南特色产业发展研究"中，研究者袁帆确定了五大类特色产业，属于云南较有竞争力的产业。这五大类产业包括按中国传统分类系统划分的 3 位数产业共 78 个。在仔细研究了每个 HS 两位数编码产业所包含的产品细分类别，并与中国分类系统进行比较和对照后，我们把袁帆报告中的 78 个中国分类三位数产业归类成 52 个 HS 编码两位数产业。只有将中国的分类编码统一到国际通行的 HS 编码，才有可能获得产业的国际贸易及关税等数据，统一编码口径是不可缺少的步骤。

4. 确定后续分析的产业

根据本章的研究目的，所要分析的产业样本只能是云南的特色产业，超出这个范围则没有实际意义。因此，根据前期研究整理出的 52 个云南特色产业，将构成后续分析的产业样本主体。

为了不至于遗漏一些重要产业，我们再选出 5 个产业，补充进入前述 52 个产业的名单。选择这 5 个产业的依据是：第一，这些产业属于云南特色产业的五大类别；第二，这些产业符合前述增长率方面的选择标准。这 5 个产业是：H0-06（活树及其他活植物；鳞茎、根及类似品；插花及装饰用簇叶）、H0-13（虫胶；树胶、树脂及其他植物液、汁）、H0-33（精油及香膏；芳香料制品及化妆盥洗品）、H0-34（肥皂、有机表面活性剂、洗涤剂、润滑剂、人造蜡、调制蜡、光洁剂、蜡烛及类似品、塑型用膏、牙科用蜡及牙科用熟石膏制剂）、H0-35（蛋白类物质；改性淀粉；胶；酶）。因此，我们总共有了 57 个产业样本，基本代表了云南的所有特色产业。这 57 个产业将进入下一轮分析。

5. 结果 3

本部分确定了包含 57 个代表云南特色产业的 HS 编码两位数产业的样本。这个样本来源于母项目的研究结果，并做了少许补充。这个样本将用于后续分析。

三 国家和产业组合分析

本部分分析的目的是为云南特色产业鉴定出口机会，即识别哪些国家能为云南特色产业提供较好的市场。这与前文国家分析和产业分析的单位有所不同，前文分析单位分别为国家和产业，而这里的分析单位是产业和国家的组合。

1. 过滤指标——短期进口增长率、长期进口增长率以及进口市场规模

短期进口增长率是指 2012 年对 2011 年的同比增长率，长期进口增长率指 2007~2012 年进口的年均复合增长率，进口市场规模指相对进口规模。增长指标反映的是进口需求的增长，相对进口规模反映的是进口市场的大小。

3 个指标的临界点即切断点的计算方法同前文。

2. 3 个指标综合选择

为了把 3 个指标有机地结合起来，我们确定如下选择标准：如果一个产业-国家组合能通过市场规模指标的筛选，或者能通过增长标准的筛选，该产业-国家组合就被选择出来，作为云南特色产业有潜力的外国市场。而增长标准又是这样制定的：一个产业-国家组合只有同时达到短期增长和长期增长的标准，才能通过增长指标的筛选。实际上，要达到这一套标准的要求，一个产业-国家组合要么能通过市场规模指标的筛选，要么同时满足短期增长和长期增长的两个标准。

我们在前文国家和产业分析中，分别筛选得到含 99 个国家的国家样本和含 57 个产业的产业样本。这两个样本组合在一起，除去一些缺失数据的情况，共计得到 5243 个产业-国家组合。在此，我们根据上述市场规模和增长的综合标准，从 5243 个产业-国家组合中，共计筛选出 2524 个产业-国家组合，占总组合数的 48%。这 2524 个产业-国家组合包括 57 个产业和 86 个国家。

表 4-2 列出了云南 57 个特色产业的名单，及每个产业所包含的能为云南产品出口提供机会的国家数量。按产业含有的国家数量排列，前 10 个产业是：H0-48（纸及纸板；纸浆、纸或纸板制品）、H0-72（钢铁）、H0-

28（无机化学品；贵金属、稀土金属、放射性元素及其同位素的有机及无机化合物）、H0－35（蛋白类物质；改性淀粉；胶；酶）、H0－69（陶瓷产品）、H0－76（铝及其制品）、H0－44（木及木制品；木炭）、H0－68（石料、石膏、水泥、石棉、云母及类似材料的制品）、H0－34（肥皂、有机表面活性剂、洗涤剂、润滑剂、人造蜡、调制蜡、光洁剂、蜡烛及类似品、塑型用膏、牙科用蜡及牙科用熟石膏制剂）、H0－29（有机化学品）。

表4－2 云南57个特色产业

单位：个，%

产业编码	产业描述	所涉及国家数量	所涉及的产业数量所占比例
H0－48	纸及纸板；纸浆、纸或纸板制品	66	2.64
H0－72	钢铁	64	2.54
H0－28	无机化学品；贵金属、稀土金属、放射性元素及其同位素的有机及无机化合物	62	2.46
H0－35	蛋白类物质；改性淀粉；胶；酶	59	2.34
H0－69	陶瓷产品	59	2.34
H0－76	铝及其制品	59	2.34
H0－44	木及木制品；木炭	57	2.26
H0－68	石料、石膏、水泥、石棉、云母及类似材料的制品	57	2.26
H0－34	肥皂、有机表面活性剂、洗涤剂、润滑剂、人造蜡、调制蜡、光洁剂、蜡烛及类似品、塑型用膏、牙科用蜡及牙科用熟石膏制剂	56	2.22
H0－29	有机化学品	55	2.18
H0－83	贱金属杂项制品	55	2.18
H0－03	鱼、甲壳动物、软体动物及其他水生无脊椎动物	53	2.1
H0－33	精油及香膏；芳香料制品及化妆盥洗品	53	2.1
H0－38	杂项化学产品	53	2.1
H0－70	玻璃及其制品	53	2.1
H0－20	蔬菜、水果、坚果或植物其他部分的制品	52	2.06
H0－54	化学纤维长丝	52	2.06
H0－08	食用水果及坚果；柑橘属水果或甜瓜的果皮	50	1.98

续表

产业编码	产业描述	所涉及国家数量	所涉及的产业数量所占比例
H0-40	橡胶及其制品	50	1.98
H0-55	化学纤维短纤	50	1.98
H0-19	谷物、粮食粉、淀粉或乳的制品；糕饼点心	49	1.94
H0-73	钢铁制品	49	1.94
H0-06	活树及其他活植物；鳞茎、根及类似品；插花及装饰用簇叶	48	1.9
H0-81	其他贱金属、金属陶瓷及其制品	48	1.9
H0-84	核反应堆、锅炉、机器、机械器具及其零件	48	1.9
H0-94	家具；寝具、褥垫、弹簧床垫、软坐垫及类似的填充制品；未列名灯具及照明装置；发光标志、发光铭牌及类似品；活动房屋	48	1.9
H0-75	镍及其制品	47	1.86
H0-85	电机、电气设备及其零件；录音机及放声机、电视图像、声音的录制和重放设备及其零件、附件	46	1.82
H0-02	肉及食用杂碎	45	1.78
H0-30	药品	45	1.78
H0-31	肥料	45	1.78
H0-86	铁道及电车道机车、车辆及其零件；铁道及电车道轨道固定装置及其零件、附件；各种机械（包括电动机械）交通信号设备	45	1.78
H0-90	光学、照相、电影、计量、检验、医疗或外科用仪器及设备、精密仪器及设备；上述物品的零件、附件	45	1.78
H0-04	乳品；蛋品；天然蜂蜜；其他食用动物产品	44	1.74
H0-21	杂项食品	44	1.74
H0-25	盐；硫黄；泥土及石料；石膏料、石灰及水泥	44	1.74
H0-74	铜及其制品	44	1.74
H0-82	贱金属工具、器具、利口器、餐匙、餐叉及其零件	44	1.74
H0-22	饮料、酒及醋	43	1.7
H0-24	烟草、烟草及烟草代用品的制品	42	1.66

续表

产业编码	产业描述	所涉及国家数量	所涉及的产业数量所占比例
H0-07	食用蔬菜、根及块茎	40	1.58
H0-23	食品工业的残渣及废料；配制的动物饲料	40	1.58
H0-18	可可及可可制品	39	1.55
H0-87	车辆及其零件、附件，但铁道及电车道车辆除外	39	1.55
H0-09	咖啡、茶、马黛茶及调味香料	35	1.39
H0-11	制粉工业产品；麦芽；淀粉；菊粉；面筋	35	1.39
H0-47	木浆及其他纤维状纤维素浆；纸及纸板的废碎品	35	1.39
H0-71	天然或养殖珍珠、宝石或半宝石、贵金属、包贵金属及其制品；仿首饰；硬币	35	1.39
H0-78	铅及其制品	35	1.39
H0-79	锌及其制品	32	1.27
H0-17	糖及糖食	27	1.07
H0-27	矿物燃料、矿物油及其蒸馏产品；沥青物质；矿物蜡	23	0.91
H0-80	锡及其制品	22	0.87
H0-12	含油籽仁及果实；杂项籽仁及果实；工业用或药用植物；稻草、秸秆及饲料	19	0.75
H0-15	动植物油、脂及其分解产品；精制的食用油脂；动植物蜡	18	0.71
H0-26	矿砂、矿渣及矿灰	14	0.55
H0-13	虫胶；树胶、树脂及其他植物液、汁	8	0.32

选出了能为云南特色产业产品提供较好机会的2524个产业-国家组合后，我们就可以对云南省特色产业产品出口的外部市场进行细致分析。这些分析将在下一部分结合云南的出口实际来进行。

3. 结果4

通过本轮筛选，我们得到了2524个产业-国家组合。对这些筛选出来的产业-国家组合，可以这样来解读：某一特定产业-国家组合所涉及的国家，能为该组合所涉及的云南特色产业提供较好的市场机会，这些产业-国家组合,将在后文进行详细分析。

四 国际进口需求与云南出口供给的匹配分析——重点目标产业选择

本部分的最终目的是从云南的特色产业中选出外向型经济发展的重点目标产业。选择是结合国际需求、云南产业的出口潜力及其国内产业竞争力这3个方面的相关指标进行的。注意,本部分分析的单位是产业。

1. 云南分产业出口概况

根据昆明海关和联合国 Comtrade 数据,2010年云南总出口额为76.6亿美元,占中国总出口额的0.48%和世界总出口额的0.05%。云南的出口目的地包括193个国家和地区,其中,缅甸、越南、印度、美国、泰国、日本、沙特阿拉伯、马来西亚、德国和印度尼西亚是云南出口额排在前10位的国家。云南对这10个国家的出口额占云南总出口额的54.12%。

通过对昆明海关2006~2010年的数据进行汇总整理,我们将云南所有的出口产品归类到两位数 HS 编码的86个产业。我们还计算以下指标:①云南各产业的出口额分别占我国和世界同产业出口额的比例(即出口份额);②云南各产业相对于我国和世界的显示性比较优势指数(RCA_{ij_cn} 和 RCA_{ij_w});③在2006~2010年云南分产业出口额的年均复合增长率。其中,显示性比较优势指数的计算公式如下:

$$RCA_{ij\_cn} = \left(\frac{X_{ij}}{X_{cn,j}}\right) \bigg/ \left(\frac{X_{i,tot}}{X_{cn,tot}}\right)$$

$$RCA_{ij\_w} = \left(\frac{X_{ij}}{X_{wj}}\right) \bigg/ \left(\frac{X_{i,tot}}{X_{w,tot}}\right)$$

其中,X_{ij} 指云南(i)在产业(即产品类别)j 的出口;$X_{cn,j}$ 指中国在产业 j 的出口;X_{wj} 指世界在产业 j 的出口;$X_{i,tot}$ 指云南在所有产业的总出口;$X_{cn,tot}$ 指中国在所有产业的总出口;$X_{w,tot}$ 指世界在所有产业的总出口。

RCA_{ij_cn} 和 RCA_{ij_w} 分别反映的是云南某产业相对于中国和世界的相同产业的竞争优势。

从绝对出口规模来看,前10名产业分别是 H0-31(肥料)、H0-28(无机化学品;贵金属、稀土金属、放射性元素及其同位素的有机及无机化合物)、H0-84(锅炉、机器、机械器具及其零件)、H0-07(食用蔬菜、根及块茎)、H0-24(烟草、烟草及烟草代用品的制品)、H0-27(矿物燃料、矿物油及其蒸馏产品；沥青物质；矿物蜡)、H0-83(贱金属杂项制品)、H0-62(非针织或非钩编的服装及衣着附件)、H0-39(塑料及其制品)、H0-42[皮革制品；鞍具及挽具；旅行用品、手提包及类似容器；动物肠线(蚕胶丝除外)制品]。从相对于世界同产业的出口规模(即出口份额)来看，前10名产业分别是H0-14(编结用植物材料；其他植物产品)、H0-31(肥料)、H0-24(烟草、烟草及烟草代用品的制品)、H0-65(帽类及其零件)、H0-96(杂项制品)、H0-07(食用蔬菜、根及块茎)、H0-83(贱金属杂项制品)、H0-42[皮革制品；鞍具及挽具；旅行用品、手提包及类似容器；动物肠线(蚕胶丝除外)制品]、H0-92(乐器及其零件、附件)、H0-28(无机化学品；贵金属、稀土金属、放射性元素及其同位素的有机及无机化合物)。表4-3列出了云南相对于世界同产业的出口规模前10名产业及其相对于国内同产业的显示性比较优势指数(RCA_{ij_cn})。突出的是，云南H0-14(编结用植物材料；其他植物产品)、H0-31(肥料)、H0-24(烟草、烟草及烟草代用品的制品)和H0-65(帽类及其零件)4个产业占世界同产业出口份额均超过1%。

表4-3 按占世界产业出口份额和比较优势排名的云南产业前10名(2010年)

产业编码	产业描述	占世界产业出口份额(%)	产业编码	产业描述	RCA_{ij_cn}
H0-14	编结用植物材料；其他植物产品	2.77	H0-24	烟草、烟草及烟草代用品的制品	40.98
H0-31	肥料	1.98	H0-14	编结用植物材料；其他植物产品	40.11
H0-24	烟草、烟草及烟草代用品的制品	1.14	H0-06	活树及其他活植物；鳞茎、根及类似品；插花及装饰用簇叶	22.69
H0-65	帽类及其零件	1.01	H0-31	肥料	20.65
H0-96	杂项制品	0.96	H0-80	锡及其制品	12.34
H0-07	食用蔬菜、根及块茎	0.70	H0-78	铅及其制品	10.38
H0-83	贱金属杂项制品	0.63	H0-09	咖啡、茶、马黛茶及调味香料	9.07

续表

产业编码	产业描述	占世界产业出口份额（%）	产业编码	产业描述	RCA_{ij_cn}
H0-42	皮革制品；鞍具及挽具；旅行用品、手提包及类似容器；动物肠线（蚕胶丝除外）制品	0.50	H0-07	食用蔬菜、根及块茎	5.60
H0-92	乐器及其零件、附件	0.45	H0-28	无机化学品；贵金属、稀土金属、放射性元素及其同位素的有机及无机化合物	4.09
H0-28	无机化学品；贵金属、稀土金属、放射性元素及其同位素的有机及无机化合物	0.45	H0-22	饮料、酒及醋	3.96

2. 鉴别有出口潜力的云南产业

云南共有86个产业（两位数HS编码）有出口，这86个产业构成我们将要进行筛选的样本。注意，这个样本是所有有出口的产业样本，与前述云南特色产业不是同一个样本。在本步骤，我们用两个过滤指标从这个样本中来筛选产业：云南产业占世界同产业出口份额，以及云南产业相对于国内同产业的显示性比较优势指数。使用第一个过滤指标，是因为它能揭示云南某产业相对于世界同类产业的出口表现。使用第二个过滤指标，是因为它能评估云南产业相对于我国同类产业的出口竞争力。

对于出口份额指标，临界值（切断点）的确定见前文公式（3）。出口份额指标的临界值为0.000235，这意味着云南某产业如果占世界同产业的出口份额超过0.0235%，它将被选择出来。根据这个标准，52个产业被筛选出来。

对于显示性比较优势指数而言，我们人为确定临界值为1，因为云南某产业只有相对于国内同产业的显示性优势指数高于1，才会有竞争优势。根据这个标准，28个产业被筛选出来。

综合这两个选择指标，我们设立一个标准来确定哪些产业可以进入下一轮分析：一个产业只有同时满足出口份额标准和比较优势标准，才可以进入下一轮分析。这意味着，一个云南产业要被考虑为具有出口潜力，不仅需要在世界同产业占较大出口份额，而且对国内同产业要有出口竞争优势。

根据这个综合标准，我们筛选出 25 个产业（见表 4-4）。

表 4-4　云南具有出口潜力的 25 个产业

产业编码	产业描述	占世界产业出口份额（%）	RCA_{ij_cn}
H0-14	编结用植物材料；其他植物产品	2.77	40.11
H0-31	化肥	1.98	20.65
H0-24	烟草、烟草及烟草代用品的制品	1.14	40.98
H0-65	帽类及其零件	1.01	2.30
H0-96	杂项制品	0.96	3.08
H0-07	食用蔬菜、根及块茎	0.70	5.60
H0-83	贱金属杂项制品	0.63	3.46
H0-42	皮革制品；鞍具及挽具；旅行用品、手提包及类似容器；动物肠线（蚕胶丝除外）制品	0.50	1.32
H0-92	乐器及其零件、附件	0.45	1.82
H0-28	无机化学品；贵金属、稀土金属、放射性元素及其同位素的有机及无机化合物	0.45	4.09
H0-09	咖啡、茶、马黛茶及调味香料	0.39	9.07
H0-54	化学纤维长丝	0.36	1.42
H0-80	锡及其制品	0.34	12.34
H0-51	羊毛、动物细毛或粗毛；马毛纱线及其机织物	0.33	1.85
H0-70	玻璃及其制品	0.30	1.86
H0-78	铅及其制品	0.27	10.38
H0-82	贱金属工具、器具、利口器、餐匙、餐叉及其零件	0.25	1.47
H0-06	活树及其他活植物；鳞茎、根及类似品；插花及装饰用簇叶	0.25	22.69
H0-91	钟表及其零件	0.18	2.33
H0-08	食用水果及坚果；柑橘属水果或甜瓜的果皮	0.08	2.52
H0-38	杂项化学产品	0.07	1.15
H0-33	精油及香膏；芳香料制品及化妆盥洗品	0.06	2.13

续表

产业编码	产业描述	占世界产业出口份额（%）	RCA_{ij_cn}
H0-71	天然或养殖珍珠、宝石或半宝石、贵金属、包贵金属及其制品；仿首饰；硬币	0.05	1.69
H0-22	饮料、酒及醋	0.04	3.96
H0-12	含油籽仁及果实；杂项籽仁及果实；工业用或药用植物；稻草、秸秆及饲料	0.04	1.29

3. 结果 5

综合考虑云南产业占世界同产业出口份额和云南相对于国内同产业显示性比较优势指数两个指标，选出云南 25 个具有出口潜力的产业。这里所谓的出口潜力，可以这样来解读：这 25 个产业，既有较高的世界出口份额，又相对于国内同产业有出口竞争优势。这 25 个产业构成的样本，将被用于后续分析。

4. 云南省重点目标产业的确定——基于国际需求、出口供给及其在国内的产业竞争力的三位一体分析

为了完成本章的核心目标——从云南特色产业中选出最具外向发展潜力的产业，我们需要整合三方面的因素来综合评估各产业：国际产业需求、云南产业出口供给、云南产业在国内的竞争优势。因此，我们设立一个标准，来确定哪些产业可以通过最后一轮筛选。这个标准的大原则是：该产业必须在国际市场有较高需求增长率，必须在云南有较大出口潜力，必须在国内有竞争力优势。具体来讲，一个产业要被选定，必须同时满足 3 个条件：①属于 69 个世界短期进口增长情况好的或 78 个世界长期进口增长情况好的产业之一；②属于 25 个云南最具出口供给潜力的产业之一；③属于 57 个具有国内产业竞争力优势的特色产业之一。

使用此标准，我们最终筛选出 15 个产业。我们将这 15 个产业称为云南省特色产业外向型发展的重点目标产业，简称云南重点目标产业。其名单及各项指标见表 4-5。这 15 个两位数 HS 编码的产业如果按中国产业分类系统分类，则属于以下几个行业大类：化工类，烟草类，农产品、食品加工制造类，有色金属类，花卉类，生物类，建材类（见表 4-6）。

表4-5 云南省特色产业外向型发展的15个重点目标产业各项指标

单位：%

产业编码	产业描述	云南出口占世界同业出口比重	RCA_{ij_cn}	云南出口年均增长率（2006~2010年）	世界需求年均增长率（2002~2012年）	世界需求年均增长率（2007~2012年）	相对市场规模
H0-31	肥料	1.98	20.65	38.55	17.15	11.3	0.48
H0-24	烟草、烟草及烟草代用品的制品	1.14	40.98	17.97	6.36	5.6	0.26
H0-07	食用蔬菜、根及块茎	0.70	5.60	31.24	8.29	4	0.36
H0-28	无机化学品；贵金属、稀土金属、放射性元素及其同位素的有机及无机化合物	0.45	4.09	8.56	10.77	4.23	0.75
H0-09	咖啡、茶、马黛茶及调味香料	0.39	9.07	23.10	13.74	11.48	0.29
H0-80	锡及其制品	0.34	12.34	-42.08	17.82	5.94	0.04
H0-70	玻璃及其制品	0.30	1.86	154.91	6.79	1.27	0.38
H0-78	铅及其制品	0.27	10.38	-38.92	14.88	-1.61	0.04
H0-06	活树及其他活植物；鳞茎、根及类似品；插花及装饰用簇叶	0.25	22.69	33.01	5.79	1.45	0.11
H0-08	食用水果及坚果；柑橘属水果或甜瓜的果皮	0.08	2.52	35.52	9.54	5.57	0.57
H0-38	杂项化学产品	0.07	1.15	28.47	10.4	6.28	0.96
H0-33	精油及香膏；芳香料制品及化妆盥洗品	0.06	2.13	28.72	9.69	4.7	0.58
H0-71	天然或养殖珍珠、宝石或半宝石、贵金属、包贵金属及其制品；仿首饰；硬币	0.05	1.69	-3.99	13.23	11.37	2.94
H0-22	饮料、酒及醋	0.04	3.96	8.81	8.92	4.02	0.63

续表

产业编码	产业描述	云南出口占世界同业出口比重	RCA_{ij_cn}	云南出口年均增长率（2006~2010年）	世界需求年均增长率（2002~2012年）	世界需求年均增长率（2007~2012年）	相对市场规模
H0-12	含油籽仁及果实；杂项籽仁及果实；工业用或药用植物；稻草、秸秆及饲料	0.04	1.29	51.76	10.67	9.7	0.34

表4-6 15个重点目标产业所匹配的中国产业分类

产业HS编码	产业描述	所属云南特色产业大类	按中国分类系统划分的大类	云南在该HS编码下的出口商品
H0-24	烟草、烟草及烟草代用品的制品	第一类产业：强势的传统优势产业	烟草类	烟草，卷烟，烟丝
H0-31	肥料	第二类产业：一般的传统优势产业	化工类	硝酸钠，氮肥，磷肥，钾肥，未列名化肥，动物或植物肥料
H0-28	无机化学品；贵金属、稀土金属、放射性元素及其同位素的有机及无机化合物	第二类产业：一般的传统优势产业	化工类	碳及炭黑，磷、硅、硒、砷等化学元素，氢、氩、氮、氧及稀有气体，无机酸及非金属无机氧化物，锌、铬、锰、铁、钴、钛及铅的氧化物，其他无机碱，氟化物，氯化物，次氯酸盐，硫化物，硝酸盐，磷酸盐，金属盐酸，贵金属的有机及无机化合物，其他无机酸金属盐及无机过氧酸盐，贵金属的有机及无机化合物，未列名无机化学品
H0-38	杂项化学产品	第二类产业：一般的传统优势产业	化工类	杀虫、杀菌、除草剂，植物生长剂，化学添加剂，杂项化学品
H0-78	铅及其制品	第二类产业：一般的传统优势产业	有色金属类	未锻轧的铅及铅合金，铅制品

续表

产业 HS 编码	产业描述	所属云南特色产业大类	按中国分类系统划分的大类	云南在该 HS 编码下的出口商品
H0-80	锡及其制品	第二类产业：一般的传统优势产业	有色金属类	未锻轧的锡及锡合金，锡制品
H0-70	玻璃及其制品	第二类产业：一般的传统优势产业	建材类	玻璃，平板玻璃，玻璃器皿
H0-07	食用蔬菜、根及块茎	第三类产业：发展潜力较大的产业	农产品、食品加工制造类	鲜或冷藏的番茄及其他蔬菜，冷冻蔬菜，暂时保藏的蔬菜，干蔬菜，未列名主要供食用的鲜、干植物产品、根及块茎
H0-08	食用水果及坚果；柑橘属水果或甜瓜的果皮	第三类产业：发展潜力较大的产业	农产品、食品加工制造类	鲜或干的食用坚果，其他鲜或干的水果
H0-09	咖啡、茶、马黛茶及调味香料	第三类产业：发展潜力较大的产业	农产品、食品加工制造类	咖啡，茶，巧克力及可可食品
H0-22	饮料、酒及醋	第三类产业：发展潜力较大的产业	农产品、食品加工制造类	天然水，矿泉水，汽水，葡萄酒，啤酒，蒸馏酒，未列名发酵饮料，食用醋，未列名食品
H0-12	含油籽仁及果实；杂项籽仁及果实；工业用或药用植物；稻草、秸秆及饲料	第五类产业：其他具有发展潜力的产业	生物类	生花生，大豆，葵花籽，油菜籽及芥籽，亚麻籽，蓖麻籽，未列名油籽及含油果实；植物药材，植物种子
H0-06	活树及其他活植物；鳞茎、根及类似品；插花及装饰用簇叶	第五类产业：其他具有发展潜力的产业	花卉类	鲜花，观叶植物，切花
H0-33	精油及香膏；芳香料制品及化妆盥洗品	第五类产业：其他具有发展潜力的产业	化工类	精油及香料，芳香料制品及化妆盥洗品
H0-71	天然或养殖珍珠、宝石或半宝石、贵金属、包贵金属及其制品；仿首饰；硬币	第五类产业：其他具有发展潜力的产业	化工类	金银器，首饰，珍珠，宝石，银、铂及其他铂族金属

5. 结果6

结合国际需求增长势头、云南产业自身出口潜力和云南产业在国内的竞争优势三方面因素，最终选择出 15 个有外向型发展潜力的云南特色产业，后文将详细分析这 15 个重点目标产业的出口市场。

第四节 云南省外向型经济发展的重点目标产业的出口现实分析

如前所述，我们从云南的特色产业中最终筛选出 15 个重点目标产业。这 15 个产业，一方面在国际市场上需求增长较快，属于云南具有较大出口潜力的产业，另一方面，这些产业在云南的发展基础较好，有竞争优势。具体讲，云南这些产业有哪些较好的外部出口市场，这些出口市场的进入难度有多高，结合云南过去的出口现实，哪些国家的市场将为云南提供最好的机会，本节将回答这几个问题。

一 云南重点目标产业产品的出口国家市场

回顾前文，我们通过一系列筛选，从 99 个国家和 57 个 HS 两位数编码的云南特色产业中筛选出 2524 个产业－国家的组合。对这些筛选出来的产业－国家组合，可以这样来解读：某一特定产业－国家组合所涉及的国家，能为该组合所涉及的云南特色产业提供较好的市场机会。因此，这 2524 个产业－国家组合代表了 2524 个良好的市场。其中，任一产业－国家组合，指示某一产业的机会所在的国家。比如，H0－06 产业－日本的组合，指示 H0－06（花卉）产业在日本有较好的机会。因此，云南 57 个特色产业的较好出口机会主要集中于这 2524 个产业－国家组合，涉及 57 个产业和 86 个国家。

另外，通过前文的国际市场需求和云南出口的匹配分析，我们锁定了 15 个产业作为云南的重点目标产业。既然拥有了这 15 个重点目标产业的名单，我们就可以从上述 2524 个产业－国家组合构成的样本中查找到这 15 个产业的市场机会在哪些国家。换句话说，2524 个产业－国家样本是 57 个特色产业的所有市场机会的大样本，而 15 个重点目标产业的所有市场机会的样本只能是包含于该大样本的小样本（从集合上来说，后者为前者的子集）。根据前文运算结果储备的数据集，我们获得这 15 个重点目标产业的产业 - 国家组合样本：共计 635 个组合，涉及 15 个产业和 81 个国家。这 635 个产业 - 市场组合，代表了国际上能为云南 15 个重点目标产业产品的出口提供较好机会的市场。在这 81 个国家中，适合出口德国、日本、美国的云南重点目标产业数量最多，分别为 15 个、14 个、14 个，说明这几个国家能为云南的大多数重点目标产业提供市场机会。

二 云南重点目标产业出口市场的类型划分

在确定了 81 个国家可为 15 个云南重点目标产业提供较好的机会后，我们需要对这 15 个产业和 81 个国家的 635 个产业 - 国家组合进行类型划分，以便确定每个产业下的国家市场特征。分类的方法还是沿用我们一贯使用的国际需求与云南出口供给相结合的框架。具体做法是，第一步，我们根据某个国家在某个产业的相对进口份额与长期增长率两个指标，把国家市场划分为 4 种类型：较大市场 - 较高增长率，较大市场 - 较低增长率，较小市场 - 较高增长率，较小市场 - 较低增长率。第二步，根据云南在某产业对某个国家的出口额占云南在该产业总出口额的比重，将国家市场分为 3 种类型：较高出口，较低出口，无出口。第三步，把前两步结合起来，共得到 12 种组合，为简便起见，将前面两步类型中的"较"字和"率"字省略，简称为：①大市场 - 高增长 - 高出口；②大市场 - 高增长 - 低出口；③大市场 - 高增长 - 无出口；④大市场 - 低增长 - 高出口；⑤大市场 - 低增长 - 低出口；⑥大市场 - 低增长 - 无出口；⑦小市场 - 高增长 - 高出口；⑧小市场 - 高增长 - 低出口；⑨小市场 - 高增长无 - 出口；⑩小市场 - 低增长 - 高出口；⑪小市场 - 低增长 - 低出口；⑫小市场 - 低增长 - 无出口。表 4 - 7 列出各市场类型及其所包含的产业 - 国家组合数。

表 4 - 7 各市场类型及其所包含的产业 - 国家组合数

	高出口	低出口	无出口
大市场 - 高增长	8 (1)	4 (2)	(3)

续表

	高出口	低出口	无出口
大市场-低增长	49 (4)	74 (5)	34 (6)
小市场-高增长	19 (7)	75 (8)	129 (9)
小市场-低增长	13 (10)	88 (11)	142 (12)

注：括号内为市场类型。

下面我们分产业描述这些市场类型。

1. H0-06产业（活树及其他活植物；鳞茎、根及类似品；插花及装饰用簇叶）

如表4-8所示，本产业无第1、2、3和10类市场。

就市场规模而言，日本、俄罗斯、法国、英国、荷兰、意大利、比利时、美国和德国的市场较大，但增长率较低。在这些大市场国家中，云南对日本的出口占产业出口的份额较大（30%），对其他国家的出口所占份额较小，而对意大利、比利时、美国和德国则没有出口。

就需求增长而言，缅甸、泰国、沙特阿拉伯、越南、孟加拉国、吉尔吉斯斯坦、印度尼西亚、巴林、加蓬、巴拉圭、玻利维亚、也门、老挝、秘鲁、巴西、哈萨克斯坦、立陶宛、乌克兰的增长率较高，但市场较小。云南对缅甸、泰国、沙特阿拉伯、越南的出口占产业出口比重较高，对其他国家的出口占产业出口比重则较低，对加蓬、巴拉圭、玻利维亚、也门、老挝、秘鲁、阿塞拜疆、巴西、哈萨克斯坦、立陶宛、乌克兰无出口。

云南在该产业的出口商品：鲜花，观叶植物，切花等。

表4-8 H0-06产业的市场类型

	高出口	低出口	无出口
大市场-高增长	—	—	—
大市场-低增长	日本	俄罗斯、法国、英国、荷兰	意大利、比利时、美国、德国
小市场-高增长	缅甸、泰国、沙特阿拉伯、越南	孟加拉国、吉尔吉斯斯坦、印度尼西亚、巴林	加蓬、巴拉圭、玻利维亚、也门、老挝、秘鲁、阿塞拜疆、巴西、哈萨克斯坦、立陶宛、乌克兰

续表

	高出口	低出口	无出口
小市场-低增长	—	菲律宾、埃及、约旦、阿联酋、澳大利亚	巴基斯坦、乌拉圭、巴拿马、阿尔及利亚、南非、科威特、智利、白俄罗斯、哥伦比亚、拉脱维亚、土耳其、斯洛伐克、墨西哥、挪威

注：产业相对需求规模平均值为1.6%，产业需求年增长率平均值为15%，云南出口占产业出口比重平均值为3.3%。

2. H0-07产业（食用蔬菜、根及块茎）

如表4-9所示，本产业无第1、2、3和10类市场。

就市场规模而言，意大利、日本、德国、西班牙、俄罗斯、加拿大、荷兰、法国、英国、美国、印度的市场较大，但增长率较低。其中，云南对日本、意大利、德国的出口占产业出口比重较高，分别为16%、11%、4%。在印度没有出口份额，在其他国家出口比重较低。

就需求增长而言，越南、泰国、巴拿马、沙特阿拉伯、巴西、韩国、阿联酋、秘鲁、智利、伊朗、乌克兰、哥伦比亚、科威特、立陶宛、巴基斯坦增长较快，但市场较小。云南对泰国、越南的出口占产业出口比重较高，分别为18%和14%，对秘鲁、智利、伊朗、乌克兰、哥伦比亚、科威特、立陶宛、巴基斯坦没有出口，在其他国家出口份额较低。

云南在该产业的出口商品：鲜或冷藏的番茄及其他蔬菜，冷冻蔬菜，暂时保藏的蔬菜，干蔬菜，未列名主要供食用的鲜或干植物产品、根及块茎。

表4-9 H0-07产业的市场类型

	高出口	低出口	无出口
大市场-高增长	—	—	—
大市场-低增长	意大利、日本、德国	西班牙、俄罗斯、加拿大、荷兰、法国、英国、美国	印度

续表

	高出口	低出口	无出口
小市场-高增长	越南、泰国	巴拿马、沙特阿拉伯、巴西、韩国、阿联酋	秘鲁、智利、伊朗、乌克兰、哥伦比亚、科威特、立陶宛、巴基斯坦
小市场-低增长	—	约旦、墨西哥	所罗门群岛、加蓬、蒙古国、赞比亚、刚果、巴拉圭、也门、科特迪瓦、阿曼、南非

注：产业相对需求规模平均值为1.9%，产业需求年增长率平均值为13%，云南出口占产业出口比重平均值为3.3%。

3. H0-08产业（食用水果及坚果；柑橘属水果或甜瓜的果皮）

如表4-10所示，本产业无第1、3、4和10类市场。

阿联酋不仅市场大，需求增长率也高。就市场规模和需求增长而言，意大利、日本、荷兰、英国、德国、美国、比利时、加拿大、俄罗斯的市场较大，但增长率较低。云南对这些国家没有较大的产业出口份额，而其中，对比利时、加拿大、俄罗斯则没有出口。

就需求增长而言，泰国、巴西、刚果、埃塞俄比亚、巴拉圭、肯尼亚、赞比亚、加纳、斯里兰卡、巴林、秘鲁、孟加拉国、菲律宾、科威特、阿尔及利亚、埃及、哈萨克斯坦、伊朗、乌克兰的增长较快，但市场较小。云南对泰国的出口占产业出口比重较高（39%），对巴西的出口占产业出口比重较低（0.4%），而对其余国家则没有出口。

云南在该产业的出口商品：鲜或干的食用坚果，其他鲜或干的水果。

表4-10 H0-08产业的市场类型

	高出口	低出口	无出口
大市场-高增长	—	阿联酋	—
大市场-低增长	—	意大利、日本、荷兰、英国、德国、美国	比利时、加拿大、俄罗斯
小市场-高增长	泰国	巴西	刚果、埃塞俄比亚、巴拉圭、肯尼亚、赞比亚、加纳、斯里兰卡、巴林、秘鲁、孟加拉国、菲律宾、科威特、阿尔及利亚、埃及、哈萨克斯坦、伊朗、乌克兰

续表

	高出口	低出口	无出口
小市场－低增长	—	沙特	所罗门群岛、特立尼达和多巴哥、吉尔吉斯斯坦、巴拿马、洪都拉斯、南非、厄瓜多尔、阿曼、智利、以色列、约旦、阿根廷、哥伦比亚、白俄罗斯、土耳其、立陶宛、澳大利亚、印度尼西亚、韩国

注：产业相对需求规模平均值为1.5%，产业需求年增长率平均值为17%，云南出口占产业出口比重平均值为1.9%。

4. H0－09产业（咖啡、茶、马黛茶及调味香料）

如表4－11所示，本产业无第1、2、3和7类市场。

就市场规模而言，比利时、德国、美国、西班牙、俄罗斯、英国、意大利、加拿大、荷兰的市场较大，但增长率较低。其中，云南对德国、美国、比利时的出口占产业出口的比重较高，分别为43%、19%和6%，对荷兰没有出口，对其余国家的出口比重较低。

就需求增长而言，泰国、越南、埃及、刚果、加蓬、巴拿马、委内瑞拉、哥伦比亚、伊朗的需求增长较快，但市场较小。云南对这些国家出口占产业出口比重较低，其中，对刚果、加蓬、巴拿马、委内瑞拉、哥伦比亚、伊朗没有出口。

云南在该产业的出口商品：咖啡，茶，巧克力及可可食品。

表4－11 H0－09产业的市场类型

	高出口	低出口	无出口
大市场－高增长	—	—	—
大市场－低增长	比利时、德国、美国	西班牙、俄罗斯、英国、意大利、加拿大	荷兰
小市场－高增长	—	泰国、越南、埃及	刚果、加蓬、巴拿马、委内瑞拉、哥伦比亚、伊朗

续表

	高出口	低出口	无出口
小市场-低增长	缅甸	约旦、澳大利亚、阿联酋	所罗门群岛、玻利维亚、赞比亚、吉尔吉斯斯坦、肯尼亚、巴林、也门、孟加拉、保加利亚、斯洛伐克、印度

注：产业相对需求规模平均值为2.1%，产业需求年增长率平均值为23%，云南出口占产业出口比重平均值为4.4%。

5. H0-12产业（含油籽仁及果实；杂项籽仁及果实；工业用或药用植物；稻草、秸秆及饲料）

如表4-12所示，本产业无第1、2、3、8、10、11和12类市场。

就市场规模而言，日本、墨西哥、荷兰、西班牙、德国的市场较大，但增长率较低。云南对日本的出口占产业出口比重较高（7%），对西班牙、德国无出口，对其余国家出口比重较低。

就需求增长而言，越南、加蓬、吉尔吉斯斯坦、赞比亚、斯洛伐克、伊朗、沙特阿拉伯、阿联酋增长率较高，但市场较小。云南对越南出口占产业出口比重较高（27%），对其余国家没有出口。

云南在该产业的出口商品：生花生，大豆，葵花籽，油菜籽及芥籽，亚麻籽，蓖麻籽，未列名油籽及含油果实；植物药材，植物种子。

表4-12 H0-12产业的市场类型

	高出口	低出口	无出口
大市场-高增长	—	—	—
大市场-低增长	日本	墨西哥、荷兰	西班牙、德国
小市场-高增长	越南	—	加蓬、吉尔吉斯斯坦、赞比亚、斯洛伐克、伊朗、沙特阿拉伯、阿联酋
小市场-低增长	—	—	—

注：产业相对需求规模平均值为1.6%，产业需求年增长率平均值为31%，云南出口占产业出口比重平均值为4.4%。

6. H0-22产业（饮料、酒及醋）

如表4-13所示，本产业无第1、2、3、4和10类市场。

就市场规模而言，澳大利亚、日本、法国、德国、英国、美国、俄罗斯、比利时、荷兰、加拿大的市场较大，但增长率较低。云南对俄罗斯、比利时、荷兰、加拿大无出口，对其余国家的出口比重也不高。

就需求增长而言，缅甸、印度、刚果、赞比亚、伊朗、玻利维亚、乌拉圭、喀麦隆、埃及、斯里兰卡、阿尔及利亚、也门、菲律宾、智利增长率较高，但市场较小。云南对缅甸出口占产业出口比重较高（90%），对印度出口比重低，对其余国家均无出口。

云南在该产业的出口商品：天然水，矿泉水，汽水，葡萄酒，啤酒，蒸馏酒，未列名发酵饮料，食用醋，未列名食品。

表 4-13 H0-22 产业的市场类型

	高出口	低出口	无出口
大市场-高增长	—	—	—
大市场-低增长	—	澳大利亚、日本、法国、德国、英国、美国	俄罗斯、比利时、荷兰、加拿大
小市场-高增长	缅甸	印度	刚果、赞比亚、伊朗、玻利维亚、乌拉圭、喀麦隆、埃及、斯里兰卡、阿尔及利亚、也门、菲律宾、智利
小市场-低增长	—	老挝、沙特阿拉伯、泰国、尼日利亚	孟加拉国、加蓬、肯尼亚、阿塞拜疆、吉尔吉斯斯坦、巴林、哥斯达黎加、加纳、纳米比亚、哥伦比亚、阿联酋、立陶宛、乌克兰、墨西哥

注：产业相对需求规模平均值为 1.6%，产业需求年增长率平均值为 18%，云南出口占产业出口比重平均值为 5.2%。

7. H0-24 产业（烟草、烟草及烟草代用品的制品）

如表 4-14 所示，本产业无第 2、3 类市场。

本产业最好的市场是印度尼西亚，既有较大的市场，又有较高的需求增长率，并且云南对该国出口占产业出口比重较高（22%）。

就市场规模而言，比利时、德国、法国、沙特阿拉伯、英国、俄罗斯、西班牙、荷兰、美国、意大利、日本的市场也较大，但增长率较低。云南对比利时、德国、法国的出口占产业出口比重较高，分别为12%、4%、3%，对日本没有出口，对其余国家的出口比重较低。

就需求增长而言，老挝、印度、巴林、阿尔及利亚、所罗门群岛、蒙古国、哥伦比亚、阿根廷、伊朗增长率较高，但市场较小。云南对老挝的出口占产业出口比重较高（3%），对印度、巴林、阿尔及利亚出口比重较低，对其余国家没有出口。

云南在该产业的出口商品：烟草，卷烟，烟丝。

表4-14 H0-24产业的市场类型

	高出口	低出口	无出口
大市场-高增长	印度尼西亚	—	—
大市场-低增长	比利时、德国、法国	沙特阿拉伯、英国、俄罗斯、西班牙、荷兰、美国、意大利	日本
小市场-高增长	老挝	印度、巴林、阿尔及利亚	所罗门群岛、蒙古国、哥伦比亚、阿根廷、伊朗
小市场-低增长	越南、澳大利亚、韩国	智利、纳米比亚、吉尔吉斯斯坦、肯尼亚、斯里兰卡、立陶宛、葡萄牙、罗马尼亚、土耳其、埃及	玻利维亚、哥斯达黎加、乌拉圭、巴拉圭、哈萨克斯坦、保加利亚、挪威、阿塞拜疆

注：产业相对需求规模平均值为1.7%，产业需求年增长率平均值为22%，云南出口占产业出口比重平均值为2.0%。

8. H0-28产业（无机化学品；贵金属、稀土金属、放射性元素及其同位素的有机及无机化合物）

如表4-15所示，本产业无第3、6类市场。

本产业最理想的市场是澳大利亚、印度尼西亚、印度，这三国既有较大的市场，又有较高的需求增长率，并且云南对这些国家出口占产业出口比重较高，均为3%。阿联酋也既有较大的市场，又有较高的需求增长率，但云南对阿联酋的出口比重较小，仅为0.1%。

就市场规模而言，意大利、俄罗斯、荷兰、韩国、法国、日本、德国、美国、墨西哥、巴西、西班牙、英国、比利时、加拿大的市场较大，但增长率较低。云南对意大利、俄罗斯、荷兰、韩国、法国、日本、德国、美国的出口占产业出口比重较高，对其余国家的出口比重较低。

就需求增长而言，伊朗、越南、巴拉圭、约旦、加纳、厄瓜多尔、阿尔及利亚、孟加拉国、阿曼、秘鲁、埃及、委内瑞拉、沙特阿拉伯、智利、所罗门群岛、加蓬、玻利维亚、科威特、纳米比亚、赞比亚、白俄罗斯、巴基斯坦增长率较高，但市场较小。云南对越南、伊朗出口占产业出口比重较高，分别为11%和2%，对所罗门群岛、加蓬、玻利维亚、科威特、纳米比亚、赞比亚、白俄罗斯、巴基斯坦没有出口，对其余国家出口比重较低。

云南在该产业的出口商品：碳及炭黑，磷、硅、硒、砷等化学元素，氢、氩、氮、氧及稀有气体，无机酸及非金属无机氧化物，锌、铬、锰、铁、钴、钛及铅的氧化物，其他无机碱，氟化物，氯化物，次氯酸盐，硫化物，硝酸盐，磷酸盐，金属盐酸，贵金属的有机及无机化合物，其他无机酸金属盐及无机过氧酸盐，贵金属的有机及无机化合物，未列名无机化学品。

表4-15 H0-28产业的市场类型

	高出口	低出口	无出口
大市场-高增长	澳大利亚、印度尼西亚、印度	阿联酋	—
大市场-低增长	意大利、俄罗斯、荷兰、韩国、法国、日本、德国、美国	墨西哥、巴西、西班牙、英国、比利时、加拿大	—
小市场-高增长	伊朗、越南	巴拉圭、约旦、加纳、厄瓜多尔、阿尔及利亚、孟加拉国、阿曼、秘鲁、埃及、委内瑞拉、沙特阿拉伯、智利	所罗门群岛、加蓬、玻利维亚、科威特、纳米比亚、赞比亚、白俄罗斯、巴基斯坦
小市场-低增长	缅甸	埃塞俄比亚、乌拉圭、肯尼亚、保加利亚、哥斯达黎加、葡萄牙、以色列、哥伦比亚、菲律宾、阿根廷、波兰、土耳其	蒙古国、刚果、巴拿马、阿塞拜疆、洪都拉斯、科特迪瓦、斯洛伐克、哈萨克斯坦、捷克

注：产业相对需求规模平均值为1.3%，产业需求年增长率平均值为11%，云南出口占产业出口比重平均值为1.5%。

9. H0-31 产业 （肥料）

如表4-16所示，本产业无第2、3、7、10类市场。

本产业最理想的市场是孟加拉国、印度尼西亚，这两国既有较大的市场，又有较高的需求增长率，并且云南对这两国出口占产业出口比重较高，分别为10%和4%。

就市场规模而言，越南、印度、巴西、澳大利亚、泰国、加拿大、德国、法国的市场较大，但增长率较低。云南对印度、越南、巴西的出口占产业出口比重较高，分别为37%、16%、8%，对澳大利亚、泰国的出口比重较低，对加拿大、德国、法国没有出口。

就需求增长而言，老挝、刚果、蒙古国、所罗门群岛、加蓬、科威特、也门、阿塞拜疆、阿尔及利亚、加纳、委内瑞拉、保加利亚、埃塞俄比亚增长率较高，但市场较小。云南对老挝出口占产业出口比重较低，仅占0.6%，对其余国家没有出口。

云南在该产业的出口商品：硝酸钠，氮肥，磷肥，钾肥，未列名化肥，动物或植物肥料。

表4-16 H0-31产业的市场类型

	高出口	低出口	无出口
大市场-高增长	孟加拉国、印度尼西亚	—	—
大市场-低增长	越南、印度、巴西	澳大利亚、泰国	加拿大、德国、法国
小市场-高增长	—	老挝	刚果、蒙古国、所罗门群岛、加蓬、科威特、也门、阿塞拜疆、阿尔及利亚、加纳、委内瑞拉、保加利亚、埃塞俄比亚
小市场-低增长	—	阿联酋、约旦、缅甸、埃及、哥斯达黎加、菲律宾、哥伦比亚	纳米比亚、吉尔吉斯斯坦、玻利维亚、巴拿马、爱沙尼亚、哈萨克斯坦、拉脱维亚、斯洛伐克、芬兰、捷克、立陶宛、瑞典、乌克兰、荷兰

注：产业相对需求规模平均值为1.5%，产业需求年增长率平均值为24%，云南出口占产业出口比重平均值为4.3%。

10. H0-33 产业（精油及香膏；芳香料制品及化妆盥洗品）

如表4-17所示，本产业无第1、2、3和6类市场。

就市场规模而言，沙特阿拉伯、阿联酋、荷兰、西班牙、法国、英国、德国、美国、澳大利亚、韩国、意大利、加拿大、日本、俄罗斯的市场较大，但增长率较低。云南对沙特阿拉伯、阿联酋、荷兰、西班牙、法国、英国、德国、美国出口占产业出口比重较高，对其余国家出口比重较低。

就需求增长而言，印度、加蓬、老挝、孟加拉国、乌拉圭、巴拉圭、阿尔及利亚、伊朗、阿曼、埃及、越南、智利、南非、巴西、泰国、所罗门群岛、蒙古国、赞比亚、吉尔吉斯斯坦、玻利维亚、科威特、秘鲁增长率较高，但市场较小。云南对印度出口占产业出口比重较高（9%），对所罗门群岛、蒙古国、赞比亚、吉尔吉斯斯坦、玻利维亚、科威特、秘鲁没有出口，对其余国家出口比重较低。

云南在该产业的出口商品：精油及香料，芳香料制品及化妆盥洗品。

表4-17 H0-33产业的市场类型

	高出口	低出口	无出口
大市场-高增长	—	—	—
大市场-低增长	沙特阿拉伯、阿联酋、荷兰、西班牙、法国、英国、德国、美国	澳大利亚、韩国、意大利、加拿大、日本、俄罗斯	—
小市场-高增长	印度	加蓬、老挝、孟加拉国、乌拉圭、巴拉圭、阿尔及利亚、伊朗、阿曼、埃及、越南、智利、南非、巴西、泰国	所罗门群岛、蒙古国、赞比亚、吉尔吉斯斯坦、玻利维亚、科威特、秘鲁
小市场-低增长	缅甸、印度尼西亚	刚果、也门、肯尼亚、约旦、哥斯达黎加、菲律宾、委内瑞拉、阿根廷、哥伦比亚	阿塞拜疆、特立尼达和多巴哥、埃塞俄比亚、巴林、厄瓜多尔、哈萨克斯坦

注：产业相对需求规模平均值为1.3%，产业需求年增长率平均值为15%，云南出口占产业出口比重平均值为2.2%。

11. H0-38 产业（杂项化学产品）

如表4-18所示，本产业无第3、6、7类市场。

第四章　云南特色产业国际市场需求研究

本产业最理想的市场是印度,该国既有较大的市场,又有较高的需求增长率,并且云南对该国出口占产业出口比重较高(2%)。另外,巴西也有较大的市场,需求增长率也较高,但云南对该国出口占产业出口比重较低(0.1%)。

就市场规模而言,泰国、西班牙、荷兰、比利时、日本、韩国、美国、德国、俄罗斯、加拿大、英国、意大利、法国的市场也较大,但增长率较低。云南对泰国、西班牙、荷兰、比利时、日本、韩国、美国、德国的出口占产业出口比重较高,对其余国家出口比重较低。

就需求增长而言,肯尼亚、孟加拉国、伊朗、秘鲁、埃及、委内瑞拉、以色列、印度尼西亚、沙特阿拉伯、所罗门群岛、蒙古国、吉尔吉斯斯坦、加蓬、赞比亚、玻利维亚、科威特、厄瓜多尔、乌克兰增长率较高,但市场较小。云南对这些国家出口比重都不高,且对所罗门群岛、蒙古国、吉尔吉斯斯坦、加蓬、赞比亚、玻利维亚、科威特、厄瓜多尔、乌克兰没有出口。

云南在该产业的出口商品:杀虫、杀菌、除草剂,植物生长剂,化学添加剂,杂项化学品。

表4-18　H0-38产业的市场类型

	高出口	低出口	无出口
大市场-高增长	印度	巴西	—
大市场-低增长	泰国、西班牙、荷兰、比利时、日本、韩国、美国、德国	俄罗斯、加拿大、英国、意大利、法国	—
小市场-高增长	—	肯尼亚、孟加拉国、伊朗、秘鲁、埃及、委内瑞拉、以色列、印度尼西亚、沙特阿拉伯	所罗门群岛、蒙古国、吉尔吉斯斯坦、加蓬、赞比亚、玻利维亚、科威特、厄瓜多尔、乌克兰
小市场-低增长	菲律宾	老挝、巴林、约旦、巴拉圭、乌拉圭、保加利亚、阿尔及利亚、智利、阿联酋、哥伦比亚、阿根廷、南非、越南、澳大利亚	科特迪瓦、哥斯达黎加、立陶宛、白俄罗斯、捷克共和国

注:产业相对需求规模平均值为1.4%,产业需求年增长率平均值为14%,云南出口占产业出口比重平均值为1.9%。

12. H0 – 70 产业（玻璃及其制品）

如表 4 – 19 所示，本产业无第 2、3、6 类市场。

本产业最理想的市场是巴西，该国既有较大的市场，又有较高的需求增长率，并且云南对该国出口占产业出口比重较高（3%）。

就市场规模而言，阿联酋、西班牙、德国、美国、泰国、俄罗斯、比利时、意大利、英国、加拿大、日本、法国、韩国的市场也较大，但增长率较低。云南对阿联酋、西班牙、德国、美国的出口占产业出口比重较高，分别占 2%、2%、2%、3%，对其余国家的出口比重较低。

就需求增长而言，缅甸、埃及、智利、伊朗、沙特阿拉伯、印度、加蓬、刚果、老挝、喀麦隆、赞比亚、埃塞俄比亚、肯尼亚、巴拉圭、巴林、孟加拉国、厄瓜多尔、阿尔及利亚、印度尼西亚、越南、蒙古国、科特迪瓦、玻利维亚、科威特增长率较高，但市场较小。云南对缅甸、埃及、智利、伊朗、沙特阿拉伯、印度的出口占产业出口比重较高，对蒙古国、科特迪瓦、玻利维亚、科威特没有出口，对其余国家的出口比重较低。

云南在该产业的出口商品：玻璃，平板玻璃，玻璃器皿。

表 4 – 19　H0 – 70 产业的市场类型

	高出口	低出口	无出口
大市场 – 高增长	巴西	—	—
大市场 – 低增长	阿联酋、西班牙、德国、美国	泰国、俄罗斯、比利时、意大利、英国、加拿大、日本、法国、韩国	
小市场 – 高增长	缅甸、埃及、智利、伊朗、沙特阿拉伯、印度	加蓬、刚果、老挝、喀麦隆、赞比亚、埃塞俄比亚、肯尼亚、巴拉圭、巴林、孟加拉国、厄瓜多尔、阿尔及利亚、印度尼西亚、越南	蒙古国、科特迪瓦、玻利维亚、科威特
小市场 – 低增长	也门、约旦、阿曼、以色列	乌拉圭、加纳、斯里兰卡、秘鲁、哥伦比亚、哈萨克斯坦、澳大利亚	阿塞拜疆、白俄罗斯、乌克兰、斯洛伐克

注：产业相对需求规模平均值为 1.2%，产业需求年增长率平均值为 11%，云南出口占产业出口比重平均值为 1.4%。

13. H0-71产业（天然或养殖珍珠、宝石或半宝石、贵金属、包贵金属及其制品；仿首饰；硬币）

如表4-20所示，本产业无第1、3、6、7类市场。

本产业最理想的市场是阿联酋，该国既有较大的市场，又有较高的需求增长率，但云南对该国出口占产业出口比重较低（0.7%）。

就市场规模而言，泰国、比利时、美国、日本、意大利、加拿大、德国、英国、印度的市场也较大，但增长率较低。云南对泰国、比利时、美国的出口占产业出口比重较高，分别为22%、3%、3%，对其余国家的出口比重较低。

就需求增长而言，缅甸、阿尔及利亚、也门、斯洛伐克、纳米比亚、俄罗斯、蒙古国、吉尔吉斯斯坦增长率较高，但市场较小。云南对蒙古国、吉尔吉斯斯坦没有出口，对其余国家的出口比重也较低。

云南在该产业的出口商品：金银器，首饰，珍珠，宝石，银、铂及其他铂族金属。

表4-20　H0-71产业的市场类型

	高出口	低出口	无出口
大市场-高增长	—	阿联酋	—
大市场-低增长	泰国、比利时、美国	日本、意大利、加拿大、德国、英国、印度	
小市场-高增长	—	缅甸、阿尔及利亚、也门、斯洛伐克、纳米比亚、俄罗斯	蒙古国、吉尔吉斯斯坦
小市场-低增长	沙特阿拉伯	喀麦隆、赞比亚、乌拉圭、洪都拉斯、厄瓜多尔、秘鲁、智利、哥伦比亚、巴林、匈牙利、阿曼、捷克、荷兰	玻利维亚、科威特

注：产业相对需求规模平均值为2.0%，产业需求年增长率平均值为28%，云南出口占产业出口比重平均值为1.3%。

14. H0-78产业（铅及其制品）

如表4-21所示，本产业无第1、2、3、5、7、8、10和11类市场。

就市场规模而言，越南、印度尼西亚、土耳其、意大利、比利时、西班牙、韩国、印度、英国、美国的市场较大，但增长率较低。云南对越南出口占产业出口比重特高（80%），对其余国家则没有出口。

就需求增长而言，刚果、玻利维亚、巴林、纳米比亚、伊朗、赞比亚、秘鲁、埃及、孟加拉国、阿联酋增长率较高，但市场较小。云南对这些国家均无出口。

云南在该产业的出口商品：未锻轧的铅及铅合金，铅制品。

表4-21 H0-78产业（铅及其制品）的市场类型

	高出口	低出口	无出口
大市场-高增长	—	—	
大市场-低增长	越南	—	印度尼西亚、土耳其、意大利、比利时、西班牙、韩国、印度、英国、美国
小市场-高增长	—	—	刚果、玻利维亚、巴林、纳米比亚、伊朗、赞比亚、秘鲁、埃及、孟加拉国、阿联酋
小市场-低增长	—	—	加纳、洪都拉斯、阿塞拜疆、哥斯达黎加、白俄罗斯、阿尔及利亚、智利、芬兰、委内瑞拉、菲律宾、瑞典、匈牙利、日本

注：产业相对需求规模平均值为2.0%，产业需求年增长率平均值为19%，云南出口占产业出口比重平均值为7.3%。

15. H0-80产业（锡及其制品）

如表4-22所示，本产业无第1、2、3、5、7、10、11类市场。

就市场规模而言，日本、美国、比利时、印度、韩国、德国的市场较大，但增长率较低。云南对日本、美国出口占产业出口比重较高，分别为17%和8%，对其余国家没有出口。

就需求增长而言，俄罗斯、所罗门群岛、科特迪瓦、吉尔吉斯斯坦、赞比亚、孟加拉国、拉脱维亚、阿曼、伊朗增长率较高，但市场较小。云

第四章 云南特色产业国际市场需求研究

南对俄罗斯出口占产业出口比重较低（2%），对其余国家均无出口。

云南在该产业的出口商品：未锻轧的锡及锡合金，锡制品。

表4-22 H0-80产业（锡及其制品）的市场类型

	高出口	低出口	无出口
大市场-高增长	—	—	—
大市场-低增长	日本、美国	—	比利时、印度、韩国、德国
小市场-高增长	—	俄罗斯	所罗门群岛、科特迪瓦、吉尔吉斯斯坦、赞比亚、孟加拉国、拉脱维亚、阿曼、伊朗
小市场-低增长	—	—	洪都拉斯、巴林、秘鲁、哥斯达黎加、白俄罗斯、委内瑞拉、越南

注：产业相对需求规模平均值为1.7%，产业需求年增长率平均值为30%，云南出口占产业出口比重平均值为3.4%。

通过对云南重点目标产业的出口市场的划分，我们发现这些市场类型有以下特点。

第一，在15个产业中，有7个产业既具有需求规模较大的市场，又具有需求增长率较高的市场，构成12个产业-国家组合。这12个产业-国家组合是：H0-08产业的阿联酋，H0-24产业的印度尼西亚，H0-28产业的澳大利亚、印度尼西亚、印度、阿联酋，H0-31产业的孟加拉国、印度尼西亚，H0-38产业的印度、巴西，H0-70产业的巴西，H0-71产业的阿联酋。这说明，在635个出口国家市场中，仅有1.9%的市场在具有较大规模的同时，又有较高的需求增长率。而绝大多数国家，要么只具有较大的市场规模，要么只具有较高的需求增长率，或者两者都不具备。

在这12个产业-国家组合中，云南对其中4个产业的下述国家具有较高的出口比重：H0-24产业的印度尼西亚，H0-31产业的孟加拉国、印度尼西亚，H0-38产业的印度，H0-70产业的巴西，共计5个产业-国家组合，而对其余的产业-国家组合出口比重较低或无出口。5个产业-国家组合代表了最理想的市场，然而，这样的理想市场数量很少，仅占总共635个

155

市场的0.78%。

第二，在169个规模较大的市场中，欧盟、美国、日本、俄罗斯、印度、韩国、阿联酋、澳大利亚的市场数量名列前茅，累计有153个规模较大市场。最突出的国家有德国、美国、日本，分别在15个、14个、13个产业有较大市场。在云南的近邻发展中国家中，只有印度、越南、孟加拉国在一些产业具有较大市场，三国分别有7个、2个、1个产业的市场规模较大。

第三，需求增长率较高的国家几乎都是发展中国家。在235个增长率较高的市场中，伊朗、孟加拉国、埃及、赞比亚、阿尔及利亚、加蓬、秘鲁、科威特、越南分别在12个、9个、9个、9个、8个、8个、8个、7个、7个产业有较高增长率。在云南的主要出口市场东南亚和南亚，孟加拉国、越南、印度、印度尼西亚、老挝、泰国、缅甸、斯里兰卡、菲律宾分别在9个、7个、6个、5个、5个、4个、4个、2个、2个产业中进口需求增长率较高。

第四，云南出口比重较大的国家中，既有发达国家，也有发展中国家。在89个出口比重较高的市场中，从所拥有的产业来看，德国、美国、越南、日本、缅甸、印度、泰国、比利时、法国、印度尼西亚、沙特阿拉伯排在前11名，云南分别在7个、7个、7个、6个、6个、5个、5个、4个、4个、4个、4个产业中对其出口比重较高。

综上所述，云南15个重点目标产业的有潜力的635个市场具有几个特点。第一，既具有市场规模又具有增长潜力的国家极少，而在前两者的基础上具有较高出口比重的国家更是屈指可数。看来，在大部分市场，难以兼得市场规模、需求增长和云南的出口比较优势。第二，市场规模大的国家主要是发达国家和新兴市场国家。这可能是因为这些国家经济发展水平高而具有较高的购买和消费能力。这些国家可能代表了目前云南产品出口的主要目的地。第三，需求增长率高的国家几乎都是发展中国家。这些国家虽然目前市场普遍不大，但其增长态势极好，有可能成为未来世界和云南出口市场的希望之星。第四，云南各产业的出口普遍集中于少数国家，说明云南产品的出口目的地不广阔，但在个别国家个别产业的优势特别突出。

以上特点为云南外向型产业的发展提供了机遇和挑战。我们将在其他部分进入深入分析。

三 出口市场的进入壁垒

在国际贸易中,关税是影响市场进入的重要因素,因此,我们以关税为主要指标来分析云南重点目标产业产品进入国际市场的障碍。在接下来的讨论中涉及的关税是指各国的平均从价进口关税(Average of AV Duties),数据来源于世贸组织网站。

总体而论,挪威、加拿大、日本、澳大利亚、欧盟、俄罗斯、乌克兰、吉尔吉斯斯坦等国家和地区的进口关税税率较低,在15个所关注产业的平均税率低于10%。埃及、尼日利亚、孟加拉国、赞比亚、缅甸、肯尼亚、科威特、特立尼达和多巴哥、巴基斯坦、喀麦隆、印度、加纳、所罗门群岛等国的进口关税税率最高,在15个所关注产业的平均税率高于70%,而埃及、尼日利亚、孟加拉国、赞比亚、缅甸的平均税率更是超过100%。各国之间税率差异较大,比如税率最低的挪威,在某些产业为零关税,15个产业的平均关税率仅为0.65%,而关税最高的国家埃及的平均关税率为180%,在个别产业的平均关税率高达1987%。

比较产业之间的关税,H0-31(肥料)和H0-78(铅及其制品)两个产业的进口关税率最低,同产业内所有国家的平均税率分别为15%和16%。H0-22(饮料、酒及醋)和H0-24(烟草、烟草及烟草代用品的制品)两个产业的进口关税率最高,同产业内所有国家的平均税率分别为53%和111%。

下面分产业、分国家简单描述关税水平。

1. H0-06产业(活树及其他活植物;鳞茎、根及类似品;插花及装饰用簇叶)

该产业内所有国家和地区的平均进口关税率为30%,最低关税率为0.8%(澳大利亚),最高关税率为200%(孟加拉国)。关税率最低的国家和地区依次为澳大利亚、日本、挪威、美国、俄罗斯、欧盟、越南,均低于10%。关税率最高的国家依次为孟加拉国、科威特、巴基斯坦、哥伦比亚、印度、加蓬、缅甸,均高于50%。

2. H0-07产业(食用蔬菜、根及块茎)

该产业内所有国家和地区的平均进口关税率为35%,最低关税率为

2.6%（加拿大），最高关税率为125%（赞比亚）。关税率最低的国家和地区依次加拿大、日本、欧盟、美国、俄罗斯，均低于11%。关税率最高的国家依次为赞比亚、印度、巴基斯坦、科威特、韩国、所罗门群岛、哥伦比亚、加蓬、泰国，均高于50%。

3. H0-08产业（食用水果及坚果；柑橘属水果或甜瓜的果皮）

该产业内所有国家和地区的平均进口关税率为40%，最低关税率为0.9%（加拿大），最高关税率为182%（孟加拉国）。关税率最低的国家和地区依次为加拿大、澳大利亚、美国、俄罗斯、欧盟、沙特阿拉伯，均低于12%。关税率最高的国家依次为孟加拉国、赞比亚、以色列、肯尼亚、特立尼达和多巴哥、科威特、所罗门群岛、哥伦比亚、泰国、埃及，均高于50%。

4. H0-09产业（咖啡、茶、马黛茶及调味香料）

该产业内所有国家和地区的平均进口关税率为36%，最低关税率为0.1%（澳大利亚），最高关税率为178%（孟加拉国）。关税率最低的国家和地区依次为澳大利亚、美国、加拿大、欧盟、俄罗斯、日本、吉尔吉斯斯坦，均低于10%。关税率最高的国家依次为孟加拉国、印度、赞比亚、肯尼亚、泰国、所罗门群岛、哥伦比亚、缅甸、加蓬，均高于60%。

5. H0-12产业（含油籽仁及果实；杂项籽仁及果实；工业用或药用植物；稻草、秸秆及饲料）

该产业内所有国家和地区的平均进口关税率为24%，最低关税率为0.9%（日本），最高关税率为125%（赞比亚）。关税率最低的国家和地区依次为日本、欧盟、越南、吉尔吉斯斯坦、沙特阿拉伯，均低于12%。关税率最高的国家依次为赞比亚、委内瑞拉、加蓬，均高于60%。

6. H0-22产业（饮料、酒及醋）

该产业内所有国家和地区的平均进口关税率为111%，最低关税率为1.8%（美国），最高关税率为1987%（埃及）。关税率最低的国家和地区依次为美国、乌克兰、欧盟、加拿大、澳大利亚、沙特阿拉伯、俄罗斯、日本、吉尔吉斯斯坦，均低于13%。关税率最高的国家依次为埃及、缅甸、孟加拉国、阿联酋、印度、尼日利亚、巴林、纳米比亚、赞比亚，均高于125%。

7. H0-24产业（烟草、烟草及烟草代用品的制品）

该产业内所有国家和地区的平均进口关税率为53%，最低关税率为0（挪威），最高关税率为212%（美国）。关税率最低的国家依次为挪威、日本、俄罗斯、吉尔吉斯斯坦、澳大利亚，均低于15%。关税率最高的国家依次为美国、沙特阿拉伯、印度、土耳其、越南、肯尼亚、所罗门群岛、哥伦比亚、韩国、巴林、斯里兰卡、纳米比亚，均高于50%。

8. H0-28产业（无机化学品；贵金属、稀土金属、放射性元素及其同位素的有机及无机化合物）

该产业内所有国家和地区的平均进口关税率为18%，最低关税率为2.3%（美国），最高关税率为100%（科威特）。关税率最低的国家和地区依次为美国、日本、加拿大、越南、欧盟、俄罗斯，均低于5%。关税率最高的国家依次为科威特、所罗门群岛、巴基斯坦、哥斯达黎加、玻利维亚、印度、印度尼西亚、哥伦比亚、墨西哥、巴拉圭、洪都拉斯、委内瑞拉、秘鲁，均高于30%。

9. H0-31产业（肥料）

该产业内所有国家和地区的平均进口关税率为15%，最低关税率为0（美国），最高关税率为100%（科威特）。关税率最低的国家依次为美国、加拿大、巴拿马、欧盟、印度、吉尔吉斯斯坦，均低于5%。关税率最高的国家依次为科威特、哥斯达黎加、玻利维亚、印度尼西亚、哥伦比亚、委内瑞拉、加纳，均高于30%。

10. H0-33产业（精油及香膏；芳香料制品及化妆盥洗品）

该产业内所有国家和地区的平均进口关税率为34%，最低关税率为1.4%（日本），最高关税率为200%（孟加拉国）。关税率最低的国家和地区依次为日本、美国、欧盟、加拿大、俄罗斯、吉尔吉斯斯坦、澳大利亚、沙特阿拉伯、阿曼，均低于10%。关税率最高的国家依次为孟加拉国、印度、赞比亚、肯尼亚、科威特、特立尼达和多巴哥、所罗门群岛、埃及，均高于50%。

11. H0-38产业（杂项化学产品）

该产业内所有国家和地区的平均进口关税率为25%，最低关税率为2.1%（日本），最高关税率为146%（孟加拉国）。关税率最低的国家和地区依次为日本、美国、欧盟、加拿大、乌克兰、吉尔吉斯斯坦、沙特阿拉伯、约旦、韩国、蒙古国、阿联酋、澳大利亚，均低于10%。关税率最高的国家依次为孟加拉国、肯尼亚、科威特、赞比亚、所罗门群岛，均高于50%。

12. H0-70产业（玻璃及其制品）

该产业内所有国家和地区的平均进口关税率为21%，最低关税率为0（巴林），最高关税率为98%（科威特）。关税率最低的国家依次为巴林、日本、加拿大、欧盟、美国、乌克兰，均低于10%。关税最高的国家依次为科威特、缅甸、埃及、玻利维亚、印度、印度尼西亚、哥伦比亚、巴西、巴拉圭、乌拉圭，均高于30%。

13. H0-71产业（天然或养殖珍珠、宝石或半宝石、贵金属、包贵金属及其制品；仿首饰；硬币）

该产业内所有国家和地区的平均进口关税率为19%，最低关税率为0.6%（欧盟），最高关税率为100%（科威特）。关税率最低的国家和地区依次为欧盟、日本、美国、加拿大、泰国、纳米比亚、吉尔吉斯斯坦，均低于10%。关税率最高的国家依次为科威特、玻利维亚、印度、埃及、巴林、哥伦比亚、洪都拉斯、乌拉圭、缅甸，均高于30%。

14. H0-78产业（铅及其制品）

该产业内所有国家和地区的平均进口关税率为16%，最低关税率为0（越南），最高关税率为45%（哥斯达黎加）。关税率最低的国家和地区依次为越南、美国、日本、欧盟、韩国，均低于10%。关税最高的国家依次为哥斯达黎加、玻利维亚、印度尼西亚、洪都拉斯、委内瑞拉、巴林、菲律宾、秘鲁，均高于30%。

15. H0-80产业（锡及其制品）

该产业内所有国家和地区的平均进口关税率为21%，最低关税率为0（欧盟），最高关税率为80%（所罗门群岛）。关税率最低的国家和地区依次为欧盟、美国、日本、越南、韩国，均低于10%。关税率最高的国家依次为所罗门群岛、哥斯达黎加、印度、委内瑞拉、巴林、洪都拉斯、秘鲁，均高于30%。

通过对15个重点目标产业分国家对比关税水平，我们发现关税壁垒有以下特点。

第四章　云南特色产业国际市场需求研究

第一，发达国家在各产业的进口专利水平普遍较低，发展中国家的进口专利水平普遍较高。但在看到这个共性的同时，我们也需要强调一些例外：在个别产业，个别发达国家征收的进口关税也会很高；而在个别产业，个别发展中国家征收的进口关税也会很低。比如，美国和韩国对H0-24产业（烟草、烟草及烟草代用品的制品）的关税率分别高达212%和60%，而在发展中国家，印度对H0-31产业（肥料）的关税率仅为4.5%，巴林对H0-70产业（玻璃及其制品）实施零关税，泰国、纳米比亚对H0-71产业的关税率为7%，越南对H0-06、H0-28、H0-78、H0-80 4个产业的关税率分别仅为8.3%、4.1%、0、6.6%。

第二，各进口国的关税水平，与各国的经济发展方向、消费导向和文化等有关。比如，在H0-71产业（天然或养殖珍珠、宝石或半宝石、贵金属、包贵金属及其制品；仿首饰；硬币），泰国的关税率定得较低（7%），这与泰国作为旅游大国的产业发展导向应当是有联系的。俄罗斯、吉尔吉斯斯坦等国家的烟酒文化盛行，对酒类、香烟等消费品有很大的需求，因而对H0-22（饮料、酒及醋）和H0-24（烟草、烟草及烟草代用品的制品）产业的关税率较低。同样是饮料和酒类产业，埃及、阿联酋、尼日利亚、巴林、纳米比亚、赞比亚、加纳等国家因宗教原因不鼓励饮酒，普遍征收高关税，税率超过100%，在埃及甚至接近2000%。越南作为正在崛起的制造业新生国，对有色金属和化工等工业产品的需求较大，因而对这两类行业共6个产业征收的关税税率基本低于10%，并且对其中一个产业征收零关税，这在发展中国家中是罕见的。

第三，比较云南的几个近邻贸易大国——缅甸、越南、老挝、印度、泰国，在15个重点目标产业的范围内，越南的总体关税水平比较低，各产业的关税税率平均值为18%，在10个产业中关税率为0~21%，仅在1个产业（烟草、烟草及烟草代用品的制品）中关税率为103%。老挝的总体关税较低，各产业的平均关税率为22%，税率为16%~32%。泰国各产业的平均关税率为37%，税率为7%~83%，总体水平在五国中居中。从平均值看，缅甸的总体关税水平最高，各产业的关税平均率为104%，在饮料和酒类产业中高达393%，不过在其他产业的税率为31%~69%。印度的总体关税水平也较高，各产业的平均税率为77%，在6个产业中的关税率超过

161

50%，对饮料和酒产业的关税率高达150%。

关税壁垒只是贸易进入障碍的一个方面，其他诸如地缘、文化、竞争强度、开放自由度等都可能构成进入障碍。比如，云南的最大贸易国缅甸，关税总体水平高，但云南对其出口额最高，这用关税壁垒是无法得到解释的。实际情况是，云南对缅甸出口中，包含不少边境贸易，在边贸中两国基本不征收关税，因而缅甸官方的高关税对云南出口总量的负面影响较小。这种情况说明，云南对缅甸的出口得益于地缘优势，这种优势是国内其他省份难以获得的。边贸情况同样可以用来解释云南对越南、老挝的高出口额。非关税壁垒的影响也是显著的。比如，印度对中国的产品，除高关税之外，还以反倾销为名设置壁垒，这也解释了为什么虽然近年来印度的进口需求急剧扩大，而我国对其出口却逐渐萎缩。另外，来自其他国家或我国其他省份在同一出口目的地的竞争，也是一个不可忽视的因素。竞争的强弱直接影响云南在出口目的国的现实机会，这也是政府在有针对性地制定出口战略时必须考虑的一个重要变量。开放自由度作为一个宏观的制度性变量，在发展中国家和发达国家之间是有差距的，这种差异必然影响云南在各国的出口表现。

四 云南15个重点目标产业与云南特色产业出口现状比较

云南57个特色产业中有出口记录的产业共有54个，这54个特色产业在2010年的总出口额为58.88亿美元，平均出口额为1.09亿美元，我们选出的15个重点目标产业的总出口额为31.61亿美元，平均出口额为2.11亿美元。15个重点目标产业的出口总额占54个特色产业出口总额的53.69%。在出口额最高的5个特色产业中，重点目标产业就有4个，按出口额排序分别为H0-31（肥料，出口额10.50亿美元）、H0-28（无机化学品，出口额4.50亿美元）、H0-07（食用蔬菜、根及块茎，出口额3.96亿美元）、H0-24（烟草、烟草及烟草代用品的制品，出口额3.92亿美元）。

比较云南出口占世界同产业出口的比重我们发现，54个特色产业的比重为0.05%，而15个重点目标产业的比重为0.25%，大大高于前者。在54个特色产业中，按云南出口占世界同产业出口的比重排列的前10名产业中，有8个是重点目标产业，且前3位全是重点目标产业。这8个重点目标产业分别是 H0 – 31（比重为 1.98%）、H0 – 24（比重为 1.14%）、H0 – 07（比重为 0.70%）、H0 – 28（比重为 0.45%）、H0 – 09（比重为 0.39%）、H0 – 80（比重为 0.34%）、H0 – 70（比重为 0.30%）和 H0 – 78（比重为 0.27%）。

再比较显示性比较优势指数，54 个特色产业的总体显示性比较优势指数为 1.03，而 15 个特色产业的显示性比较优势指数为 9.61，后者远远高于前者。我们知道，显示性比较优势指数衡量云南某产业相对于中国相同产业的出口竞争优势，这个指标的值大于 1，表明该产业在全国有比较优势。数据表明，15 个重点目标产业与特色产业相比，在全国同产业中的出口竞争优势非常明显。按显示性比较优势指数排序的前 10 名特色产业中，其中前 9 名全属于重点目标产业，它们分别是 H0 – 24（烟草、烟草及烟草代用品的制品）（RCA_{ij_cn} 为 40.98）、H0 – 06（活树及其他活植物；鳞茎、根及类似品；播花及装饰用簇叶）（RCA_{ij_cn} 为 22.69）、H0 – 31（肥料）（RCA_{ij_cn} 为 20.65）、H0 – 80（锡及其制品）（RCA_{ij_cn} 为 12.34）、H0 – 78（铅及其制品）（RCA_{ij_cn} 为 10.38）、H0 – 09（咖啡、茶、马黛茶及调味香料）（RCA_{ij_cn} 为 9.07）、H0 – 07（食用蔬菜、根及块茎）（RCA_{ij_cn} 为 5.60）、H0 – 28（无机化学品）（RCA_{ij_cn} 为 4.09）、H0 – 22（饮料、酒及醋）（RCA_{ij_cn} 为 3.96）。

总之，从出口总额、云南出口占世界同产业出口比重、显示性比较优势指数几项指标看，15 个重点目标产业均优于 54 个有出口记录的特色产业，这说明重点目标产业的现实出口能力是非常突出的，其中最为突出的是，15 个重点目标产业在全国同产业中的出口竞争优势远远大于特色产业。这些证据表明我们 15 个重点目标产业的选择结果是合理的、可靠的。

第五节　总结和讨论

在本章研究中，我们在占有大量数据和计算大量指标的基础上，使用改进的决定支撑模型（DSM），进行国家分析、产业分析及产业 – 国家组合分析。国家分析是指对全球所有国家市场的综合分析。产业分析包括两部分，一是指对云南省产业的发展能力和出口能力的分析，二是对全球产业进口潜力的分析。产业 – 国家组合分析是指对云南特色产业的市场进行定位与分析。

在国家分析中，我们通过贸易成本、GDP 增长率、人均 GDP 和 GDP 4 个指标，从 197 个国家中筛选出 99 个贸易成本较低、宏观经济表现良好的国家。

在产业分析中，一个部分是分析产业的国际市场的总体需求。我们根据产业进口的短期（5 年期）和长期（10 年期）增长指标，从 97 个 HS 两位数编码产业中选择出 69 个短期进口需求增长较快的产业和 78 个长期进口需求增长较快的产业。另一部分是分析云南省的产业发展能力和产业出口潜力。我们在其他研究结果的基础上确定 57 个云南省有发展能力的特色产业。同时，我们根据云南占世界同产业出口份额和云南产业相对于国内同产业显示性比较优势指数两个指标，从云南省 86 个有出口记录的产业中筛选出 25 个具有出口潜力的产业。这 25 个产业占世界同产业出口的份额较大，而且对国内同产业有出口竞争优势。在国际市场的总体需求分析和云南省产业出口潜力分析的基础上，我们对国际需求和云南产业出口供给进行匹配分析，并结合其他研究结果，确定云南 15 个具有外向发展潜力的产业，简称为重点目标产业。这些重点目标产业具备三方面的优势：国际市场的短期或长期总体进口需求较大，云南在这些产业的总体出口潜力较大，并且这些产业属于云南的特色产业，因而在国内本土具有较大的竞争优势。

在产业－国家组合分析中，我们选出两个层次的组合。第一个组合是在国家分析的基础上，我们使用 99 个国家与 57 个云南特色产业进行产业－国家组合分析。在产业－国家组合分析中，我们根据短期进口增长率、长期进口增长率以及进口市场规模 3 个指标，从 5243 个产业－国家组合中，筛选出 2524 个相对进口市场规模较大，或者短期和长期的需求增长率都较高的产业－国家组合，从而确定了能为 57 个云南特色产业提供较好机会的 2524 个国际市场。为了突出重点产业的分析，我们从 2524 个产业－国家组合的样本中，把属于 15 个重点目标产业的 635 个产业－国家组合提取出来进行详尽分析。这 635 个产业－国家组合，即产业国际市场，在如下两方面能为这 15 个产业提供发展机会：需求规模较大，或者有较高的短期和长期需求增长率。

为了掌握重点目标产业的出口市场特征，我们对上述 635 个有潜力市场进行类型划分。根据国际市场规模、需求增长和云南出口比重3个指标，将635个市场划分成12个市场类型：①大市场-高增长-高出口；②大市场-高增长-低出口；③大市场-高增长-无出口；④大市场-低增长-高出口；⑤大市场-低增长-低出口；⑥大市场-低增长-无出口；⑦小市场-高增长-高出口；⑧小市场-高增长-低出口；⑨小市场-高增长-无-出口；⑩小市场-低增长-高出口；⑪小市场-低增长-低出口；⑫小市场-低增长-无出口。

通过对重点目标产业的出口市场分析，我们发现：云南15个重点目标产业的有潜力的635个市场具有几个特点。第一，既具有市场规模又具有增长潜力的国家极少，而在前两者的基础上具有较高出口比重的国家，即一类市场，更是屈指可数。在大部分市场，难以兼得市场规模、需求增长和云南的出口比较优势。第二，市场规模大的国家主要是发达国家和新兴市场国家。这主要是因为这些国家经济发展水平高而具有较高的购买能力和消费能力。除了邻国之外，这些国家是目前云南产品出口的主要目的地。第三，需求增长快的国家几乎都是发展中国家。这些国家虽然目前市场普遍不大，但有可能成为未来世界和云南出口市场的希望之星。第四，云南的出口在各产业普遍集中于少数国家，说明云南产品的出口目的地不广阔，在个别国家个别产业的优势特别突出。

通过对重点目标产业的出口市场的关税贸易壁垒进行分析，我们发现关税壁垒有以下特点。第一，发达国家在各产业的进口关税水平普遍较低，发展中国家的进口关税水平普遍较高。第二，各进口国的关税水平，与各国的经济发展方向、消费导向和文化等有关。第三，云南省主要贸易伙伴的关税水平相差比较大。

本章有以下一些特点。第一，注意科学性和实用性的结合。在理论和方法上，在广泛参考进口需求、出口竞争力和贸易促进三方面文献的基础上，以DSM模型作为基本数量分析工具，研究结果较为客观，并有较强的实用针对性。第二，分析单位多元化。以国家、产业、产业-国家组合作为三个基本分析单位，从多个层面来剖析云南特色产业外向发展所遇到的机遇和挑战。第三，从不同的侧面进行比较、评估。云南产业的潜力，既从国际市场的需求水平来考察，又从国内竞争力的角度来评估，同时跨云南各产业进行比较。第四，注意分析周期的长短结合，充分考虑数据的时效性。第五，筛选所采用的策略是逐级筛选，逐步缩小范围，在锁定重点目标后，进行详尽分析。

基于以上特点，我们认为，本章研究结果可以为云南省政府制定云南省外向型经济建设中的产业发展战略和政策提供参考依据。为此，我们讨论一些重要研究结果的政策含义。

第一，筛选出的57个云南特色产业的2524个产业－国家组合，以及15个重点目标产业的635个产业－国家组合，总体上能为云南特色产业产品提供较好的出口机会。这两项成果提供了较好市场机会的产业、国家名录及大量量化指标，是重要的资料档案类成果。这些成果一方面可以为政府制定产业政策提供科学依据，另一方面政府也可以把这些信息综合整理后发布给行业、企业或投资者，让研究成果为云南的贸易促进做贡献。

第二，对15个重点目标产业的635个产业－国家组合的12个市场划分结果，可以为政府制定分产业、分国家的优先发展战略提供科学依据。比如，我们可以考虑一种思路，政府可以在此结果的基础上，再把12类市场根据国际市场规模、需求增长和云南出口能力，划分成若干级目标市场，根据级别的不同，分别制定产业发展政策。

第三，云南出口的集中度较高，量大的出口主要集中在少数国家。一方面，这是云南的发展优势，政府要积极扶持这些优势产业在这些国家的出口，保住优势。另一方面，集中度较高，也是云南出口的劣势，说明云南大批量出口的国家面窄，这不利于外向型经济的稳定发展。政府应制定政策和措施，扶持和鼓励有出口基础的行业和企业积极拓宽出口市场。

第四，除了给予重点产业政策和资金上的扶持，政府应该更加重视为企业提供比较具体的服务，比如为企业提供一些国家和产业的基础信息，帮助企业正确选择市场。本章只是对云南省外向型产业的发展做了一个基础性的研究，对具体产业和具体出口市场的分析还需要进行大量的研究工作。政府一方面可以对这一研究进行相应的投入，另一方面，也可以鼓励和引导市场提供同类服务，如鼓励出口咨询服务业的发展。

第五，关于机电产业未被选入重点目标产业的讨论。

机电产业没有被选入重点目标产业有以下原因。这里所说的机电产业属于 HS 两位数编码的 H0-84（核反应堆、锅炉、机器、机械器具及其零件）和 H0-85（电机、电气设备及其零件；录音机及放声机、电视图像、声音的录制和重放设备及其零件、附件）两个产业。根据研究结果，首先，云南这两个产业的显示性比较优势指数（RCA_{ij_cn}）的值很低，分别为 0.13 和 0.07，远远低于研究中 RCA_{ij_cn} 必须大于 1 的选择标准。在云南有出口记录的 86 个产业中，按 RCA_{ij_cn} 排位，H0-84 和 H0-85 两个产业分别排名第 66 和第 71。说明这两个产业的出口远远落后于全国的总体水平，没有竞争优势。其次，云南这两个产业出口占世界同产业出口的比重分别为 0.0225% 和 0.0139%，也达不到 0.0235% 的选择标准。基于这两个选择标准，云南这两个产业首先没有被选入有出口潜力的 25 个产业的名单中，因而也进不了 15 个重点产业的名单。

然而，我们不能就此否认属于这两大类产业的所有产品。虽然按照显示性比较优势指数和产业出口占世界同产业出口的比重两个指标，H0-84 和 H0-85 不能入选云南重点目标产业，但是，如果考察产业内的个别商品，出口表现是很突出的。

云南省 H0-84 产业（核反应堆、锅炉、机器、机械器具及其零件）在 2010 年的出口总额为 4.24 亿美元，内燃发动机、土木和建筑机械及零件为出口额最高的两大类产品，分别占产业内总出口额的 16% 和 12%。内燃发动机不仅出口额最大，增长率也很高，2006~2010 年年均增长率为 42.48%。云南 H0-84 产业的产品主要出口东南亚，缅甸、越南和老挝是出口的前三甲，出口份额分别为 44.96%、10.46% 和 7.12%，云南对三国的出口份额总计为 62.54%。云南对缅甸、越南、老挝的出口增长也很突出，2006~2010 年年均增长率分别为 41.92%、10.85% 和 34.81%。

云南省 H0-85 产业（电机、电气设备及其零件；录音机及放声机、电视图像、声音的录制和重放设备及其零件、附件）在 2010 年的出口总额为 2.55 亿美元。此产业中出口额最高的 5 类产品依次是：光电管、集成电路，旋转式电力设备及零件，声像录制、播放设备，电力机械及零件，电路开关、保护、连接装置及零件。出口份额分别为 22.47%、12.74%、8.84%、7.82% 和 7.34%。光电管、集成电路不仅出口份额高，增长率也很高，在 2006~2010 年年均增长率为 86.39%。出口最多的国家依然是缅甸，出口份额为47%，其次为中国台湾地区、意大利，分别为6%和5%。对缅甸的出口在2006~2010年年均增长率为47%。另外，对我国台湾地区、法国的增长异常突出，分别为352%和246%，但这是由于2006年相对于2010年的基数很低。

总之，云南机电产业的一些产品如内燃发动机，以及光电管、集成电路，出口额和增长的表现都异常突出。云南机电产品的主要出口目的地为缅甸、越南、老挝，其中缅甸最为突出，45%以上的机电产品销往缅甸。

云南某些机电产品的良好出口表现，说明对某些特殊的产业，如果深入到更细小的产业分类单位，比如HS编码的六位数产业，则研究结果会更好地反映云南的实际情况。

第五章
云南产业外向发展的战略和途径

第一节 云南产业外向发展的机遇和挑战

云南省外向型经济发展缺乏产业支撑，利用"一带一路"重大机遇，推动优势产业提升贸易水平，通过引进投资和"走出去"融入国际分工体系，是云南产业外向发展的必由之路。本章将从云南产业外向发展面临的机遇出发，分析云南省推动产业外向发展的战略和具体途径。

一 云南产业外向发展面临的机遇

1. "一带一路"倡议和桥头堡战略与产业外向发展机遇

云南拥有面向"三亚"（东南亚、南亚、西亚）和肩挑"两洋"（太平洋、印度洋）的独特区位优势，是"一带一路"建设中的重要省份。云南不仅在历史上就是中国通往东南亚、南亚的南方丝绸之路，而且在国家对外开放格局中的定位是面向东南亚、南亚的桥头堡。可见对于云南对外开放来说，"一带一路"倡议和桥头堡战略是统一的，二者都将为云南产业的外向发展提供机遇。

"一带一路"倡议中提出国际合作共有5个方面：战略平台建设、交通对接、产业合作、金融合作和国际贸易。其中和云南相关的有以下4个方面。第一，"一带一路"倡议包括的几条线路中，中国－南亚－西亚经济带将通过云南、广西连接巴基斯坦、印度、缅甸、泰国、老挝、柬埔寨、马来西亚、越南、新加坡等国家。第二，通过云南连接东南亚和南亚的高速铁路等交通基础设施建设。第三，中缅油气管道。2015年1月底中国－缅甸原油管道开始投入使用，这条油气管道南起孟加拉湾，北抵昆明。第四，亚洲基础设施投资银行和丝路基金的设立有利于通过云南连接东南亚、南亚的互联互通建设获得金融支持。

在《云南省加快建设面向西南开放重要桥头堡总体规划》中，对云南桥头堡战略定位中涉及外向型经济发展的共有3条。第一，中国向西南开放的重要门户。加快建设外接东南亚、南亚，内连西南及东中部腹地的综合交通运输体系、能源管网、物流通道和通信设施，构筑陆上大通道。第二，中国沿边开放的试验区和西部地区实施"走出去"战略的先行区。在对外经贸合作、对外文化交流以及通关便利化等方面先行先试，深化大湄公河次区域合作，加强与东南亚、南亚国家合作。第三，西部地区重要的外向型特色优势产业基地。依托国际大通道，优化产业布局，把云南省打造成为中国重要的出口加工贸易基地、清洁能源基地、新兴石油化工基地、优势特色农产品生产加工基地、生物产业基地和国际知名旅游目的地。

综合"一带一路"倡议和桥头堡战略，云南产业外向发展将获得以下机遇。第一，和互联互通相关的产业将获得外向发展机遇，包括与交通基础设施、跨境物流、通信基础设施建设相关的制造业和服务业。第二，特色产业获得外向发展机遇，主要是云南具有比较优势的特色农产品和制造业产品。第三，石化产业将获得外向发展机遇，依托中国－缅甸原油管道，石化产业的发展和产品出口迎来新机遇。第四，加工贸易将获得发展机遇。第五，跨境旅游和金融服务业将获得发展机遇。

2. 长江经济带建设与产业外向发展机遇

建设长江经济带是我国提出的国内区域经济合作重大战略，其主要目标有4个方面。第一，提升长江黄金水道的功能，充分发挥长江运能大、成本低、能耗少等优势，打造畅通、高效、平安、绿色的黄金水道。第二，建设综合立体交通走廊，依托长江黄金水道，统筹铁路、公路、航空、管道建设，加强各种运输方式的衔接和综合交通枢纽建设，加快多式联运发展，建成安全便捷、绿色低碳的综合立体交通走廊，增强对长江经济带发展的战略支撑力。第三，培育全方位对外开放新优势，发挥长江三角洲地区对外开放引领作用，建设向西开放的国际大通道，加强与东南亚、南亚、中亚等国家的经济合作，构建高水平对外开放平台，形成与国际投资、贸易通行规则相衔接的制度体系，全面提升长江经济带开放型经济水平。第四，创新区域协调发展体制机制，打破行政区划界限和壁垒，加强规划统筹和衔接，形成市场体系统一开放、基础设施共建共享、生态环境联防联治、流域管理统筹协调的区域协调发展新机制。

对云南来说，长江经济带建设能够为产业外向发展带来机遇，包括以下几个方面。第一，促进国际大通道与国内通道的连接，为产业外向发展创造条件。长江经济带将使云南成为连接东南亚、南亚国际大通道与长江经济带沿线省份的节点和枢纽，加快云南与国内外航空、铁路、公路方面的互联互通建设，增强云南的区位优势。第二，长江经济带建设能够提高云南的要素聚集水平，逐步打破产业外向发展的要素制约。长江经济带建设将促进长江沿线省份生产要素的流动，特别是将促进经济较为发达的东部地区资金、人流、物流、技术向中西部地区的流动，有利于云南利用东部地区优势要素，提升产业外向发展能力。第三，长江经济带建设能够促进云南与长江沿线省份的产业合作，通过优化产业分工，提升云南产业的国际竞争力。长江经济带建设将通过产业重塑与升级来打破原来各省各自为政的产业格局，实现产业重新构建，在各个节点上形成产业同盟，各自形成比较优势。长江经济带沿线各省份都将有一个较为统一的产业布局规划，从而形成一个大区域经济体，构成完整产业链，向周边区域进行辐射。

3. 沿边金融综合改革试验区与产业外向发展机遇

《云南省广西壮族自治区建设沿边金融综合改革试验区总体方案》（以下简称《总体方案》）和《云南省人民政府关于建设沿边金融综合改革试验区的实施意见》的相继出台，标志着云南沿边金融、跨境金融、地方金融改革进入崭新阶段。云南建设沿边金融综合改革试验区的主要范围包括昆明市、文山州、红河州、保山市、西双版纳州、临沧市、普洱市、怒江州、德宏州9个州/市，面积达22.07万平方公里，占全省总面积的56%，人口2514.9万人，占全省总人口的54%。《总体方案》确定了10个方面的任务：一是推动跨境人民币业务创新；二是完善金融组织体系；三是培育发展多层次资本市场；四是推进保险市场发展；五是加快农村金融产品和服务方式创新；六是促进贸易投资便利化；七是加强金融基础设施建设的跨境合作；八是完善地方金融监管体制；九是建立金融改革风险防范机制；十是健全跨境金融合作交流机制。

沿边金融综合改革试验区将将促进云南金融业的外向发展,并为其他产业的外向发展提供金融支持和便利。第一,在云南金融业外向发展方面,将推动以跨境人民币业务创新为中心的跨境金融业务。支持银行开立境外机构人民币结算账户,办理跨境人民币国际结算业务。重点开展跨境人民币双向贷款业务,推动跨境结算便利化,开展人民币特许兑换业务,实施人民币现钞出入境管理,推动人民币与周边国家跨境清算和结算体系建设,支持云南地方法人金融机构到东盟、南亚国家设立机构。第二,在引进国外金融投资方面,将东盟金融机构纳入人民币合格境外投资者试点范围。吸引东盟、南亚金融机构到云南设立外资金融机构、国际性或区域性管理总部。第三,在资本市场方面,重点实施企业境内外上市,促进区域性股权交易市场和金融要素交易市场等交易场所发展,鼓励中小企业实施多元化的债务融资。第四,在贸易投资便利化方面,开展个人境外直接投资、企业外汇资本金集中运营管理、试验区外资股权投资企业资本金意愿结汇等试点工作。

4. 东部沿海地区产业转移与产业外向发展机遇

2008年金融危机后,全球第四次产业转移开始启动。在我国迅速飙升的劳动力成本和原材料、土地等资源成本的挤压下,企业利润空间严重压缩,这是一种被迫的寻求生存的转移。对中西部地区而言,则要充分把握国内产业转移的有利时机,发挥资源丰富、要素成本低、市场潜力大的优势,大力发展现代制造业和服务业,实现传统产业的转型升级,加快新型工业化和城镇化进程。从另一个角度而言,面对国内产能过剩和资源环境要素趋紧等挑战,西部地区要尽快适应外部环境的变化。

对云南而言,东部沿海地区产业转移带来的产业外向发展机遇有以下几个方面。第一,承接产业转移的选择余地扩大。有可能根据产业外向发展的需要,有选择地引进高附加值、高科技含量、高产业关联度,低污染、低能耗的产业转移项目。第二,在承接产业转移的同时引进人才、技术等高级生产要素,提高生产要素质量。第三,通过承接产业转移进入国际分工体系。东部沿海地区很多产业早已融入国际分工体系,通过引进外向发展水平高的企业,有助于云南借助国内产业转移进入国际分工体系,并带动相关支持产业的发展。

二 云南产业外向发展面临的挑战

1. 如何适应新常态，寻求产业外向发展新动力

改革开放三十余年后，我国经济已进入发展的新常态，主要表现为以下几个特点：在速度方面，从高速增长转为中高速增长；在结构方面，经济结构不断优化升级；在动力方面，从要素驱动、投资驱动转向创新驱动。同时，我国的对外开放也将做出相应的调整：①出口与进口并重；②从以商品贸易为主转为以服务贸易为主；③从以吸引外资为主转为吸引外资和海外投资并重；④从以参与全球经济贸易体制为主转为全球和地区经济贸易体制并重。

我国经济进入新常态对云南产业外向发展来说是非常严峻的挑战。第一，云南经济是否能够做出适当的调整以跟随全国进入新常态是巨大的挑战。经济增长减速要求结构调整和优化，以及实现创新驱动。然而，云南由于长期依赖资源型产业，产业结构单一，对外部市场依赖大，产业配套能力弱，产业结构优化调整的难度较高。云南创新能力比较薄弱，实现产业发展的创新驱动也具有很大的难度。第二，云南是否能够适应新常态下的对外开放调整是另一个重要挑战。首先，云南对外开放的水平较低，出口和进口的互动水平低；其次，云南商品贸易并不发达，服务贸易更加落后，服务贸易发展水平在短期内难以提升；最后，无论是吸引外资还是对外投资，云南都处于比较低的水平，提升引进外资和对外投资的水平任重道远。因此，新常态下云南产业外向发展面临的挑战非常严峻，云南需要付出更大的努力来应对挑战。

2. 交通运输条件制约产业外向发展

交通运输条件是制约云南产业外向发展的重要因素。云南从地理位置上看处于我国与东南亚、南亚的连接部分，具有发展外向型经济的区位优势。然而地理上的区位优势要转化为现实中的区位优势必须依赖交通运输条件的改善。过去制约云南对外贸易发展的很大一个因素就是交通条件，包括云南出境的交通条件，以及云南和我国其他地区的交通条件。虽然经过多年努力，云南的内外交通条件已经有非常大的改善，云南通往周边国家的中越、中老泰、中缅、中印公路国内段以及通往邻省的7条干线公路已经基本实现高等化。泛亚铁路东线全面开工建设，中线玉溪到磨憨段前期工作有序推进，西线大瑞铁路保山至瑞丽段也已奠基。云南省12个民用机场近300条航线已覆盖国内外100多个城市，连接东南亚、南亚国家的航空网络基本形成。

但是陆上运输和航空运输条件的改善还没有从根本上提升云南的区位优势。在国际贸易中，海洋运输占有最重要的地位。海洋运输正是云南所缺乏的，云南自身的贸易量有限，和周边国家的贸易规模与我国整体的贸易规模相比十分微小。因此，云南发挥地理区位优势的关键问题是货物能否通过云南进入更多的市场。真正能提升云南区位优势的是打通我国到印度洋的海运通道。距离云南最近的港口是广西的防城港和越南的海防港，但这两条路线只对云南贸易品的进出有意义。如果云南能够便捷地通过缅甸港口进入印度洋，则能够使云南真正具有国家意义上的独特区位优势。

3. 配套能力弱制约产业外向发展

缺乏产业配套能力制约了云南产业加工度和附加值的提高，同时制约了云南对国内外产业的转移承接。较强的产业配套能力可以大幅度降低生产成本。我国东部地区出口产业集聚的重要条件就是拥有完备的产业配套能力，投资东部地区的企业原材料和零部件采购半径小、物流成本低，并且能够获得范围经济。产业配套能力部分抵消了生产要素成本上升的影响，因而东部地区在生产要素成本不断上升的情况下并没有大规模向中西部地区转移产业。由于云南的产业结构偏向资源型产业，装备制造业和东部沿海地区有很大差距，很多产业不能从云南本地获得配套支持。例如，以望远镜为代表的光学仪器是云南出口较多、具有国际竞争力的制造业产品，但是很多零部件都需要从东部地区购买，连品牌标志都是浙江生产的。

产业外向发展必须参与国际竞争，国际竞争力的形成离不开配套产业的支持。首先，云南产业的升级得不到本地产业的有效支持。产业升级是一个系统工程，一个产业的升级离不开其他产业的支持。其次，云南本地产业在周边省份如四川、重庆、广西、贵州获得配套产业支持的力度也很小，很多产业需要东部沿海地区的产业支持，因此本地产业的配套半径过大。最后，云南希望承接国内外产业转移来促进外向型经济发展，但由于远离我国制造业中心，本地配套能力薄弱，很多产业在选择投资区位时更愿意选择距离制造业中心更接近的中部地区，或者运输条件更好的东南亚沿海国家。

4. 缺乏消费品工业制约产业外向发展

云南产业整体上远离消费需求，以提供中间产品为主，制约了产业外向发展的能力。我国出口产业较为集中在靠近消费需求方向的产业，而云南规模较大的产业除了食品制造和烟草加工业外，大多是中间投入率较高的产业，如金属矿采选业、金属冶炼和压延加工业、非金属矿制品业、电力生产等。云南产业远离消费需求端，制约了外向型经济的发展。事实上，云南主要为我国出口产业发达的省份提供原材料和初级加工产品，受这些地区出口产业发展的带动，而自身的出口产品有限。

产业结构远离消费需求侧也使得云南未能充分利用周边国家的需求发展外向型产业。云南周边国家越南、缅甸和柬埔寨的经济发展状况正在改善，消费需求增长比较快，特别是日用消费品、日用小机电设备的需求增长很快。虽然这三个国家从我国进口日用消费品、日用小机电设备，但是云南缺乏这些产业，这些产品大多来自东部沿海省份，云南只是充当这些商品的过境通道而已。

第二节 云南产业外向发展的战略思路和目标

一 云南产业外向发展战略的依据

1. 产业外向发展战略的理论依据

确定产业外向发展战略的理论基础传统上最常用的是两大理论：一是比较优势理论，二是非均衡发展理论。比较优势理论的基本思想是产业外向发展战略的确定就是要求各国根据自身的比较优势，制定主导产业，积极参与国际分工，充分利用国际、国内资源，根据世界经济发展的不同阶段，及时调整本国主导产业，促进产业升级，带动本国经济发展。非均衡发展理论认为：在社会经济发展过程中，经济发展不是在每个地区以同样的速度进行，而是按一定的顺序发展，应集中力量首先发展一部分地区、一部分产业，以带动其他地区和其他产业的发展。产业外向发展战略的核心就是确定外向发展的重点产业和区域，集中要素和资源，重点支持特定产业和区域的发展，以重点产业和区域的快速发展带动其他产业和区域的发展。

除了传统理论基础外，最近新结构经济学被广泛用于制定发展战略。林毅夫持以下观点。第一，一个经济体的禀赋及其结构（定义为自然资源、劳动力、人力资本和物质资本的相对丰裕程度）在每一个特定的发展水平是给定的，并随发展水平的不同而不同，因而经济体的最优产业结构会随着发展水平的不同而不同。第二，经济发展水平并非仅有"穷"与"富"或"发展中"与"发达"这两种离散情况，而是一条从低收入农业经济一直到高收入工业化经济的连续频谱。因此，传统的二分法并不适用。在这条频谱中，给定产业结构的内生性，处于任何一个发展水平的发展中经济体的产业和基础设施升级的目标，并不必然是比自己所处水平更高的发达经济体的产业和基础设施。第三，在每个给定的发展水平，市场是配置资源最有效率的根本机制。作为一个连续变化过程，经济发展水平的变化要求产业多样化、产业升级和基础设施的相应改进。产业多样化和产业升级的本质是一个创新过程，在这个过程中，一些先驱企业会为经济中的其他企业创造公共知识，任何一个企业对这些公共知识的消费都不会影响其他企业对它们的消费，而且没有一家企业能够对这些公共知识做到完全排他性的占有，并且个体企业在做投资决策时无法完全内化对基础设施的改进，而基础设施的改进却对其他企业产生大量的外部性。因此，在市场机制以外，政府必须在发展过程中发挥积极而重要的协调作用、提供基础设施改进以及补偿外部性，以促进产业的多样化和升级。

从新结构经济学的角度，我们可以看到产业外向发展战略首先要根植于经济体的发展阶段和要素禀赋，以此为基础建立最优的产业结构，产业发展是一个连续的过程，产业外向发展目标和基础设施的确定必须与所处的产业发展相适应，在市场机制之外，政府应发挥的作用在于协调和集中资源、提供基础设施改进和补偿外部性3个方面。

综合上述理论，云南产业外向发展战略的确定要注意以下3个方面。

第一，要结合云南的要素禀赋、比较优势来确定，并重视比较优势的动态升级。外向产业发展的基础根植于云南自身所具有的比较优势，在发挥现有比较优势的基础上,逐步改善要素禀赋,提高内生经济增长能力,促进比较优势的提升,并进一步提升产业外向发展的水平。

第二,要结合云南的发展阶段、产业结构、产业政策来制定。要根据云南的发展阶段选择最适宜外向发展的产业目录和基础能力建设重点,产业外向发展不能脱离现有的产业结构和产业政策,但是并不意味着不能选择原来没有的产业不能作为外向发展的目标产业,可以根据具体情况,适当选择一些原来没有的产业加以突破。

第三,政府能够发挥作用促进产业外向发展。单纯依靠市场来促进产业外向发展是不够的,政府既不能过多干预市场,也不能干预不足,政府的作用在于协调和集中资源、提供基础设施改进,以及补偿外部性。

2. 云南产业外向发展战略的演变

云南历来重视外向型经济的发展,在过去云南省政府根据云南的现实和外向型经济发展的环境,制定了产业外向发展的战略。这些战略体现了过去对云南产业外向发展的思考,未来产业外向发展战略的制定需要有一定的延续性,因此我们需要对过去的战略进行梳理。

(1) 贸易发展的战略思路。

"十一五"期间,加快转变对外贸易增长方式。优化进出口商品结构,着力提高对外贸易的质量和效益,扩大具有自主知识产权、自主品牌的商品出口,控制高能耗、高污染产品出口,鼓励进口先进技术设备和国内短缺资源。注重服务业的对外开放,提升服务贸易在对外贸易中的比重。

"十二五"期间,推动外贸转型升级。依靠创新和大力推进科技兴贸、绿色兴贸、信息兴贸、价值链增长战略和质量取胜战略,推动出口产品向高技术含量、高附加值转化。加快培育形成一批在国际市场上有较强竞争力和影响力的知名品牌产品和企业。进一步优化进出口结构,重点支持自主性高技术产品、高附加值产品和特色优势产品扩大出口,控制高能耗、高污染和资源性产品出口。扩大先进技术、关键设备及零部件和国内急需的能源、原材料进口,促进进出口基本平衡。加强进出口产品质量安全管理。努力推动对外贸易由注重规模向规模和质量效益并重的方式转变。积极推进市场多元化战略。抓住中国-东盟自由贸易区建成的机遇,扩大与东盟的贸易规模。充分发挥与南亚相邻的区位优势,积极拓展南亚市场。

不断开拓我国港澳台地区、欧盟、美国、日韩等发达国家和地区的市场，大力推进与拉丁美洲、大洋洲、非洲市场的贸易往来，推进外贸市场多元化发展。促进一般贸易、边境贸易和加工贸易协调发展，大力发展加工贸易和服务贸易。加强出口基地、出口品牌建设，引导各类企业，特别是积极扶植民营企业扩大出口。建设承接国际、国内产业转移的出口加工基地，着重提高产业层次和加工深度，形成具有内陆竞争优势的一体化加工贸易模式，扩大加工贸易产品出口规模。建设若干服务业外包聚集区，有序承接国际服务业转移。鼓励软件开发、工程承包、咨询、技术转让、金融保险、国际运输、物流服务、教育培训、信息技术、民族文化等服务贸易出口，扩大服务贸易份额。

（2）引进外资的战略思路。

"十一五"期间，把"引进来"和"走出去"结合起来，在扩大利用外资和对外投资方面取得大的突破。加强对外资的产业和区域投向引导，改变各自为政的引资局面，把吸引外资与产业结构调整、科技进步、制度创新等紧密结合起来，促进省内产业优化升级。立足自身优势和云南利益，鼓励外商参与优势产业的发展，积极促进先进制造业、高技术产业和高端制造环节向云南省转移。努力推动利用外来投资由注重规模向规模和质量并重转变，由引进项目向培植产业集群转变，由以制造业为主向制造业与服务业并重转变。促进引资与引智相结合，充分发挥各类开发区引进外资的平台作用，强化外来投资在推动科技创新、产业升级、区域协调发展等方面的积极作用。在重点领域引进国内外先进技术和管理，提高区域自主创新、技术成果转化的能力。

"十二五"期间，进一步优化外来投资结构，积极引导外来投资投向重点发展的特色优势产业和交通、能源、水利、市政等基础设施建设。有计划、有重点地加大利用世界银行、亚洲开发银行等国际金融机构贷款和外国政府贷款的规模和使用范围。鼓励和支持跨国并购等投资方式。实施建立重点区域、培育重点产业、构建引资重点战略，以引进跨国公司投资重大项目为突破口，争取更多的国内外知名企业到云南发展。推广项目融资、证券融资、特许经营等引资方式，积极引进风险投资公司和风险投资基金。加快云南优势企业在资本市场上市和发行债券的融资步伐。务实创新，为外企落户云南创造有利环境。健全监督保障体系，增强处置贸易争端的能力，有效应对技术进步迟缓、污染转移、利益流失等负面影响。

(3) 对外投资的战略思路。

"十一五"期间，支持有条件的企业率先到周边国家投资。逐步在东南亚、南亚国家建立资源合作开发基地、产品生产和加工基地以及研发中心、咨询服务和营销网络，稳步推进境外投资。加强与缅甸、老挝在禁毒、罂粟替代种植和替代发展方面的合作，鼓励和支持企业到境外开展替代种植，培育替代产业，发展替代经济。从全省产业结构调整要求出发，针对东盟国家的发展阶段和市场需求，选择具有相对优势和互补性强的产业，沿昆曼、昆河、昆缅等国际大通道布局生产力，实施产业对接和转移。

"十二五"期间，支持省内有条件的企业"走出去"，以利用境外资源、开拓境外市场为重点，积极开展直接投资、跨国并购、合资控股和开办企业，实施资源开发、工程承包、设计咨询和劳务合作，加快培育形成一批跨国、跨省国际公司和国际、国内知名品牌。建立境外生产、营销和服务网络，形成稳定的海外资源供应基地和销售市场。支持有实力的企业承建大湄公河次区域合作项目。积极推动和促进省内法人金融机构、保险机构开拓国际市场，提高"走出去"企业的融资能力，拓宽融资渠道，为"走出去"的企业提供更加全面、周到的金融服务。维护境外企业的合法权益，增强境外投资风险防范意识。深入开展境外罂粟替代种植，把替代种植和农业"走出去"有机结合起来，培育替代产业。

二 云南产业外向发展战略思路

云南产业外向发展战略的总体思路应为：利用我国"一带一路"和长江经济带建设的战略机遇，结合对外开放和国内区域经济合作，根据云南经济的发展阶段和产业发展水平，以比较优势的强化和提升为基础，重点培育一批有国际竞争力的产业，推动这些产业扩大贸易、引进投资和加强国际经济合作，更深入地融入全球价值链，奠定云南外向型经济发展的产业基础。

第一，结合对外开放和国内区域经济合作是云南产业外向发展的重要机遇。云南是长江经济带面向东南亚、南亚的开放前沿，是"一带一路"倡议中"中国－南亚－西亚经济"的重要出口，成为长江经济带各省份与东南亚、南亚地区的商品和生产要素的聚集地和出口产业聚集地正是云南产业外向发展最重要的战略机遇。

第二，经济发展阶段和产业发展水平是云南产业外向发展的基础条件。产业外向发展是一个长期的过程，产业的演进遵循客观的规律，所谓"跨越式发展"成功的案例很少。从国内外产业外向发展的经验来看，正确的做法是根据自身的经济发展阶段和产业发展水平选择合适的外向发展产业，通过这些产业的外向发展积累经验和能力，再提高产业外向发展的水平。

第三，比较优势的强化和提升是云南产业提升外向发展水平的根本。首先，云南能够外向发展的产业必然要以比较优势为基础，然而目前云南产业的外向发展水平比较低，现有的比较优势没有充分发挥，因此促进产业外向发展首先要强化现有的比较优势。其次，比较优势不是一成不变的，提升比较优势是产业外向发展水平不断提高的基础，因此现有比较优势决定了云南当前产业外向发展的选择，而这些产业外向发展水平是否能够提升则取决于云南是否能促进比较优势的升级。

第四，贸易、投资和国际经济合作水平的提升是产业外向发展的标志。云南产业外向发展的实质是提高参与国际分工的深度，通过引进外资或对外投资打造国际生产链和价值链，通过国际经济合作整合国内外资源。

三 云南产业外向发展的目标

1. 云南产业外向发展的总体目标

云南产业外向发展的总体目标是使云南的贸易水平和投资水平得到明显的提升。首先，我们把云南产业外向发展的总体目标分为两个阶段：从目前到2020年为近期阶段，从2020年到2030年为远期阶段。在这两个阶段云南外向型经济发展要与经济发展的阶段相适应。以人均GDP作为衡量经济发展阶段的标准，云南2013年人均GDP为4050美元，按7%的年均增长率，2020年的人均GDP为6100美元左右。而2020年到2030年，中国经济增长速度可能继续下降，假设云南人均GDP增长率能够达到6%，那么2030年云南人均GDP为10000美元左右。

其次，选择云南产业外向发展的参照对象。根据云南的情况，我们选择参照对象的标准如下。第一，中国国内的省级行政单位，由于云南本身是中国的一个省，不适宜选择国家作为参照对象。第二，参考的省份要满足两个条件：一是产业外向发展水平高于云南（以对外贸易依存度衡量），云南产业外向发展处于"追赶"先进省份的状态，因此只有产业外向发展水平高于云南的省份才有参考价值；二是这些省份的经济发展水平（以人均GDP衡量）高于云南，未来云南经济的发展水平将达到这些先进省份目前的发展水平。

根据上述标准，我们首先剔除产业外向发展水平或经济发展水平低于云南的省份，共有11个省份：河北、河南、甘肃、湖北、山西、陕西、湖南、贵州、宁夏、内蒙古和青海。剩下省份的产业外向发展水平和经济发展水平都高于云南，这些省份被分为两组，第一组人均GDP为云南的100%~200%，即人均GDP为4050~8100美元，到2020年云南人均GDP将为6100美元，符合条件的省份有10个，分别是吉林、重庆、黑龙江、新疆、海南、四川、江西、安徽、广西和西藏。第二组人均GDP为云南的200%~300%，即人均GDP为8100~12150美元，到2030年云南人均GDP将达到10000美元，符合条件的省份有5个，分别是浙江、辽宁、广东、福建和山东，其中广东的产业外向发展水平非常高，其具有的发展条件对云南没有参考价值，将除广东以外的4个省份作为参考对象。以第一组省份和第二组省份的贸易依存度、出口依存度、进口依存度、外资依存度、对外投资依存度作为云南外向型经济发展的近期目标和远期目标，则云南产业外向发展的目标如表5-1所示。

表5-1 云南产业外向发展的目标

	近期目标（2015~2020年）				
定量目标	贸易依存度	出口依存度	进口依存度	外资依存度	对外投资依存度
	20.36%	12.40%	7.96%	2.59%	0.81%
定性目标	产业发展：培育一批有国际竞争力的外向型产业				
	国际分工：提升国际分工参与度				
	市场拓展：重点拓展东南亚、南亚市场				
	能力建设：改善生产要素质量，巩固现有的比较优势				
	发展方向：商品和要素交流				

续表

	远期目标（2020~2030年）				
定量目标	贸易依存度	出口依存度	进口依存度	外资依存度	对外投资依存度
	40.99%	25.75%	15.24%	3.19%	1.24%
定性目标	产业发展：形成大规模的出口产业集群，构建国内外产业链				
	国际分工：实现全球价值链升级				
	市场拓展：全球市场多元化发展				
	能力建设：比较优势动态升级				
	发展方向：研究开发、产品设计、市场拓展等各方面的国际合作				

除了定量目标外，云南产业外向发展还应达到以下目标：①在产业发展方面，近期培育一批有国际竞争力的外向型产业，远期在省内形成几个大规模的出口产业集群，与东盟和长江沿线省份形成紧密的产业链关联；②在国际分工方面，近期通过扩大贸易提高参与国际分工的水平，远期通过扩大贸易和相互投资并重，争取实现全球价值链升级；③在市场拓展方面，近期以东南亚、南亚地位为产业外向发展的主要方向，远期努力扩展市场，实现出口市场的多元化；④在能力建设方面，近期以改善生产要素质量，巩固现有的比较优势为主，远期通过提升产业创新能力，实现比较优势动态升级；⑤在产业外向发展方面，近期以加强与国内外企业的商品和要素交流为主，远期实现与国内外企业在研究开发、产品设计、市场拓展等各方面的深度合作。

2. 云南重点产业外向发展的目标

（1）高原特色农业外向发展目标。

借鉴澳大利亚和新西兰的发展经验，以云南立体气候、高原生态环境为依托，推动生态农业的外向发展，将云南建设成为西部地区重要的外向型特色优势产业基地，我国重要的出口优势特色农产品生产加工基地、生物产业基地。

重点发展的产业：蔬菜、花卉、畜牧、烤烟、林果、生物资源产业。培育云南特色农业品牌，发展特色农业产品的精加工和深加工，提高农业产品的附加值。积极开拓农产品的出口市场，重点是东盟、中东和欧美市场。

农业外向发展方向有以下4个。

第一，积极推进农业的现代化进程，基于云南立体气候优势和独特的农业资源优势，培育和壮大特色农牧业，推进农业产业化和现代化，推动农牧业资源优势向产业优势、经济优势转变。

第二，农产品生产的标准化。在国际市场竞争激烈的条件下，农产品生产符合国际标准已经成为农产品进入国际市场的重要条件之一。在推动农业发展的过程中，按照国际标准，推进农业生产过程的标准化、加工过程的标准化、检验检疫过程的标准化，全面提升农产品进入国际市场的能力。

第三，依靠科技进步改造传统农业，延伸产业链。通过科技进步，逐步改变传统农业粗放型的增长方式，走集约化的农业发展道路。大力发展特色农副产品的精深加工，积极延伸产业链，提高农副产品的附加值。

第四，农业与服务业融和发展，大力发展农业配套服务业，建设农产品国际营销和物流体系，支持农业产业化和外向发展。

（2）服务业外向发展的目标。

跨境服务业的发展要紧密围绕"互联互通"这一主题，发挥云南的区位优势，使跨境服务业成为云南服务业外向发展的重要支撑。

重点发展的产业：跨境金融服务业、跨境生产性服务业、跨境旅游业。

服务业外向发展的方向有以下4个。

第一，加强与东盟国家的"互联互通"。利用国家开放战略和区域经济合作机制，深化与东盟国家在运输、仓储、货代等物流相关领域的合作，加强与东盟、中亚国家的双边、多边区域物流合作，开展物流方面的政策协调和技术合作，为贸易和投资的发展提供支撑。统筹考虑云南与东盟、云南与西部各区域物流基础设施的建设与对接，引导物流资源的跨区域整合，完善物流信息平台和设施建设，提升跨国、跨区域物流发展的整体协同效率，规范物流市场秩序，提升供应链管理能力和市场竞争力，降低物流成本在总成本中的比重。

第二，跨境金融服务业发展。以沿边金融综合改革试验区的建设为中心，加快昆明区域性金融中心的建设，鼓励银行业及其配套金融服务业"走出去"，在周边国家设立分支机构，开展跨境金融服务。推动金融业以人民币离岸结算中心为依托，根据贸易和投资发展的需求，扩大跨境金融服务的范围，从整体上提升金融业国际化发展的水平。

第三，提升会展经济的影响力和效益。以南亚博览会、昆交会等为平台，大力发展会展经济。巩固南亚博览会和昆交会的举办基础，精心策划每届展会主题，给予展会准确的行业定位，多举办品牌化、专业化、规模化和高品质化的特色展会。重视会展基础设施的建设，如展厅、环境、交通、商贸、旅游、金融以及商检、海关等配套设施。整合会展资源，形成以南亚博览会为龙头的"大会展"格局。

第四，促进旅游产业的国际化发展。旅游业作为具有先导作用和强关联带动作用的产业，历来是服务业外向发展的重点产业。云南自然风光绮丽，风景名胜众多，民俗风情独特，历史文化绚烂，旅游资源丰富，和周边国家具有互补性。应充分发挥旅游资源优势，不断提升旅游品质，开拓国际市场，积极吸引国内外游客。利用与周边国家的旅游资源互补性，拓展和延伸跨境旅游产品、线路和项目。

（3）制造业外向发展目标。

制造业的外向发展一方面要巩固现有优势产业的发展，以提高产品附加值、延伸产业链为目标，另一方面要大力发展新兴产业，提高新兴产业的出口比重。

以云南传统的优势出口产业如化工产业、有色金属产业为基础，向深加工、精加工发展，提高产品的附加值和出口效益。以周边国家人民生活水平的提高为导向，承接产业转移，发展日用化工、消费品等轻工业，以及机电设备制造业。发展生物医药、新能源、信息服务等产业并推动这些产业产品的出口。

制造业外向发展的方向有以下4个。

第一，推动高端装备制造业出口。根据云南装备制造业的发展基础和国外市场需求，在大力推广应用自动化控制技术、精密制造技术、装备制造业网络制造等关键技术、共性技术的基础上，提升装备制造业的国际竞争力。争取在大型铁路养护机械、物流自动化成套设备、机床、电力装备、汽车柴油发动机、重矿化冶成套设备、光电子、新型节能降耗设备、环保设备以及为之配套的功能部件等产品的出口上取得突破。

第二，推动新材料产业产品出口。在原有冶金、化工产业的基础上发展新材料产业，以新材料产业产品的出口逐步替代冶金、化工原材料的出口。通过完善创新平台，推动新材料企业创新集成和重大产品开发，突破一批核心技术，形成新材料产业创新链。通过加快新材料产业化基地建设和园区建设，培育一批市场竞争力强的企业，推动产业集聚集群发展，形成新材料产业上下游协调配套生产链。争取形成以特种金属新材料、光电子新材料、化工新材料、无机非金属新材料和前沿新材料为主体的优势出口产品。

第三，推动生物医药产业出口。依托生物资源优势，提高新药创制能力，开发生物技术药物，继承和创新相结合，挖掘云南药品著名品牌的发展潜力，打造云南药品系列产品，提高云南药品著名品牌的国际知名度和市场认可度。利用周边国家的生物资源，进一步强化生物医药优势，推动生物医药产业国际化。构建生物医学工程技术创新体系，提升新型生物医学工程产品开发能力。

第四，推动能源产业出口。利用云南水利资源丰富、日照时间长、风力发电条件好的优势，大力发展水电、太阳能光伏发电和风能发电产业。利用云南家用新能源产品和小型设备相对于周边国家的技术优势，推动这些产品的出口。

第三节　云南产业外向发展的实现路径

一　整合产业园区，打造出口产业基地

目前云南全省范围内已经建设了不少产业园区。这些产业园区之间发展水平差距很大，产业分工关系不清晰、特色不突出、相互间不配套。园区之间没有形成有效的产业链，规模效应没有发挥，甚至存在一定程度的同质化竞争和产能过剩。还有部分园区为完成招商引资任务，引进项目产业层次低，大多处于价值链的中低端，甚至引进一些低端的资源粗加工类型企业，缺乏能够带动外向型经济发展的大项目。因此，应在现有园区的基础上整合资源，构建和优化园区之间的产业链结构，通过园区整合提高

云南产业配套能力，增加园区对国内外投资者的吸引力。

整合产业园区可以从以下几个方面进行：①明确产业园区的主体产业，园区之间要分工明确，每个园区都要有核心产业；②划分园区的发展层次，构建园区之间的产业体系，以高等级的园区为中心园区，周边次级园区为中心园区的配套园区，利用园区整合提高云南产业配套能力；③严格制定园区的产业进入标准，防止盲目引进，盲目引进不仅不能提升园区产业的发展水平，还挤占了真正适当的项目的发展空间；④重视引进大项目，特别是连带配套产业一起进入的综合性项目。

二 组织企业联合投资，创建境外产业园

境外产业园是目前我国海外投资的一种新模式，这种模式采用企业组团投资的方式，加上政府支持，能够克服单个企业投资的一些问题，并有利于东道国产业发展水平的提升。境外产业园有利于形成产业规模经济，在基础设施、政策等方面享受一些优惠。同时，能够摊薄东道国配套基础设施建设的成本，可以克服当地产业配套能力不足的问题，有利于东道国产业体系的完备。

云南周边三国的产业发展水平不高，产业配套能力较弱，投资环境还不完善，加速工业化的愿望迫切，企业联合投资创建境外产业园的模式较为适合。通过创建境外产业园，可以构建云南省内产业园区与境外产业园区之间的产业关联，从而有利于加强与周边国家的产业链联系。长远来看，境外产业园发展成熟后，还可以成为进一步向其他市场发展的基地。

三 以需求为导向，提高直接消费需求产品占云南产品的比重

云南产品结构过于集中在中间产品环节，而国内外产业发展的趋势表明，最终消费需求是决定产业发展的根本。从国际需求来看，增长较快的产业都是符合需求变化趋势的产业。从国内需求来看，需求对经济增长的拉动作用越来越大。2014年上半年，我国消费对 GDP 的贡献率已经达到 54.4%，消费对 GDP 的贡献已经超过投资，并且消费的重要性将会越来越大。这表明产业发展的主动权已经掌握在直接面对消费需求的产业手中。随着投资拉动中国经济增长的作用日益下降，云南以生产投资品为主的产

业将较为被动。

因此，云南只有调整产品结构，增加消费品占工农业产品的比重，才能争取产业发展的主动权。具体来说，有两个方面：一方面，是要根据国内需求的发展方向，首先利用国内市场做强产业，提高竞争力，形成规模优势再出口；另一方面，是要根据世界市场特别是周边市场的发展方向，利用云南的比较优势，发展消费品工业。

四　充分利用国家战略和国际合作机制，提升对外开放水平

深入研究云南在"一带一路"战略和桥头堡战略中的作用和定位，利用中国与东南亚和南亚的国际合作机制，提升云南对外开放水平。应从3个方面提高云南的对外开放水平：①建设中国面向东南亚、南亚的出口产品加工基地；②建设中国面向东南亚、南亚的物流中心，商品、服务、信息和要素的集散地；③建设中国面向东南亚、南亚的区域性金融中心。

五　重视对周边国家工业化进程的参与

云南产业不具备东部沿海地区产业所具有的资金、技术、规模、国际营销能力。在主流国际市场如欧美、日本市场上，云南缺乏有竞争力的产品，而且即使是同类的出口产品，其规模和竞争力也无法和东部沿海地区相比。而云南产业相对于周边国家有一定的竞争优势，地理上的接近性使得云南产业进入这些国家比较便利，这是云南相对于东部地区的特有优势。如果云南能够发挥这些优势，成为周边国家工业化进程的积极参与者，那么就能够在周边国家的产业竞争中争取主动，加速云南经济与周边国家的融合。

六　利用滇中产业新区加速出口产业基地建设

根据《国务院关于支持云南省加快建设面向西南开放重要桥头堡的意见》和《国家发展改革委关于印发〈云南省加快建设面向西南开放重要桥头堡总体规划（2012—2020年）〉的通知》，中共云南省委、云南省人民政府提出建设滇中产业聚集区，以加快转变经济发展方式为主线，以改革创新体制机制为突破口，以产业功能区为载体，努力使之成为云南省加快建

设我国面向西南开放重要桥头堡和实现跨越发展的重要支撑。滇中产业聚集区的建设将为云南产业水平的提升提供重要的载体,通过资源整合提升云南产业的集群化发展水平,为出口产业基地建设奠定基础。因此,应利用滇中产业聚集区加速出口产业基地建设。

第六章
云南外向型产业基地建设研究

第一节 从产业园区到产业基地：开放条件下云南专业化生产网络的构建

云南作为我国面向东南亚、南亚开放的国际门户，具有发展外向型经济的特殊区位条件。近年来，随着大湄公河次区域经济合作、中国－东盟自由贸易区建设、孟中印缅经济走廊建设、"一带一路"开放战略以及云南面向西南开放重要桥头堡战略等国家和省级开放战略叠加与协同推进，云南面临外向型经济发展的重要战略机遇，产业外向发展的基础条件不断改善。然而，与东部沿海省份相比，云南产业外向发展的基础仍然薄弱，产业集聚程度较低、技术优势缺乏、国际竞争力不强、制度环境不佳等依旧是制约云南产业外向发展能力提升的重要因素。在此背景下，如何通过产业基地建设，推动云南产业集聚与外向发展，就成为云南实施产业外向发展战略的关键环节。

一 产业基地的本质：一种高度专业化的生产网络

产业基地，即产业集聚体，其本质是一种高度专业化的生产网络，是由大量高度集中的核心产业、相关产业和互补产业基于地缘关系、产业链、供应链、技术链和创新链等在特定地理空间范围内所形成的一种高度专业化的生产网络。产业基地与产业园区显著不同，主要在于：产业园区具有较强的地域空间约束，园区内可能以一种产业为主，也可能为多种不相关产业的混合体；而产业基地的地域空间约束较弱，可以是园区型产业基地，也可以是非园区型产业基地，产业集聚具有专门化特征并内含高度专业化的生产网络。

在国际生产分割条件下，专业化生产网络的形成是产业基地推动特定产业高度集聚与外向发展能力提升的重要途径。专业化生产网络所产生的规模经济效应和溢出效应促成了产业集群的规模化和集群内部集体学习能力与创新能力的提升，对直接推动产业的高度集聚以及外向发展能力提升起到非常重要的作用。比如，美国硅谷、第三意大利、德国巴登－符腾堡等产业基地的集聚与创新效应对产业外向发展能力与国际竞争能力的提升起到了重要作用。不仅如此，外向化功能的嵌入（如政府的出口导向政策、保税与投资激励等）推动了外向型产业基地如出口加工区、综合保税区等的发展，促进地方专业化生产网络与全球生产网络的对接与融合。例如，山东半岛的制造业基地利用环黄海经济圈的有利区位条件，积极向东与日韩产业对接，成为承接国际产业转移的有效平台，形成紧密型的国家产业分工体系，为山东半岛外向型经济的发展奠定坚实基础。

二 云南产业基地发展的进程与困境

自1992年云南建立昆明高新技术开发区和昆明经济技术开发区以来，经过多年的发展，目前已形成一个较为庞大的园区经济体系。截至2015年，全省纳入统计的园区总数132个，覆盖了全省大部分县（市、区），包括了国家重点开发开放试验区、经济技术开发区、高新技术产业开发区、出口加工区、综合保税区、工业（产业）园区、边境贸易区、边境经济合作区、跨境经济合作区、物流园区、旅游度假区等园区发展类型。其中，省级以上园区（含6个国家级园区）70个。2014年，全省园区完成工业总产值9650.33亿元，其中规模以上工业总产值8887.1亿元，完成规模以上工业增加值2909.04亿元，占全省规模以上工业增加值比重达到81%，同时，主营业务收入超过500亿元的工业园区达到5个，主营业务收入超百亿元的工业园区达到22个。重点园区在云南园区经济发展中发挥了主导作用，70个省级以上工业园区完成全部工业总产值8571.29亿元，占全省园区工业总产值的比重为88.82%，省级以上工业园区规模以上工业企业实现增加值2609.04亿元，全省园区工业总产值的比重为89.69%。

产业园区是目前云南建设产业基地的主要平台，各产业园区结合地方资源优势和产业条件，普遍采用"园中园"建设模式，并结合主导产业带动发展的方式，由每个产业园区确立 1~3 个重点发展的主导产业，依托现有产业园区建设形成产业基地。以昆明市为例，依托昆明经济技术开发区、高新技术开发区及各类产业园区，在烟草及配套产业、磷盐化工产业、光电子产业、信息产业、生物产业、有色金属产业等领域形成了一批具备一定规模的特色产业基地。

更为重要的是，在沿边开放战略持续推进的背景下，云南沿边地区已初步建立了包含 1 个国家重点开发开放试验区（瑞丽国家重点开发开放试验区）、1 个国家级综合保税区（红河综合保税区）、3 个国家级跨境经济合作区（中越"河口－老街"、中缅"瑞丽－木姐"、中老"磨憨－磨丁"跨境经济合作区）、10 个边境经济合作区（包括 4 个国家级边境经济合作区和 6 个省级边境经济合作区）、2 个边境贸易区（姐告边境贸易区和磨憨边境贸易区）以及以重点口岸为依托的各类产业园区的沿边外向型产业园区体系（见表 6－1）。

表 6－1　云南沿边地区的外向型产业园区体系

国家重点开发开放试验区	瑞丽国家重点开发开放试验区
国家级综合保税区	红河综合保税区
跨境经济合作区	中越"河口－老街"跨境经济合作区（国家级）
	中缅"瑞丽－木姐"跨境经济合作区（国家级）
	中老"磨憨－磨丁"跨境经济合作区（国家级）
边境经济合作区	瑞丽边境经济合作区（国家级）
	畹町边境经济合作区（国家级）
	河口边境经济合作区（国家级）
	临沧边境经济合作区（国家级）
	麻栗坡（天保）边境经济合作区（省级）
	耿马（孟定）边境经济合作区（省级）
	腾冲（猴桥）边境经济合作区（省级）
	孟连（勐阿）边境经济合作区（省级）
	泸水（片马）边境经济合作区（省级）
	勐腊（磨憨）边境经济合作区（省级）

续表

边境贸易区	姐告边境贸易区
	磨憨边境贸易区
以重点口岸为依托的各类产业园区	一类口岸（16个）：①公路口岸（河口、天保、金水河等）；②水运口岸（思茅港、景洪港）；③航空口岸（昆明、丽江、西双版纳机场口岸）
	二类口岸（7个）：公路口岸（孟连、片马、盈江、长凤、南伞、沧源、田蓬）

依托云南沿边地区各类型的外向型产业园区，凭借沿边地区的产业发展优势与区位条件，一批具有优势特色的外向型产业基地初步形成。例如，瑞丽市依托瑞丽国家重点开发开放试验区、中缅"瑞丽－木姐"跨境经济合作区、瑞丽边境经济合作区、姐告边境贸易区等重要园区平台，初步建立了红木家具产业、珠宝玉石首饰产业、装配制造业、生物特色产业、轻纺业、电子信息产业等外向型产业基地，产业外向发展模式从过去单一的边境贸易、边民互市扩大到一般贸易、过境贸易、转口贸易等多种贸易方式，经贸合作领域由过去单一的进出口贸易向双向投资和服务贸易等领域拓展。再如红河州，依托红河综合保税区、中越"河口－老街"跨境经济合作区、河口边境经济合作区等产业园区平台，重点发展矿产资源、农林产品、现代物流、进出口保税加工、国际会展、金融保险服务、宾馆餐饮等主导产业并建立出口加工基地，推动了地区外向型产业发展。

尽管目前云南形成了类型丰富的产业园区体系，为产业基地建设提供了非常重要的基础平台，然而，从目前云南各类产业园区以及产业基地建设的总体状况来看，外向化功能不足、产业集聚程度较低、功能重合与产业同构、发展模式缺乏创新性、缺乏有效的要素条件与政策环境支撑等问题凸显，制约了外向型产业基地的基本功能发挥以及产业外向发展水平的提升。

其一，外向化功能不足。目前云南产业基地支持产业外向发展的基础功能仍相对薄弱，主要原因在于各依托平台（如各类产业园区）及以"园中园"模式建立的产业基地缺乏明晰的外向化功能定位。比如，以"园中园"模式建立于昆明经济技术开发区的昆明信息产业基地、昆明光电子产业基地等由于缺乏明晰的外向化功能定位,在发展过程中缺乏行之有效的培育和引导产业外向化发展的具体方案与措施。以经济技术开发区为例,表6-2显示了我国不同区域国家级经济技术开发区的进出口情况,从进出口总额来看,昆明经济技术开发区外向发展水平与东部地区同类园区存在非常大的差距,并且在中西部区域也不存在较为明显的外向化发展优势。由此表明,外向化功能相对不足是制约云南外向型产业基地建设的首要因素。

表6-2 国家级经济技术开发区进出口情况比较

单位:亿美元

区域	国家级经济技术开发区	2013年1~6月			2012年1~6月		
		出口额	进口额	进出口额	出口额	进口额	进出口额
东部	昆山经济技术开发区	214.19	114.3	328.49	205.74	114.30	320.04
	苏州工业园区	212.76	180.24	393	202.71	186.66	389.37
	广州经济技术开发区	75.44	101.22	176.66	84.10	110.84	194.94
	天津经济技术开发区	106.61	137.34	243.95	106.76	116.93	223.69
中部	武汉经济技术开发区	6.19	10.37	16.56	6.12	9.80	15.92
	哈尔滨经济技术开发区	6.68	13.77	20.45	5.51	11.36	16.87
	合肥经济技术开发区	9.05	6.85	15.9	6.49	5.50	11.99
	芜湖经济技术开发区	12.30	6.30	18.6	13.00	4.10	17.1
西部	乌鲁木齐经济技术开发区	14.22	6.64	20.86	15.52	7.66	23.18
	西安经济技术开发区	4.67	7.00	11.67	4.85	5.36	10.21
	昆明经济技术开发区	9.47	11.59	21.06	0.83	2.52	3.35
	成都经济技术开发区	3.04	10.28	13.32	2.15	7.76	9.91
	重庆经济技术开发区	2.30	0.31	2.61	2.34	0.16	2.5
	曲靖经济技术开发区	0.76	0.02	0.78	0.24	0.01	0.25

资料来源:中华人民共和国商务部。

其二,产业集群化发展仍处于低水平状态。从云南全省的产业园区建设情况看,产业在园区的"堆积"现象较为普遍,园区内的产业衔接与互动能力较差,无法形成完整的产业网络,从而导致云南大部分产业园区或产业基地尚未形成高度化的产业集群发展状态,上下游产业链整合与知识外溢效应得不到充分体现,制约了产业整体竞争优势的提升。尽管目前云南在一些重点优势产业上形成了具备一定规模的产业集群,如昆明装备制造产业集群、昆明黑色金属产业集群、昆明磷化工产业集群、玉溪农产品加工产业集群、通海五金机电产业集群、普洱茶产业集群、普洱林产业集群、普洱农产品加工集群、个旧有色金属产业集群、兰坪有色金属产业集群、文山三七产业集群等,但与沿海和西部的部分发达省份相比,产业集群数量少、规模小、效益低等问题仍然是制约云南产业集群化发展的主要因素。为了便于分析,我们比较了云南与东、中、西部省份优势产业集群①的发展状况(见表6-3),结果显示,云南优势产业集群数量较少,产业集群的聚集度处于全国中等偏下水平,产业集群化发展水平仍然不高。此外,云南的产业集群主要集中于资源型产业,高新技术产业集群发展缓慢,尚未形成具备较强竞争力的产业体系。

表6-3 云南与全国各省份的优势产业集群发展比较

单位:个,%

区域	省份	优势产业集群数量	聚集度	出口率	创新率	利润率	增长率
东部地区	北京	177	4.6	11.7	27.3	4.3	29.6
	天津	109	5.0	28.9	21.6	5.9	35.8
	河北	163	4.7	10.5	4.4	11.2	37.6
	辽宁	139	5.9	19.8	13.8	3.4	49.5
	上海	359	4.7	27.3	9.8	4.3	32.9
	江苏	678	5.1	24.0	7.0	4.6	40.2
	浙江	561	5.1	36.3	12.0	4.6	37.8
	福建	171	5.1	44.0	2.9	5.0	33.4
	山东	661	5.2	15.5	5.6	14.2	54.5
	广东	608	5.6	40.4	4.5	4.0	27.8
	海南	4	15.0	2.2	0.0	0.8	10.4

---

① 选择行业产量占全国比重前十位的产业集群作为优势产业集群。

续表

区域	省份	优势产业集群数量	聚集度	出口率	创新率	利润率	增长率
中部地区	山西	48	4.9	7.7	5.3	3.0	34.1
	吉林	43	6.4	6.5	13.4	4.8	39.0
	黑龙江	3	4.5	9.2	8.6	18.4	66.0
	安徽	35	4.0	18.8	11.1	4.0	40.1
	江西	48	4.8	14.8	9.2	4.4	64.9
	河南	177	5.6	5.9	5.4	14.7	53.5
	湖南	98	5.9	10.3	9.4	5.1	57.4
	湖北	105	6.2	7.4	7.6	4.9	36.7
西部地区	内蒙古	40	6.4	8.7	1.2	4.9	70.4
	广西	60	4.9	13.6	9.4	4.2	30.1
	重庆	112	4.5	8.2	28.0	3.3	41.2
	四川	35	5.1	7.4	16.0	4.5	40.2
	贵州	26	4.4	2.8	10.9	4.5	41.3
	云南	21	5.1	6.6	2.3	5.5	34.3
	陕西	45	6.5	7.8	15.9	3.4	32.2
	甘肃	59	9.3	5.6	8.7	0.4	25.4
	宁夏	10	5.3	19.0	11.3	1.5	33.5
	青海	5	3.5	15.8	2.9	1.5	18.0
	新疆	4	6.2	7.1	0.2	5.3	30.9
	西藏	1	1.2	1.7	1.0	0.3	14.9

其三，产业园区功能重合与产业同构现象较为普遍。行政区划式的产业园区体系结构容易导致各地区产业园区或产业基地建设各自为政，难以从全省宏观层面对整个产业园区体系及产业基地的建设制定总体和系统规划，地方政府容易在追求政绩的目标驱动下盲目引进产业项目和扩大产业园区规模，致使全省层面大多数产业园区或产业基地功能重合与产业同构的现象较为突出。从整体看，云南大多数地区产业园区中的主导产业集中在化工、建材、冶金、制药产业以及以糖、茶、绿色食品加工等为主的农特产品加工业，园区之间的产业同构现象较为普遍，园区发展与本地资源优势和产业基础的结合点较为模糊。从沿边地区的主要外向型园区来看，

园区发展也存在功能层次重叠、缺乏统一规划与功能整合等问题。以跨境经济合作区为例，跨境经济合作区与边境经济合作区最明显的区别在于，跨境经济合作区是一个跨越边境线的经济区，因而跨境经济合作区建设特别需要相邻两国政府对本国所涉及跨境经济合作区的区域做出一定的主权让渡，进而对边界两侧的主权让渡区实施共管与主权共享，从而利用边界两侧的比较优势联合构建综合生产网络。然而，从目前云南沿边地区三大跨境经济合作区的总体规划与功能界定来看，其仅作为一种边境经济合作区的高级形态出现，规划缺乏稳定有效的双边深层次合作机制支持，致使功能定位仅强化于本地区域并与边境经济合作区存在一定的功能重叠现象。同时，三大跨境经济合作区的发展规划大同小异，缺乏针对性。

其四，产业基地创新驱动能力不足，在产业链中所处层次仍然较低。目前云南大部分产业基地仍然处于低层次集聚状态，基地内企业研发能力不足，尤其是对产业核心技术、关键技术的研究开发能力较弱，产业发展仍然处于产业链的中低端。以花卉产业为例，云南目前拥有呈贡、西双版纳、中甸三大花卉生产基地，然而由于缺乏对产业核心技术和关键技术的较强研究开发能力，主要花卉品种、栽培技术等仍然严重依赖进口，在国际上具有自主知识产权的新品种、新技术较少，大部分花卉产品仍然处于产业链的中低端。再如，云南在多个地区如个旧、保山、澜沧等建立的多个金属矿产资源开发基地尽管具有较大的产业规模，但相关产业基地的金属矿产资源生产企业主要集中在金属矿开采与冶炼环节，先进技术体现为采选与冶炼技术，而中间产品和应用产品的生产技术含量缺乏竞争力。产生以上问题的主要原因在于：一方面，现有产业基地的产业链条较短，缺乏从国际范围对先进技术的引进和消化吸收以及产业链整合，企业缺乏有效的技术创新激励环境，内生的研究开发能力难以得到显著提升；另一方面，由于信息不对称和利益共享机制缺失，产学研相互脱节，高等院校和科研机构的诸多高新技术成果、先进适用技术无法与产业基地对接，有利于先进技术在产业基地内部溢出和扩散的良性机制尚未形成。

其五，产业基地缺乏完善有效的要素条件与政策环境支撑。目前云南产业基地建设普遍存在要素制约与政策支持不足等问题。在要素条件方面，大多数产业基地面临土地成本过高、融资困难、人才缺失等问题。同时，部分园区及产业基地还缺乏比较完善的基础设施和相对高效的配套服务体系，在一定程度上制约了产业基地发展。在政策环境方面，产业基地尤其是外向型产业基地建设缺乏有针对性的优惠政策的有效支持。以沿边地区的边（跨）境经济合作区与边境贸易区为例，这些园区几乎都存在土地、金融、财税政策支持不足等问题，尤其是跨境经济合作区缺乏可执行的优惠政策的支持，从而使其功能发挥受到限制。同时，沿边地区园区建设的现有优惠政策未能体现与非沿边地区优惠政策的差异性，如磨憨边境贸易区没有享受任何不同于内地的优惠政策，从而导致产业基地缺乏符合本地区位与产业特征的更具针对性的产业外向发展支持政策。

三 云南产业基地发展的模式选择：来自沿海发达地区的经验借鉴

如何选择合适的发展模式以充分整合云南产业基地建设的基本条件和要素，是云南发展产业基地、支持产业外向发展过程中需要解决的一个关键问题。从沿海发达地区产业基地发展的现实经验来看，产业基地实际上有4种类型，分别为园中园型产业基地、专业镇型产业基地、供应链城型产业基地和跨区域集群链型产业基地，并由此形成产业基地发展的4种典型模式。

1. 园中园型产业基地模式

园中园模式是目前国内建设产业基地普遍采用的基本模式，该模式主要依托于现有的开发区（如经济技术开发区和高新技术开发区等）和产业（或工业）园区，如昆明高新区的有色和稀贵金属产业基地、生物产业基地等。该模式能够直接利用现有园区已经形成的基本平台与配套设施，有利于快速或以较低成本建立新的产业基地。目前云南大部分产业基地是通过此种模式建立并快速成长的。

2. 专业镇型产业基地模式

从空间结构来看，专业镇型产业基地模式以城镇为基本单元，根据不同城镇的产业发展条件，由一个城镇或几个相邻城镇的相关企业共同生产一种或某些相似的产品，并在海外销售或为客户贴牌生产。目前我国沿海大量外向型产业基地依此而形成，其是以城镇为单元的一种产业基地空间组织形态，如东莞大朗和宁波的服务业产业集群。从企业集聚类型看，此类模式可以形成水平型、垂直型或二者兼有的产业基地组织结构。水平型的组织结构要求城镇之间生产较为相似的产品，专业化分工主要体现在城镇内部，垂直型的组织结构则要求城镇之间展开密切的分工合作，并使产品实现上下游配套，而现实中此类产业基地的组织结构则更多兼有水平型和垂直型的特征。

专栏1："一镇一品"模式典型案例——浙江诸暨袜业基地

浙江诸暨是我国每年出口美国6亿多双袜子的重要外向型产业基地，大唐镇和草塔镇分布着2000多家袜子生产企业，年产30多亿双袜子。配套的还有大量的原料生产企业、原料经销商、缝头卷边厂、印染厂、定型厂、包装厂、机械配件供应商、袜子营销商和托运服务企业等，120个村庄90%的人从事与袜业相关的职业。

3. 供应链城型产业基地模式

20世纪90年代以后，在我国沿海一些专业化中小企业集群的基础上出现了某些核心企业或者由地方政府投资建设的大型工业园区。在园区中，核心企业与配套企业形成上下游的垂直产业联系，被称为供应链城。在后来的发展中，供应链城模式的运用从园区逐渐扩展至一些发展条件较好的产业区或卫星城，依照供应链城模式建立产业基地。在供应链城内，企业之间通过上下游关系而非产权联系而集聚，企业间分工已经深入价值链的各个环节，如生产环节与设计、营销环节是由不同类型企业承担的。在一个供应链城内，可能集聚价值链的多个环节，甚至包括从设计、生产到销售的整条价值链。

专栏2：供应链城典型案例——联泰公司

"供应链城"的提法最早出自服装制造商联泰公司。联泰在广东东莞、清远、番禺和福建晋江相继建设了这种大型的供应链城。在供应链城内，上游是辅料商，下游是品牌商和零售商，联泰将自身定位在供应链中游的制造环节，并利用上下游资源，大大缩短了设计过程。客户进行款式设计和面料选择，联泰则参与改进样品和高效组织生产，并整合部分当地中小企业的资源。在供应链城内,上下游厂商集聚,使采购商有效降低采购成本。联泰还建立了高效的信息技术系统进行营销,使其从服装制造商逐渐转变为服装制造的服务商。

4. 跨区域集群链型产业基地模式

跨区域集群链模式强调通过弱化行政区边界,在地理位置相邻的地区产业群之间展开密切的专业化分工,以此形成跨区域的集群链型产业基地。在我国沿海地区,一条价值链往往可以穿过不同区位的多个产业集群,这种集群间的相互配套,不仅体现在价值链的制造环节之间,而且表现在价值链的研发、营销与制造等环节之间,即制造业集群和生产者服务业集群之间相互支持。比如,在广东省内,顺德的家电产业集群和中山的家电配套产业集群已发展成为两个相互呼应、相互衔接、相互配套、相互促进的大型特色产业集群,并以价值链为核心共同成为广东省跨地区的大规模家电产业基地。

总体而言,产业基地发展究竟采用何种模式不仅与当地产业外向发展条件有关,而且与国际生产分割条件下当地专业化生产网络嵌入全球生产网络的方式和环节有关。对于云南而言,在一些产业集聚条件较好的地区,通过吸引相关企业集聚和强化上下游产业链联系,可采用供应链城型模式或专业镇型模式建设一批产业基地。而对于云南的主导优势产业如烟草、有色金属等产业,应强化不同地区尤其是临近地区细分产业群价值链的分解与重构,形成贯穿多个地区的完整产业集群链,并以此构建跨区域集群链型产业基地。

第二节 云南园中园型产业基地建设

一 园中园模式在云南产业基地建设中的现状与问题

园中园是目前国内建设产业基地普遍采用的模式,园中园模式主要依托现有的开发区(如经济技术开发区和高新技术开发区等)和产业(或工业)园区,通过强化功能区分,在园区内规划特定区域,建立以主导产业为核心的专门化产业基地。园中园模式发端并盛行于沿海发达地区，该模式发展的主要动因是承接来自全球范围的产业转移，并通过承接产业延长现有产业链条，进而促进园区内特定产业集聚。园中园模式有效地解决了传统园区内产业分散化或"产业堆积"问题，能够依托和整合现有园区平台、产业配套条件、要素与政策条件等，促进产业集聚与外向发展能力的提升。

目前，园中园模式已成为云南改造传统产业园区，促进产业集聚与建设产业基地的普遍模式。从省内来看，将近80%的产业基地通过园中园模式建立形成。比如，以园中园模式在昆明高新区建立的有色和稀贵金属产业基地、国家生物产业基地等；以园中园模式在昆明经开区建立的新材料产业基地、信息产业基地、光电子产业基地等；红河工业园区通过引进昆钢和云锡而建立的昆钢红河产业园和云锡产业园，并以此形成了具备一定规模的钢铁产业基地和锡矿产业基地；玉溪红塔工业园区以园中园模式构建招商引资平台和创新园区建设模式。

然而，目前云南以园中园模式发展产业基地过程中存在一系列突出问题，主要表现在以下方面。

其一，云南以园中园模式发展产业基地在一定程度上缓解了传统园区存在的"企业堆积"现象，进一步促进了云南特定产业的集聚与专业化生产网络的形成，然而，目前云南大部分产业基地的集聚能力仍然较弱，普遍体现为同类或相似企业横向集聚，企业之间及关联产业的纵向一体化能力不强。以云南光电子产业发展情况看，虽然云南省光电子产业在红外及微光夜视、太阳能光伏等领域具有一定的特色，但是仅仅涉及少数几个产品或产品链中的几个环节，且空间布局较为分散，缺乏产业链上下游的配套产业和物流、通关、专业咨询服务等共性服务企业，这种离散化的产业组织结构既没有形成较为完整的产业链，也不具备产业集群竞争优势。

其二，行政区划下的产业园区体系结构容易导致各地区以园中园模式所建立的产业基地功能雷同与产业同构，相同或类似产业的生产网络分散化布局影响了产业集聚能力的提升。

其三，云南大多数产业基地缺乏外向化功能的有效嵌入，产业基地支持产业外向发展的能力较弱。从目前云南大部分产业基地建设情况来看，普遍缺乏清晰的外向化发展定位，产业基地对外开放的深度和广度不足，主要体现为本土产业基地的专业化生产网络尚缺乏与全球生产网络的有效对接与融合，产业基地在进出口生产加工、承接国际产业转移、跨境产业合作与投资、综合保税等方面仍然相对滞后。

二　云南建设园中园型产业基地的思路与模式

云南发展园中园型产业基地支持产业外向发展的总体思路是：依托全省重点园区平台，以国际市场为导向并结合云南优势产业发展条件，建设一批园中园型产业基地，在全省形成"一心多区"的产业基地空间发展格局。"一心"指以滇中经济圈为核心，依托该区域内的重点园区如昆明经济技术开发区、昆明高新技术开发区、安宁工业园区、呈贡工业园区、曲靖南海子工业园区、楚雄工业园区、红塔工业园区等，充分结合滇中产业新区在高端装备制造、新材料、生物医药、绿色食品加工、钢铁、化工、建材、能源等领域形成的较为成熟的产业发展条件，采用园中园模式建设一批新兴优势产业基地。"多区"指除了滇中经济圈以外发展相对成熟、产业基础条件较好的经济区域，包括滇西片区、滇东北片区和滇南片区等，在这些片区应结合区域产业发展特色和条件，强调错位发展和功能互补，选取具有较强国际竞争优势的产业链环节，各区域选择 2~3 个重点园区以园中园模式建立一批特色产业基地。

具体来看，结合省内各大重点产业园区发展情况，适用于采用园中园模式建立产业基地的重点产业归纳如下（见表 6-4）。

表 6-4　适用园中园型产业基地模式的重点产业

园中园型产业基地	重点产业
	烟草加工、冶金化工、光机电制造加工、生物医药、电子信息、新材料、新能源、农特产品精深加工、现代物流等

云南具体产业基地专业化生产网络的架构方式，可借鉴国内外产业集聚形态的两种具体模式，第一种模式为横向专业化生产网络，第二种模式为纵向专业化生产网络（见表 6-5）。第一种模式是以劳动力和产品等市场联系而形成的相同或相似工业企业集群，由于横向型产业结构

的联系较弱，企业之间连片布局的要求不高，因此产业基地的空间组织结构较为松散；第二种模式在生产技术、流程、产品衔接上具有较强的连续性，要求这些关联度密切的上下游企业按生产流程有序地布局在同一空间地域，使企业的边际效益最大化和外部失效最小化，从而获得较高的集群效益，此种模式往往需要精心规划并确保产业链上下游之间无缝衔接，以提高集群效益。

表6-5 横向型和纵向型专业化生产网络

项目	横向型	纵向型
生产方式	柔性	柔性或刚性
产业性质	技术密集型	技术或劳动密集型
规模等级	中小型	大中型
功能结构	融合型	融合型或单一型
空间形态	点状	带状或组团状
空间结构	离散型	连片型
区位选择	与行政等级相对应	随机性强

根据云南不同类型产业的发展条件及其在全球价值链中的分工环节，一般而言，处于成长期的云南新兴优势产业如信息产业、光电子产业、高端装备制造业等，应通过培育和强化其具有比较优势的特定价值链环节来参与国际分工，适宜于采用横向型生产网络结构，而对于省内的传统优势产业如烟草、冶金、生物等产业，则适宜于通过延伸价值链方式参与国际分工合作，应采用纵向型生产网络结构。

第三节　云南专业镇型产业基地建设

一　云南专业镇型产业基地的发展现状与问题

所谓专业镇型产业基地，是指在一个镇区内，大多数企业围绕着一个或少数几个相关产品而形成生产的专业化分工网络。从经济理论上看，专业镇经济的形成首先是商品经济和专业化分工发展的结果。在越来越频繁的商品交易中，一方面，根据各地区资源禀赋、地理位置和生产传统的差异，使一个地区与另一个地区形成不同的产品专业化分工，即一个镇区专门从事某一种或相关少数几种产品的生产，而另一个镇区则从事另外的某一种或相关少数几种产品的生产。从生产的空间网络角度看，不同的镇区就类似于某一种产品的生产基地。另一方面，在一个镇区内的企业虽然生产同一种产品，但每个企业只从事某一个产品某个生产环节的活动，或者说，一种产品分别由不同的企业来完成，从获取原材料到产品加工组装，再到最终产品的分配和销售，是由不同的企业来完成的，而不是一个企业内部组织完成的。我们把前者的分工联系看成专业镇型横向一体化过程，把后者看成专业镇型纵向一体化过程。

以广东为例，超过 10 亿元社会总产值的建制镇为 274 个，占全省 1551 个建制镇的 17.67%。考察这些社会总产值在 10 亿元以上的镇，我们会发现一个共同的特点，那就是这些镇基本上是靠专业产品支撑起来的，比如，古镇的灯饰、小榄的五金制品、黄圃的腊味、沙溪的服装、澄城的玩具、西樵的纺织、大沥的铝型材制品与摩托车、盐步的内衣等。这种以专业镇形式发展起来的产业基地，为广东产业外向发展提供了重要支撑。

从云南情况来看，云南专业镇型产业基地发展基础较为薄弱，以镇区为单元的产业发展"碎片化"问题较为突出，尚未形成具备一定专业化规模优势的主导产业集群。从全省情况看，部分发展较好的专业镇如下。一是通海五金机电产业群。截至 2015 年，通海全县五金机电产品生产加工企业已发展到 1100 多家，其中具有一定规模和生产能力（年产值 500 万元以上）的生产企业有 100 多家，以家庭作坊为主的私营个体加工户 1000 多户，从业人数有 16000 多人，初步形成了以纳家营、杨广等镇区为支撑的专业镇型五金机电产业基地，主要形成了以电力装备、有色金属加工、标准件、建筑五金、农机农具、汽车及内燃机零部件、机床铸件及矿用耐磨材料七大类产品。二是普洱市茶产业群。以镇沅五一茶厂为核心，景谷、镇沅、景东围绕五一茶品牌，发展为名优绿茶生产加工片区。依托江城牛洛河茶叶公司红碎茶、功夫红茶生产线，江城县、孟连县重点发展优质红茶加工。三是兰坪铅锌矿产业群。以金顶镇凤凰山铅锌矿为例，该矿区由北厂、架岩山、蜂子山、南厂、白草坪、西坡和跑马坪 7 个矿段组成，面积约 8 平方公里，累计探明的铅锌金属储量为1553.29万吨，矿区潜在经济价值1000多亿元。金顶凤凰山铅锌矿通过资源整合，目前已形成了采、选、冶一体化的生产格局。四是呈贡斗南花卉产业群。斗南的花卉产业以百合、玫瑰等为主打产品，花卉交易主要集中两大市场，即斗南花卉集中交易市场和斗南国际花卉拍卖市场，形成了包括种苗繁育、成品栽培、采后处理、市场营销等较为完整的产业链，成为亚洲鲜花交易量最大的市场。五是文山三七种植与加工产业群。目前，全州共有73个乡镇共18925户农户从事专门的三七种植和加工产业，整个三七产业已形成基地化、商品化、规模化格局，在特安呐、今泰得、七花、金不换、金达利、七星和古林药业7户标准化三七加工企业的带动下，全州三七加工企业共生产药品、保健品、化妆品、食品四大类119个产品，以日本、泰国、越南为重点市场的产品出口取得较快增长。

从云南目前专业镇型产业基地发展现状来看，存在的突出问题主要如下。

其一，尽管云南形成了一批具备一定产业特色的专业镇，但专业镇数量和规模与沿海发达地区相比差距依然很大。以曲靖市为例，截至2015年底，全市专业镇数量为17个，占全市建制镇比重为30.91%，但这些专业镇的规模普遍较小，几乎没有社会总产值超过10亿元的专业镇。与广东对比，截至2015年底，广东省专业镇数量达到399个，超过10亿元社会总产值的建制镇为274个，占全省专业镇比重达到68.67%。以上初步表明，无论是数量还是规模，云南专业镇发展水平相对于沿海发达地区仍然较为滞后。

其二，云南专业镇产业结构单一，发展层次不高。从专业镇产业结构来看，云南大部分专业镇集中于农业及简单的农产品加工业，少量专业镇涉及机电制造、金属材料等其他传统产业类别。与广东对比，广东省专业镇涉及30多个产业，既包括机械、五金、纺织服装、家电、家具、建材、陶瓷等传统产业，也包括电子信息、创意设计、电子商务、新能源、LED等新兴产业。由此看出，云南专业镇产业结构仍然单一，且主要围绕传统产业或传统产业链环节进行简单加工生产，专业镇产业发展层次不高。

其三，云南专业镇内部的生产网络结构主要体现为横向一体化，同类或相似企业在镇区的集聚较为普遍,镇区内部企业生产或提供基本相同的产品或服务。并且,云南专业镇与专业镇之间尚未形成纵向一体化,产业链延伸能力非常弱。从美国硅谷的发展经验来看,硅谷是一个专业化的生产基地,在纵向一体化生产网络所形成的分工效应推动下,来自世界各地的软件开发资源在此集聚,从而形成高度专业化的生产网络。再看沿海地区如中山市古镇,基本上形成了纵向一体化的灯饰生产链条,原材料、配件、组装、设计、销售等环节分别由不同的企业完成,基本形成了较为完整的纵向一体化产业链条。

二 云南发展专业镇型产业基地的基本思路

在全省范围内以镇区为单元推进专业镇型产业基地建设,倡导镇区间因地而异发展特色产业基地,每个镇区至少形成1个竞争力强的主导产业,培育至少1个优势特色产业集群,形成具有较强竞争能力的镇域产业。镇域产业的选择应紧密结合地方产业发展特色,并根据全省外向型产业基本布局要求,精选具有本地优势同时具备较大外向发展潜力的细分产业或产业链环节进行专业化生产。重点产业包括农产品精深加工、五金制品、家具建材、小家电生产加工、机械装配等产业。

在建设模式上,云南应根据不同地域的产业发展条件,具体采用"一镇一品""一镇多品""多镇一品"等模式推进专业镇型产业基地建设,重点是以纵向一体化模式延伸产业链条,推动具有较强竞争力的专业镇生产网络的形成。

其一,在省内产业集群具备一定优势的部分镇区,通过选择企业群体中具有较强带动效应的大型企业或在产业链核心环节引进大型企业,以大企业为龙头构建专业镇型产业基地,形成以大企业为主导、众多中小企业为节点的专业化生产网络结构。

其二,合理引导镇区内企业群体按照纵向一体化的要求集聚,形成紧密的协作分工结构,完善纵向一体化发展模式。

其三,整合毗邻镇区之间的产业发展条件,探索毗邻多个专业镇之间开展专业化分工的可行模式,推动多个专业镇之间围绕一个产品的多个环节开展分工合作,形成专业镇之间生产网络的专业化布局。

其四，在"一镇一品""一镇多品""多镇一品"等专业镇型产业基地发展基础上，通过出口加工区、国际产业转移平台、保税区、贸易区等功能区建设，推动专业镇型产业基地对产业外向发展起到引导与支持作用。

第四节　云南供应链城型产业基地建设

一　供应链城及其在云南产业基地建设中的现状与问题

供应链作为当今世界经济发展中颇具特色的产业经济组织，已成为提升产业国际竞争力的新支点。产业集群不仅强调相关企业在一定地域意义上的资源和产业的聚集，更有产业上的专业化特征，这种特征体现为价值链、供应链上存在的横向规模化和一定产业范围内的纵向专业化，进而形成集群网络价值链和供应链。供应链城（Supply Chain City）是产业基地建设中的一种供应链管理运营模式，它强调协同定位，即在特定区域内实现供应链管理，以增强企业间的上下游联系，并使企业间的分工深入价值链的各个环节。供应链城模式将现有产业集群的运作方式向供应链管理转变，使集群内企业和配套机构有序化，把这些原本处于游离状态的企业分布到每条供应链的节点上，构成供应链城网络结构（见图 6-1）。

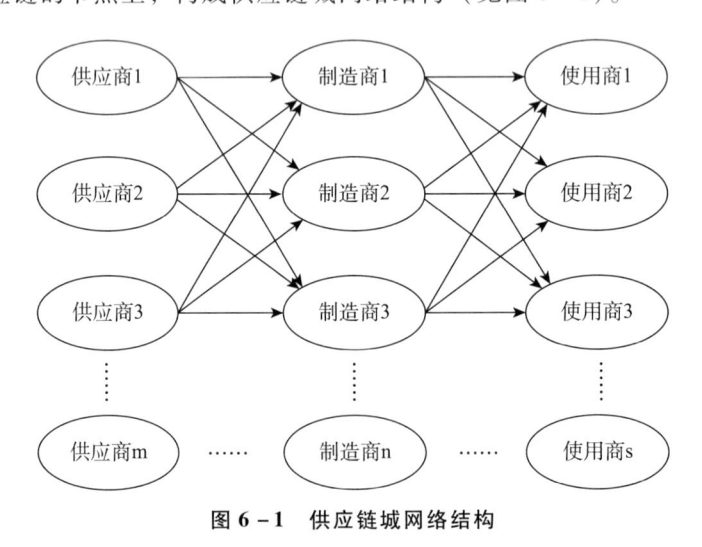

图 6-1　供应链城网络结构

目前云南产业基地建设中普遍缺乏供应链模式的应用，还不具备高度专业化的供应链城型产业基地。在云南各种形式的产业集群中，初步蕴含供应链整合与管理方式的产业基地主要体现在一些传统优势产业中，比如烟草及其配套产业、花卉产业、冶金产业和生物产业等。以花卉产业为案例进行重点研究，尽管目前云南花卉产业育种、种植、包装、运输、分销、零售等环节已日渐成熟，初步形成了较为完整的产业链条，但云南花卉产业供应链结构仍然不够完善，主要体现在以下方面。

其一，商流与物流重叠。尽管花卉产业的发展特性决定了生产环节是花卉产业发展的基础，但流通环节对花卉产业的发展而言也异常关键。从国外花卉产业供应链构建经验来看，花卉产业供应链中的核心企业一般属于流通性质的企业，以斗南花卉批发市场为核心的"云花"流通体制在云南花卉产业供应链中占重要地位，然而斗南花卉批发市场以现货交易为主的销售方式，仍然是一种商流与物流重叠的原始流通形式。

其二，供应链中的各环节失调较为严重。从云南花卉产业的供应链来看（见图6-2），花卉从生产到消费的过程中需要经历若干环节，其中有些环节并不具增值作用，反而带来了诸多弊端。任何产业都由科研开发、产业化生产、市场流通及售后服务组成一个完整的产业链条，花卉产业也不例外。但云南花卉产业供应链中的各环节失调，有如两端尖细的"纺锤"，中间生产环节粗大厚实，较为发达，而前期科研开发和后期流通处理尤其是面向国内外市场的环节则细小脆弱。如果把花卉产业中的供应、生产、销售、需求等环节比作一系列环，花卉产业则是一条环环相扣的链。在激烈的竞争压力下，仅生产这一环节强大是没有用的，其他环节的脆弱会导致整个链条的断裂。

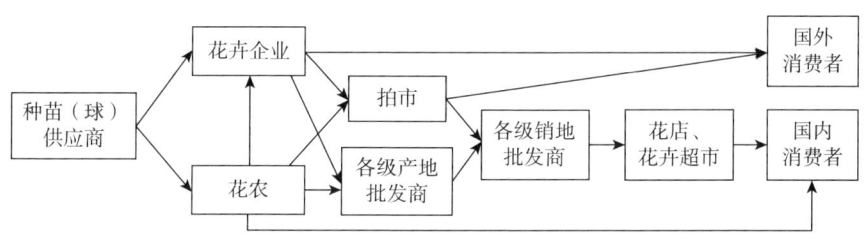

图6-2 云南花卉产业供应链模式

其三，社会服务和相关产业不能配套发展，形成产业发展的严重制约。从云南花卉产业发展来看，冷链基础设施、设备及物料的短缺等是云南花卉产业供应链建设的瓶颈和基础性制约因素。

二 云南供应链城型产业基地的发展思路与模式构建：以云南花卉产业为例

在供应链城型产业基地的整体发展思路上，云南应依托传统工业小区、传统特色优势产业区块和卫星城市，借鉴沿海发达地区供应链城构建的成功模式，以核心企业形成产业基地的供应链管理主体，通过核心企业吸附并聚集其上下游企业，引导产业基地的发展方向，构建产业集群供应链运作平台，增强产业基地的产业集聚能力。在供应链城型产业基地建设过程中，政府的作用主要是政策引导和公共产品建设，中介机构的作用在于把核心企业与相关中小企业紧密结合起来，从而强化联合行动效应，逐渐形成专业化生产网络。

从云南供应链城型产业基地的具体发展模式来看，云南应积极针对重点产业，探索以核心企业为中心的供应链城型产业基地构建模式。一种较为通行的模式是，以核心企业为中心，通过发挥核心企业的辐射与吸附功能，带动供应链节点企业的发展，构建一种类似卫星式拓扑结构供应链城型产业基地发展模式（见图6-3）。

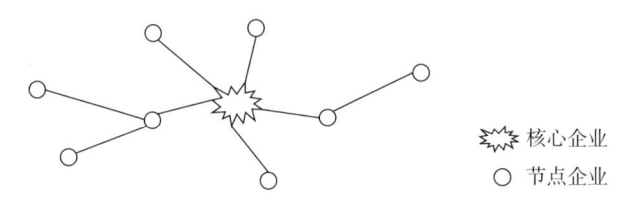

图6-3 拓扑结构的供应链城型产业基地发展模式

以云南花卉产业为例，针对云南花卉产业供应链建设存在的问题，应积极培育核心企业建立供应链城型产业基地。通过对拓扑结构式的供应链城型产业基地发展通用模式的扩展和应用，适合于云南的供应链城型花卉产业基地的基本结构模型如图6-4所示。对花卉产业而言，花卉供应链中的核心企业可以是花卉物流企业，也可以是零售企业，无论是哪种类型的核心企业，其应发挥的主要作用有：①通过协调供应链上的信息流，降低花卉产品流通环节的交易成本，减少花农或花卉企业的市场风险，提高其收入；②通过对物流的协调管理，降低花卉产品在流通过程中的损耗；③使花卉产品从生产到最终消费始终处于一种透明和可控制的状态，产品质量得到保障；④核心企业通过花卉的品牌化经营，可以培养信誉，进一步拓展国外消费市场。

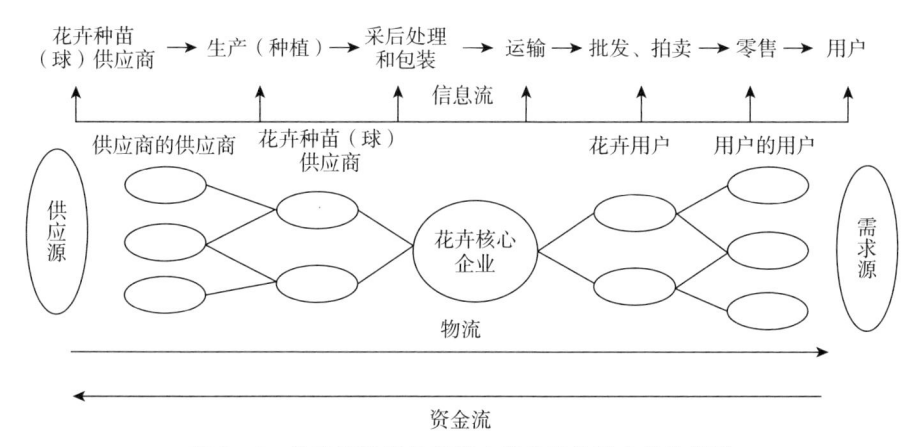

图 6-4 供应链城型云南花卉产业基地基本结构模型

供应链城型产业基地适合于供应链结构相对完善且具有较强竞争力的以核心企业为支撑的相关产业，根据云南不同产业供应链发展特征，可采用供应链城型模式建立产业基地的重点产业如表 6-6 所示。

表 6-6 适合构建供应链城型产业基地的重点产业

供应链城型产业基地	重点产业
	烟草加工及配套产业、有色金属产业、花卉和普洱茶等农特产品种植与精深加工产业等

针对上述重点产业以供应链城模式构建产业基地，不仅有利于降低企业的交易成本并实现资源共享，提高基地内各类企业的竞争力，而且能够较快速地扩大产业集聚的横向规模和延伸纵向链条，推进云南产业集群国际竞争能力的快速提升。

第五节 云南跨区域集群链型产业基地建设

一 云南发展跨区域集群链型产业基地的基本思路

跨区域集群链型产业基地，实质上是通过突破行政区划限制，实施区域"组群"式产业发展，整合不同区域产业集群价值链，以产业集群价值链为纽带，形成贯穿不同区域的产业集群专业化生产网络。在行政区划的强约束下，云南大部分产业集群呈现空间上的散碎状分布。一方面，同类产业集群处于分散化发展态势；另一方面，关联产业集群之间尚未形成紧密有效的协同发展方式。在国际生产分割条件下，分散发展的小规模产业集群在要素条件分散化、国际分工价值链低端锁定和产业链条不完善等因素制约下，无法在国际竞争中获取持续优势。

云南应根据产业集群区域"组群"式发展的思路，构建跨区域集群链型产业基地，整合集群的价值链，促进资源的自由流动和有效配置，实现优势资源共享与合理分工，充分发挥区域产业集群效应，尽可能解决集群的同质化、低层次竞争问题，沿着产业链对这些分散的产业集群进行跨区域整合，并向价值链中高附加值环节和核心战略环节延伸，形成产业链优势。

一是构建产业集群开放的生产网络。云南应从区域发展的层面出发，按照区域"组群"式发展的思路，整合集群的价值链，促进资源的自由流动和有效配置，实现优势资源共享与合理分工。应充分发挥区域产业集群效应，尽可能解决集群的同质化、低层次竞争问题，引导产业集群走上高端道路。具体规划上，不同地区要实施"错位"的产业对接战略。

二是构建产业集群跨区域交易网络。构建跨区域交易网络，可以有效降低集群间的交易成本，让各集群逐渐尝到细化分工与贸易的好处。同时，有利于在全省范围内根据不同的禀赋优势进行资源优化配置，各集群适当错位、专精发展，减少重复投资和资源浪费。当前，要从以下几个方面着手，构建跨区域交易网络：在各区域建立专业性市场；建立网上交易平台，把生产商、销售商和消费者集中到网上来，降低信息传输和广告等交易费用；建立跨区域的统一要素市场和高效畅通的现代物流网络，建立统一的物流采购、人才、信息、产权和技术市场，建立现代化的通信网络和综合交通网络，为构建立体式交易网络创造条件。

三是构建产业集群跨区域技术创新网络。目前在产业基地发展过程中，云南更多的是构建本地创新网络，即强调本地网络各个节点（如企业、大学、研究机构、政府、金融机构等）在本地创新活动中的作用。从多数产业集群区域创新网络的运行情况来看，效果并不明显，因此，迫切需要构建跨行政区域创新网络系统。在具体实施上，以地方政府为主导，实施价值模块的协同网战略，将地方政府、研究机构、主导公司、衍生公司、模块提供商、辅助公司、行业协会等各相关利益主体，协同在一个无形的平台上，通过协作、创新、竞争全面满足消费者的差异化需求，在最短时间内开发出最适合用户的产品，全面提升最终产品或服务的效能及竞争力，形成一个强大、集成、灵敏的全球性模块化产业集群。在构建跨区域技术创新网络的过程中，应发挥政府或产业协会的主导作用，将分布在各区域的拳头产品或产业链迅速进行有效整合，使各主要集群之间尽可能共享技术、共担费用、联合开发，最大限度地利用各集群的资源和能力，协同进行创新活动，使各集群实现共赢。

四是建立并完善跨区域经济协同发展的组织协调机构。云南不同区域之间的顺利合作，需要一个有实质"权力"和实际协调效果的协调机构。可以成立专门的组织协调机构，负责区际经济合作在研究策划、统筹规划、联系沟通、指导实施、信息服务、政策法规咨询等方面的工作，对内协调各行政区域主体的资源配置，实现区域间优势互补和共同发展，对外提升区域整体竞争力，并"以一个声音说话"，从而推动和引导区际经济全方位、多层次和有效益的全面合作，促进资源高效流动与整合。

二 云南跨区域集群链型产业基地建设的4种模式

针对云南不同产业集群的发展特征，可采用不同类型的跨区域集群链型产业基地建设模式，这些模式包括：供应链互补型整合模式、资源共享型整合模式、优势互补型整合模式和蛛网辐射型整合模式。

1. 供应链互补型整合模式

在供应链互补型整合模式中，区域集群间主要表现为一种"供应商－用户"的纵向配套关系（见图6－5）。产业链上的各个集群之间有明确的专业分工，同时，各集群既对其上游节点提出需求，又对下游的环节进行供给。这种集群之间上下游供求关系的存在，更能引致资源的流动和技术要素的互动，从而加强区域间资源和技术的关联性，而供应链则成为跨区域集群生存与发展的动力。以意大利纺织服装业为例，该产业涵盖了最终商品（如服装）、其他元件（如合成纤维）、相关的专业机械（如皮革加工机械、纺织机），以及支持性服务（如引领时尚潮流的商品设计）等多个集群，而这些分散的产业集群，就是在流行、时尚、设计等环节的穿针引线下，形成强大的关联，这种配合完整的产业链模式，是意大利产业集群获得竞争优势的关键因素。

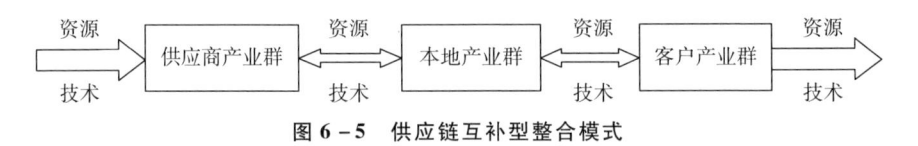

图6－5 供应链互补型整合模式

供应链互补型整合模式适合于传统的资源密集型产业，本地资源的限制迫使集群内企业向外寻求最佳的合作伙伴，从而使其具备跨区域整合的内在动力。就云南而言，以有色金属、生物、特色农产品等为主导的资源密集型产业适合用此类模式进行跨区域整合。以有色金属产业为例，云南有色金属产业主要包括资源开发、冶炼、精深加工与新材料开发、技术研发与支持服务等多个产业集群，云南要加强对不同种类有色金属供应链的跨区域乃至跨境整合，以供应链互补性形成集群之间紧密联系的完整产业链条。

2. 资源共享型整合模式

在资源共享型整合模式中，集群之间并不表现为一种上下游之间的供应链关系，而是共用资源、共享技术、共占市场（见图6－6）。通过这种网络结构，区域间的信息可以迅速传递，技术更容易扩散，同时由于共享要素资源，集群之间往往存在广泛认可的规则。以加利福尼亚多媒体产业为例，加利福尼亚形成了几个明显的多媒体产业集群：①游戏产业集群；

②教育产业集群；③多媒体商用品和技术服务的企业集群；④其他娱乐产业集群。这些集群在专业化方向上有着明显的区别，它们不只是区位上邻近，更重要的是共担风险、共享资源。此类整合模式的运作机理主要在于建立强大的中间组织，提供可共享的基础结构，将各区域的优势真正发挥出来，从而取得最佳的整合效益。

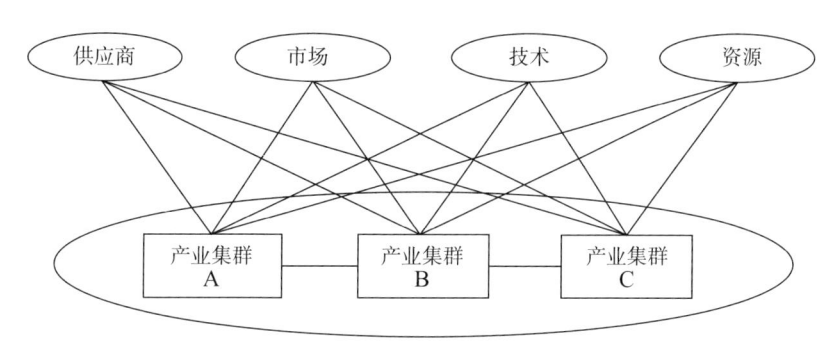

图 6-6 资源共享型整合模式

资源共享型整合模式适合于技术密集型产业，对云南而言，应突破行政区划限制，针对具有优势的技术密集型产业集群如光电子产业集群、移动互联网产业集群、高端装备制造产业集群、机电产业集群等建立中间组织机构，共同建设共性技术研发平台、专有技术型劳动力市场、专有科技金融服务体系等，构建跨区域的资源共享型整合模式。

3. 优势互补型整合模式

优势互补型整合模式的显著优点在于能够充分发挥各区域的资源比较优势，将生产相同系列产品的产业集群进行整合，既避免了区域之间重复生产所导致的恶性竞争，又能实现产品的横向分工互补。这种产业整合模式要充分利用各区域生产要素的差异性以及产业结构上的互补性，促进生产要素和互补产业在地区间的转移，实现产品横向分工互补，从而满足市场的不同需求，提升整个产业的国际竞争力。

就云南而言，应对生产同质或同系列产品且空间布局分散的产业集群进行优势互补型整合，根据不同产业集群的比较优势，推行差异化发展战略。同时，应通过建立跨区域的行政组织，统筹设计具有竞争优势的产业集群全球战略，合理进行产业集群功能定位，形成相互协调、产品完备的分散式生产网络，从而产生优于单个竞争者的弹性制造能力，构建跨区域优势互补型整合模式。

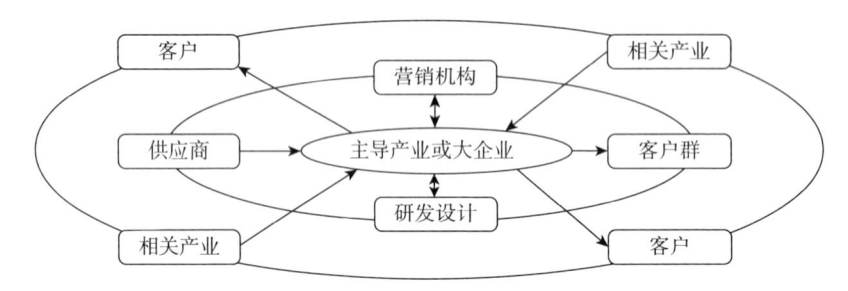

4. 蛛网辐射型整合模式

蛛网辐射型整合模式以主导产业或大企业为核心，吸附和发展周围的配套产业集群，从而形成一种网络状的关联拓展关系（见图6-7）。这种整合模式主要适用于产品较为复杂、系统集成性较强的产业，这样可以更好地分离各制造环节，使各集群之间形成比较明确的分工，同时在单个产品的制造上拥有显著的规模经济效益，从而更加有效地发挥各自的比较优势。同时，这些集群间的黏性主要依靠主导产业或大企业的作用来实现，其他地区的企业群与主导产业或大企业发生联系，并享受与大组织聚合的效用。因而在此类整合模式中，主导产业或大企业是否具有较高的生产技术水平、是否拥有广阔的发展空间以及是否表现出较强的关联效应是决定这个网络辐射半径大小的关键，也是决定该网络联结强度的主要因素。

图6-7 蛛网辐射型整合模式

就云南而言，蛛网辐射型整合模式既可适用于省域地区间产业集群的跨区域整合，也可适用于部分地区内部或镇域间产业集群的跨区域整合，整合空间范围的大小取决于主导产业或大企业的辐射半径。此类模式可在云南的信息产业、汽车与摩托车产业、机械装备制造产业等产品复杂和系统集成性强的产业进行运用，并且可以在某些镇域产业合作如普洱茶产业、特色农产品产业与生物产业进行尝试。以德宏州的汽车与摩托车产业为例，德宏州可将北汽集团和重庆银翔摩托车集团分别作为德宏州汽车产业和摩托车产业的蛛网辐射型整合模式的龙头企业，通过孵化和吸附毗邻地区汽车与摩托车产业的零配件生产、维修、销售、咨询服务等细分产业集群，形成庞大的汽车与摩托车产业链网络，以蛛网辐射型整合模式构建面向东南亚和南亚市场的外向型汽车与摩托车产业基地。

第七章
案例研究一：云南花卉产业的外向型发展研究

云南省是我国最适宜发展也是最早发展花卉产业的地区之一，花卉产业是云南省最具特色的优势产业、新兴的绿色朝阳产业与最有发展潜力的外向型产业之一。加快云南省花卉产业的外向型发展，不仅有助于促进城乡居民人均收入的翻番，扩大就业并提高人民生活质量，而且有助于调整云南产业结构，加快全省外向型经济发展。

第一节 云南花卉产业外向型发展的现状

改革开放以来，云南花卉产业经历了恢复发展、巩固提高和调整转型等发展阶段，逐步形成了花卉种植业、花卉加工业、花卉服务业等产业链条。得益于此，云南省花卉产业的外向型发展保持了强劲的势头，并取得了巨大成就。

一 云南花卉产业发展的整体状况

首先，云南花卉产业的种植面积、销售额、出口额均保持持续、快速上涨的趋势，云南已成为我国花卉产业最主要的产销集散地，在全国同行业中占有极其重要的地位。根据农业部的统计数据[①]，2012年，云

[①] 数据来源：http://www.china-flower.com/zhuanti/2013/2012sjtj/index.htm。

南鲜切花、盆花的种植面积分别为11254公顷、4034公顷，较2011年分别增长9.86%、2.1%，占全国同类花卉产品种植面积的比重分别为24.5%、7.1%，在全国分别排第1位、第5位。2012年，云南鲜切花、盆花的销售额分别为309359万元、61997万元，较2011年分别增长1.3%、27.1%，占全国同类花卉产品销售总额的比重分别为22.8%、3.6%，在全国分别排第1位、第6位。2012年，云南鲜切花、盆花的出口额分别为1388.2万美元、735.7万美元，较2011年分别增长6.1%、106%，占全国同类花卉产品出口总额的比重分别为49.7%、10.6%，在全国分别排第1位、第5位。

其次，花卉品种日趋丰富，产品日益多样化。根据云南省花卉产业办公室、云南省花卉产业联合会的统计数据，2005~2012年，云南省获得国家植物新品种证书的花卉品种达85个，涉及石竹属、蔷薇属、非洲菊、杜鹃花属、含笑属、山茶属、百合属、菊属、梅属共9属（种）（见表7-1）。目前，云南已有37个拥有自主知识产权的花卉新品种，并从国内外收集大批种质资源，具体包括蔷薇野生资源152份、切花月季栽培品269个、香石竹栽培品143个、非洲菊栽培品54个、百合野生种16个及其栽培品112个。

最后，花卉产业的配套服务体系日趋完善。在云南省委、省政府及有关部门的引导与扶持下，近年来云南花卉市场、花卉企业、花卉合作组织迅速壮大，基本形成了产销联动、批发拍卖、科技研发、信息网络、物流运输等社会化服务体系。根据国家林业局的统计数据，2010年，云南的花卉市场达146个，涉及生产、种苗、销售、物流、包装、运输、贸易等各种所有制企业1492家（其中大中型企业683家），花农183833户，从业人员263648人，（其中专业技术人员8425人）（见表7-2）。这不仅是云南花卉产业的中坚力量，而且是全省花卉产业升级的重要基础，对花卉产业化、规模化、专业化、标准化、组织化发展起到了重要作用。

表7-1 云南省获得国家植物新品种证书的花卉品种

序号	品种名称	属（种）	序号	品种名称	属（种）	序号	品种名称	属（种）
1	冰清	蔷薇属	30	娇艳	杜鹃花属	59	月光爱人	蔷薇属
2	红地毯	非洲菊	31	温馨	非洲菊	60	妃子笑	含笑属
3	靓粉	非洲菊	32	日光石	蔷薇属	61	胭脂醉	含笑属
4	云红1号	石竹属	33	桃花石	蔷薇属	62	点绛唇	含笑属
5	云红2号	石竹属	34	黑玉	蔷薇属	63	玉馨含笑	含笑属
6	米雅	蔷薇属	35	金玉	蔷薇属	64	赤龙爪	含笑属
7	艾丽	蔷薇属	36	红玉	蔷薇属	65	汉宫粉和	蔷薇属
8	亚丝娜	蔷薇属	37	云恋蝶	石竹属	66	灵犀一点	蔷薇属
9	云熙	蔷薇属	38	彩云3号	百合属	67	丽云宫粉	梅属
10	雅美	蔷薇属	39	云艳	蔷薇属	68	锦粉	梅属
11	友谊	蔷薇属	40	蜜糖	蔷薇属	69	碗绿照水	梅属
12	往日情怀	蔷薇属	41	粉妆	蔷薇属	70	晚云	梅属
13	粉砖	蔷薇属	42	华贵人	蔷薇属	71	皱波大宫粉	梅属
14	红宝石	蔷薇属	43	黄莺	蔷薇属	72	清馨	梅属
15	云之蝶	石竹属	44	芙蓉石	蔷薇属	73	玉洁	山茶属
16	云凤蝶	石竹属	45	孔雀石	蔷薇属	74	彩云	山茶属
17	丽娜	蔷薇属	46	虎晴石	蔷薇属	75	粉红莲	山茶属
18	安琪拉	蔷薇属	47	俏玉	蔷薇属	76	云星	含笑属
19	美琪	蔷薇属	48	堇晴石	蔷薇属	77	云馨	含笑属
20	瓦蒂	蔷薇属	49	云蝶衣	石竹属	78	云霞	含笑属
21	艾佛利	蔷薇属	50	宏之白鹭	菊属	79	云瑞	含笑属
22	云玫	蔷薇属	51	宏之无暇	菊属	80	芳纯如嫣	蔷薇属
23	云粉	蔷薇属	52	晃花之富士	菊属	81	蝶舞彩霞	蔷薇属
24	晚春含笑	含笑属	53	云樱	百合属	82	蜜月	蔷薇属
25	双喜临门	杜鹃花属	54	金凤凰	非洲菊	83	粉红女郎	蔷薇属
26	雪美人	杜鹃花属	55	清心	非洲菊	84	赤子之心	蔷薇属
27	红晕	杜鹃花属	56	夏日风情	非洲菊	85	凌波仙子	蔷薇属
28	金蹀躞	杜鹃花属	57	圣火传奇	蔷薇属			
29	紫艳	杜鹃花属	58	出水芙蓉	蔷薇属			

资料来源：http://www.yunnan-flower.org.cn/index/index.ashx。

表7-2 全国典型省份花卉生产经营实体情况

省份	花卉市场（个）	花卉企业（家） 总数	其中大中型企业数量	花农（户）	从业人员（人） 总数	其中专业技术人员数量
云南	146	1492	683	183833	263648	8425
江苏	207	4860	1937	300993	751185	10449
浙江	85	5637	1510	139027	348139	13406
福建	76	1559	276	30230	133520	7804
海南	25	556	186	4317	28778	1722
广东	196	11639	1819	64598	229973	24538
广西	85	847	78	17139	350466	6363
四川	173	2971	408	120000	310000	7362
湖南	246	1609	196	82664	290919	6302
安徽	135	1575	73	50779	287625	5534

资料来源：国家林业局编《全国花卉产业发展规划（2011~2020年）》。

专栏1：斗南花卉市场

斗南花卉市场位于云南滇池东岸，1998年破土动工，2013年被列为我国境内唯一的国家级花卉市场，目前已发展成为"中国及至全亚洲最大的鲜切花交易市场"。通过汇聚云南省80%以上的鲜切花和周边省份、周边国家的花卉入场交易，斗南花卉市场在我国境内占据了70%以上的市场份额，其产品出口到46个国家和地区，交易量、交易额、现金量、人流量、出口额均为全国第一，斗南花卉市场已成为中国花卉市场的"风向标"与花卉价格的"晴雨表"。

二 云南花卉产业的外向型发展状况

从整体上看，云南花卉产业的外向型发展取得了很大进步，近年来产品出口额更是出现了持续、快速的增长趋势。以鲜切花为例，根据昆明海关的统计数据，2006年，云南鲜切花的出口出现了迅猛扩张的趋势，2006年全省鲜切花的出口额扩张到30553千美元，占全省农产品出口额的比重上升到1%。到2010年，云南鲜切花的产品出口额进一步扩张到103540千美元，占全省农产品出口额的比重上升到2.4%（见表7-3）。

表7-3　2001~2010年鲜切花的出口额

单位：千美元,%

项目＼年份	2001	2005	2006	2010
鲜切花出口额	13729	16961	30553	103540
农产品出口额	1671733	1860124	2958645	4285651
鲜切花出口额占农产品出口额的比重	0.8	0.9	1.0	2.4

资料来源：昆明海关内部统计资料《云南省进出口贸易海关统计》。

就产品的出口种类而言，云南花卉产业的出口主要集中于制花束或装饰用的插花及花蕾，其他活植物、插枝及接穗，休眠、生长或开花的根、茎和菊苣植物及根茎，制花束或装饰用不带花的植物枝、叶及草4个方面。其中，制花束或装饰用的插花及花蕾的产品出口集中于鲜的制花束或装饰用的康乃馨插花及花蕾、鲜的制花束或装饰用的玫瑰插花及花蕾、鲜的制花束或装饰用的百合花插花及花蕾、其他鲜的制花束或装饰用的插花及花蕾几方面；其他活植物、插枝及接穗的产品出口主要集中于未列名活植物、其他种用苗木、无根插枝及接穗植物、康乃馨种用除外方面（见表7-4）。

表7-4　云南花卉产业主要出口产品种类及其出口额

单位：千美元

项目＼年份	2006	2007	2008	2009	2010
制花束或装饰用的插花及花蕾	11832	15718	18519	26978	27970
鲜的制花束或装饰用的康乃馨插花及花蕾	—	6691	7403	13390	12775
鲜的制花束或装饰用的玫瑰插花及花蕾	—	3829	4663	4929	6853
鲜的制花束或装饰用的百合花插花及花蕾	—	—	—	4644	4747
其他鲜的制花束或装饰用的插花及花蕾	—	—	—	2826	2922
其他活植物、插枝及接穗	1521	2767	3504	11270	14918
未列名活植物	8	25	117	6650	9528
其他种用苗木	862	2163	2441	2887	3652

第七章 案例研究一：云南花卉产业的外向型发展研究

续表

项目＼年份	2006	2007	2008	2009	2010
无根插枝及接穗植物	504	423	644	918	716
康乃馨种用除外	—	—	17	454	618
休眠、生长或开花的根、茎和菊苣植物及根茎	27	26	73	150	156
制花束或装饰用不带花的植物枝、叶及草	316	382	500	539	786

资料来源：昆明海关内部统计资料《云南省进出口贸易海关统计》。

就产品出口国而言，制花束或装饰用的插花及花蕾的产品出口国主要集中于日本、马来西亚、新加坡、韩国、泰国、越南等亚洲国家，但已实现对德国、法国、美国、澳大利亚、加拿大等发达国家的出口（见表7-5）。其他活植物、插枝及接穗的产品出口国主要集中于日本和荷兰两国，根据昆明海关的统计数据，对这两个国家的出口额占该类产品出口总额的99％。休眠、生长或开花的根、茎和菊苣植物及根茎的产品出口国主要集中于越南，根据昆明海关的统计数据，对越南的出口额占该类产品出口总额的91％。制花束或装饰用不带花的植物枝、叶及草的产品出口国主要集中于印度尼西亚，对该国的出口额占该类产品出口总额的55％。

表7-5 制花束或装饰用的插花及花蕾的主要产品出口国及出口额

单位：千美元

主要产品出口国＼年份 出口额	2006	2007	2008	2009	2010
日本	3355	6242	6201	10732	8506
马来西亚	554	937	1473	1757	2666
新加坡	1917	2645	3076	3551	4283
韩国	305	659	938	900	923
泰国	1374	2082	3522	5849	7711
越南	—	11	177	2171	1130
美国	833	805	571	141	103
澳大利亚	316	382	500	539	786
全部产品出口	11832	15718	1852219	26978	27970

资料来源：昆明海关内部统计资料《云南省进出口贸易海关统计》。

与其他产业类似，云南花卉产业的外向型发展也包括产品的进口。尽管云南花卉产业的出口种类包括制花束或装饰用的插花及花蕾，其他活植物、插枝及接穗，休眠、生长或开花的根、茎和菊苣植物及根茎，制花束或装饰用不带花的植物枝、叶及草4个方面，但产品进口的种类主要集中于休眠、生长或开花的根、茎和菊苣植物及根茎，制花束或装饰用的插花及花蕾，其他活植物、插枝及接穗这3个种类。其中，休眠、生长或开花的根、茎和菊苣植物及根茎的产品进口主要集中于种用百合球茎，休眠用的鳞茎、块茎、块根、球茎、根颈、既根茎等方面；制花束或装饰用的插花及花蕾的产品进口主要集中于鲜的制花束或装饰用的兰花插花及花蕾；其他活植物、插枝及接穗的产品进口主要集中于其他种用苗木（见表7-6）。

表7-6 云南花卉产业主要进口产品种类及其进口额

单位：千美元

项目 \ 年份	2006	2007	2008	2009	2010
休眠、生长或开花的根、茎和菊苣植物及根茎	16032	17803	19765	19897	30972
种用百合球茎	—	—	—	—	22018
休眠用的鳞茎、块茎、块根、球茎、根颈、既根茎	16032	17801	19765	19791	8945
制花束或装饰用的插花及花蕾	558	683	1009	2981	6466
鲜的制花束或装饰用的兰花插花及花蕾	—	659	1002	2973	6444
其他活植物、插枝及接穗	2587	4597	3748	3472	5980
其他种用苗木	2155	4046	3297	2915	5023
制花束或装饰用不带花的植物枝、叶及草	316	382	500	539	786

资料来源：昆明海关内部统计资料《云南省进出口贸易海关统计》。

就产品进口国而言，云南花卉产业的进口国主要集中于荷兰、智利、新西兰、日本等国家。2010年，从荷兰的进口额为26099千美元，主要产品包括种用百合球茎（进口额为17147千美元），种用休眠用的鳞茎、块茎、块根、球茎、根颈、既根茎（进口额为8890千美元）；从智利的进口额为3543千美元，产品集中于种用百合球茎；从新西兰的进口额为1368千美元，产品集中于种用百合球茎（进口额为1327千美元）；从日本的进口额为383千美元，产品集中于草本花卉植物（产品进口额为376千美元）。

第七章 案例研究一：云南花卉产业的外向型发展研究

第二节 云南花卉产业外向型发展的比较优势与制约因素

目前，云南花卉产业的外向型发展既有得天独厚的优势，又面临着长期累积的各种制约因素。

1. 云南花卉产业外向型发展的比较优势

从整体上看，云南花卉产业外向型发展的比较优势主要体现在气候、种子资源与区位条件等方面。

从气候来看，云南省地处低纬度高原，地理位置特殊，地形地貌复杂。全省气候类型丰富多样，有北热带、南亚热带、中亚热带、北亚热带、南温带、中温带和高原气候共7个气候类型。其主要表现为气候的区域差异和垂直变化明显，年温差小、日温差大，降水量充沛、干湿分明。以昆明、西双版纳、迪庆为例，昆明属于中国著名的春城，夏无酷暑、冬无严寒、四季如春；西双版纳则属于热带北部边缘气候，全年温暖湿润；迪庆则属于北温带山地季风气候，气温垂直差异明显。丰富多样的气候类型为各种花卉、种苗的培育与生长创造了独特的条件，也使云南成为我国乃至全球最适宜发展花卉产业的地区之一。事实上，如果进一步考虑这种气候优势是其他地区无法复制的，那么云南花卉产业外向型发展的比较优势将更为明显。

从种质资源来看，云南是中国境内著名的"植物王国"，有2万多种高等植物，几乎占到了全国植物总数的一半。目前，云南已探知的野生观赏类植物有3000多种、特有种子1000多种。这些野生品质资源大部分可被引种驯化及繁殖育苗，并具有商业化运作的市场价值。以云南最著名且最具观赏价值的八大名花即山茶、杜鹃、玉兰、报春、百合、兰花、龙胆、绿绒蒿为例，这八大名花就脱胎于野生品质资源，而通过引种驯化及繁殖育苗，目前八大名花已繁衍出上千个亚种和变种，每一种的花形、花色、大小乃至香型都有所不同。如此众多的野生花卉使云南成为全球的野生大花园，也为云南花卉产业的外向型发展奠定了坚实基础。

从区位条件来看，云南省具有沟通两大洋（太平洋、印度洋）和三大市场（国内市场、东南亚市场、南亚市场）的独特地理优势，加之交通运输网络日趋完善，云南花卉产业的外向型发展具备有利的条件。事实上，如果进一步考虑云南与老挝、越南、缅甸的山水相连，花卉产业的海外市场主要集中于东亚、东南亚的客观事实，以及云南在大湄公河次区域经济合作与中国-东盟自由贸易区中的桥头堡地位等，则云南花卉产业外向型发展的区位优势将更为突出。

2. 云南花卉产业外向型发展的制约因素

尽管云南花卉产业的外向型发展具备气候、种子资源与区位条件等方面的比较优势，但正如迈克尔·波特所指出的那样，这些"天赋资源"只是一种低端的比较优势，产业的外向型发展与国际竞争力提升在更大程度上还得依靠"人为创造"的比较优势，如科技含量、产业化水平、基础设施等方面。然而，在这些方面，云南并不具备任何优势，这不可避免地会严重制约云南花卉产业的外向型发展。

第一，就产业的科技含量而言，云南花卉产业的品种创新能力、生产能力与研发能力仍然处于低水平状态。由于我国花卉产业起步较晚，全国各地区普遍存在产品育种能力不强、行业技术研发严重不足、科研与生产严重脱节、科技成果转化率较低等问题。就云南省而言，尽管全省的花卉资源十分丰富，但主要花卉品种、栽培技术仍然严重依赖进口，在国际上具有自主知识产权的新品种、新技术仍然较少。目前，在云南出口的主要花卉产品中，原产于云南的杜鹃、康乃馨、菊花、百合等产品的种子属于低端产品，普遍存在科技含量较低、种子老化等问题。尽管云南花卉产业的单位面积产值在全国名列前茅，但仍然远远低于发达国家（如荷兰、新西兰等）水平。目前云南鲜切花的单位面积产量只有世界平均水平的一半，且质量还处于三级花的水平。事实上，目前云南花卉产业之所以还能够保持大规模出口的趋势，主要依赖的还是我国廉价劳动力所引致的产品低价格优势。从长远发展趋势来看，品种创新与研发能力不强必然会严重制约云南花卉产业的外向型发展。

第二，就产业化水平而言，云南花卉企业仍然不同程度地存在"小、散、多"等问题。从事花卉产业的企业多，但规模较小；花农户数虽然较多，但种植分散、管理粗放；行业的从业人数虽然较多，但专业技术人员匮乏。表7-2的数据显示，2010年尽管云南的花卉企业已达到1492家，但大中型企业仅有683家，一半以上的花卉企业仍然是小微企业；尽管全省的花农户数已达到183833户，但分散在昆明、玉溪、红河、楚雄、大理、丽江、思茅、西双版纳等州市，且每户的种植面积不足3.5亩，远远达不到规模化种植的要求；尽管全省花卉产业的从业人员高达263648人，但专业技术人员只有8425人。事实上，目前云南花卉产业仍然处于低水平的粗放式发展阶段，具有典型的"生产靠摸索、管理靠感觉、赚钱靠运气"等小农经济特征。这种客观事实不但使云南花卉产业的发展出现低水平生产能力过剩、高水平生产能力不足等问题，而且使行业的外向型发展无法保障产品的稳定供给并达不到海外市场的品质要求。

第三，从市场流通体系来看，云南花卉产业市场功能不完善、信息化程度较低、市场流通不畅等问题仍然普遍存在。目前，尽管云南花卉产业的专业化市场已达到146家，但大多数花卉市场属于功能雷同的初级交易市场，不但市场发育程度较低、市场功能体系不够完善，而且缺乏市场专业人才。不但如此，云南花卉产业外向型发展所需要的现代物流体系也处于低水平状态。从整体上看，大多数花农不但严重依赖手扶拖拉机、小马车、摩托车、自行车等传统工具运输鲜花，而且对收割的鲜花基本上不进行分级、加工与包装等产后处理。尽管一些大型的花卉企业已全程采用卡车等现代交通工具运输产品，但在不同程度上仍然缺乏专业化的冷藏车辆。以昆明的斗南花卉市场为例，作为全国最大的花卉专业市场之一与中国唯一一个国家级的花卉市场，上述问题均不同程度地存在。这一方面表现为斗南花卉市场的市场发育程度、现代信息技术的运用程度等仍然有待进一步提升，另一方面表现为现代物流能力仍然严重不足。面对全球花卉市场的激烈竞争，市场功能不完善、信息化程度较低、市场流通不畅等问题会严重制约云南花卉产业的外向型发展。

第四，云南花卉产业的社会服务体系不健全等问题也较为突出。从整体上看，云南花卉统计渠道不畅通、统计体系不健全、统计数据不完整、信息发布不及时等问题仍然突出。质量监测、检验检疫检测机构缺乏，花卉标准体系不完善，花卉认证工作起步较晚等问题也十分突出。加之全省和全国层面的花卉信息服务体系缺乏，普遍存在生产供应与市场需求信息不对称等问题。这些都导致社会服务体系对花卉产业外向型发展的支撑不够。

第三节 云南花卉产业外向型发展的机遇与潜力

在新的历史时期，云南花卉产业的外向型发展面临前所未有的机遇。如果能够抓住这种发展机遇，云南花卉产业将会步入加速发展的阶段，并将有力地支撑云南的外向型经济发展。

一 云南花卉产业外向型发展的机遇

第一，全球花卉产业的空间重组出现了有利于云南花卉产业外向型发展的趋势。进入 21 世纪以来，发达国家劳动力成本与土地成本持续攀升，同时环保标准的持续提升限制了对化肥、农药、能源的使用，发达国家的花卉生产成本居高不下。在这样的背景下，发达国家开始将花卉产业的重点聚集于种子、种苗、种球以及新品种研发等具有高附加值的产业环节，而将花卉产业的生产、种植等低附加值环节全面转向发展中国家，如新西兰的花卉生产开始流向我国台湾地区与大陆，荷兰的花卉种植开始流向东欧的发展中国家等。尽管这种产业分工会在一定程度上将发展中国家的花卉企业锁定在产业链的低端环节，但仍然有助于发展中国家花卉产业的发展与产品出口。正如前文分析中所强调的那样，云南不但具有发展花卉产业的气候优势与区位优势，而且具有欠发达地区劳动力成本低的比较优势，这就使得云南在承接全球花卉产业方面具有得天独厚的优势。从这个逻辑出发，只要云南能够有效把握花卉产业在全球范围的空间重组，其花卉产业的外向型发展必将面临新的发展机遇。

第二，我国加快转变经济方式将全面开创云南花卉产业发展的新格局，并将助推花卉产业的外向型发展。未来 10 年是我国全面建设小康社会的关键时期，也是深化改革开放、加快转变经济发展方式的攻坚时期，无论是基于推进生态文明并加快建设美丽中国、促进绿色增长并建设人与自然和谐的发展模式，还是基于促进社会就业和农民增收，以及建设森林城市、园林城市和宜居城市的需要，我国都需要大力发展花卉产业。事实上，近年来农业部、国家林业局都将花卉产业作为重点培育的朝阳产业，并给予极其优惠的发展政策。以国家林业局为例，其将花卉产业作为我国林业十大主导产业之一，确立了花卉产业作为林业战略性新兴产业的地位。在这样的背景下，云南花卉产业的发展将迎来前所未有的机遇，而得益于此，花卉产业的外向型发展也必然会加速推进。

第三，国际经济合作的深化将为云南花卉产业的外向型发展提供新的机遇。由于云南花卉产业的产品出口主要集中于泰国、马来西亚、新加坡、越南等东南亚国家，而这些又是大湄公河次区域经济合作的主要参与国，以及中国-东盟自由贸易区的主要成员国，就意味着伴随大湄公河次区域、中国-东盟自由贸易区的合作深化，无论是隐性或非隐性的贸易壁垒，还是各种通关手续所导致的交易成本，都会逐步消除或明显降低，这必然有助于我国与这些国家的国际贸易与产品进出口。在这样的大环境下，我国花卉产业的外向型发展必然受益。事实上，如果进一步考虑云南是我国参与大湄公河次区域经济合作最主要的省份，同时是中国-东盟自由贸易区的前沿省份，则云南花卉产业外向型发展的机遇将更为突出。不但如此，近年来我国政府还明确提出加快第二轮沿边开放，以及打造丝绸之路经济带并深化海上丝绸之路等，这些新的国际经济合作方式必然有助于云南花卉产业进一步打开中东市场与欧洲市场。

第四，各种优惠政策的叠加将为云南花卉产业的外向型发展提供新的机遇。作为绿色朝阳产业，云南花卉产业的外向型发展不但可以享受中央层面的优惠政策，而且可以享受省级层面的优惠政策。就省级层面的优惠政策而言，云南省将花卉产业定位为"建设绿色经济强省"的新兴支柱产业之一，云南省政府明确提出要把云南建设成中国乃至全亚洲最大的花卉生产、出口和交易中心。在这样的背景下，云南省政府出台了一系列政策，并从融资、税收、补贴、科技、交通等方面加大了对花卉产业的支持力度。显然，通过各种优惠政策的叠加，云南花卉产业的外向型发展必然进入一个新的发展阶段。

二　云南花卉产业外向型发展的潜力

鉴于各种统计数据的可获得性现状，本章将以定性分析为主，探讨云南花卉产业的外向型发展潜力。从整体上看，无论是基于海外市场需求，基于云南花卉资源的开发利用，还是基于生产力的提升空间，云南花卉产业外向型发展的潜力都很巨大，并能够有力地支撑云南外向型经济的发展。

首先，从海外市场需求来看，云南花卉产业外向型发展的潜在市场空间巨大。从整体上看，长期依赖花卉产业的海外市场主要集中在欧洲国家、美国与日本等发达国家。其中，欧洲市场占全球花卉市场的45%左右，美国和日本各占25%左右。但近年来伴随新兴市场国家的崛起，中国、印度、巴西、俄罗斯等国家对花卉的市场需求也日趋旺盛。根据荷兰学者贝尼克·珀斯姆斯的预测，未来一段时间发达国家的花卉市场需求可保持每年2%~3%的增长速度，而新兴市场国家的花卉市场需求则可实现每年5%~10%的高速增长[①]。尽管海外市场需求并不会必然驱动云南花卉产业的外向型发展，但庞大的海外市场需求不可避免地会给云南花卉产业的外向型发展带来巨大的增长空间。

其次，从花卉资源的开发利用来看，云南花卉产业的外向型发展拥有巨大潜力。正如前文分析所指出的那样，云南物种资源十分丰富，是世界上很多名贵花卉的起源中心和野生花卉资源的宝库，只不过是受制于技术水平的现状以及对花卉资源的重视不够等因素，这些宝贵资源才没有转化为花卉产业发展的驱动力。从这个逻辑出发，伴随国家层面与行业层面科学技术水平的提升，以及对花卉资源开发的日趋重视，云南完全可以依托这种资源优势培育出具有特殊性状和独特竞争能力的花卉新品种。得益于此，云南花卉产业的外向型发展空间必然会进一步扩大。

最后，从生产力的提升空间来看，云南花卉产业的外向型发展也拥有巨大潜力。根据国家林业局的统计数据，2010年加拿大、荷兰、丹麦、芬兰、新西兰等国的切花和盆栽植物的每公顷平均产值超过了50万欧元，而我国切花和盆栽植物的每公顷平均产值还不到3万欧元，具有很大的提升空间。从这个逻辑出发，伴随花卉行业生产力的逐步提升，云南花卉产业的外向型发展空间必然会进一步扩大。

---

① http://ipub.cqvip.com/doc/6acb2a3bfbe44fbaaef94261db8929cd.html。

第七章 案例研究一：云南花卉产业的外向型发展研究

第四节 云南花卉产业外向型发展的政策建议

借鉴发达国家和地区促进花卉产业外向型发展的经验，云南花卉产业的外向型发展需要以构建产业创新推广体系和完善行业生产经营体系、市场流通体系、社会服务体系为重点，出台组织政策、金融信贷政策、财政税收政策、公共采购政策等扶持政策。

一 发达国家和地区促进花卉产业外向型发展的政策

"他山之石可以攻玉"，促进云南花卉产业的外向型发展需要借鉴发达国家和地区的成功经验。在这方面，荷兰是典型代表，以色列也取得巨大成就。综观这些国家花卉产业的外向型发展，以下经验值得借鉴。

首先，重视花卉产业的微观管理与宏观管理的协调，即认为自由市场法则中微观经济行为主体的理性选择固然重要，但中央政府的有序引导也十分重要，因此需要将二者有机结合。

其次，特别强调技术创新在产业发展过程中的驱动作用，并将其贯穿于种子研发、种植、收割、包装、物流运输、市场营销等产业链的各个环节。这一点在以色列表现得尤为突出。

最后，是企业的生产经营活动特别强调适度的规模化、集约化，即结合本地的资源禀赋与产业发展状况等因素，将花卉企业的规模化与集约化控制在一个适度的水平之内。

专栏2：荷兰花卉产业外向型发展的经验

> 作为全球最主要的花卉供给国，荷兰花卉产业的外向型发展取得了巨大成功。具体而言，其发展特点与成功经验主要体现在以下几个方面。第一，构建了政府宏观管理与行业组织微观管理有效结合的管理模式。荷兰花卉产业的政府主管部门是国家农业部，政府主要采取直接管理和授权中介机构间接管理相结合的管理方式。就政府的直接管理而言，政府主要集中于行业立法、制定优惠政策、进行宏观引导、对中介机构进行授权并有序引导发展等；就行业的自律性管理而言，

中介机构主要着眼于协调行业内部与行业之间的利益关系、规范行业内部的企业经营行为、提供行业服务指导并根据政府授权进行管理等。多年的实践证明，这种管理模式实现了宏观管理与微观管理的有效结合，有力地促进了荷兰花卉产业的发展。第二，构建了专业化的花卉市场营销体系。荷兰花卉市场营销体系主要由拍卖、批发、零售及大量出口构成。其中，最著名的就是花卉拍卖市场，荷兰花卉出口额的80%是通过拍卖市场进行的，不但如此，荷兰花卉拍卖市场还可以实现花卉保鲜、包装、检验、通关、运输、结算等一站式服务。这不但大幅度降低了花卉产品出口的风险，而且大幅度提升了花卉出口的效率。第三，采取适度规模的集约化经营方式。荷兰花卉发展尽管强调规模化运作，但企业或农户规模都维持在一个适度的水平上。这种适度规模的集约化经营不但有助于花卉播种、栽种、采收、分级的机械化操作，而且有助于生产过程中湿度、温度、光照等的电脑化安排。第四，特别重视花卉品种资源的收集、保存、开发与保护。在荷兰，几乎每种花都有专门的花卉育种公司，荷兰政府十分重视对植物新品种权利的保护。正是得益于此，荷兰花卉的新品种才会如此丰富。

专栏3：以色列花卉产业外向型发展的经验

就发展花卉产业的自然资源而言，以色列并不具备任何比较优势，但通过持续不断的努力，以色列的花卉产业取得了巨大成就，并在国际市场上形成了独特的竞争优势。综观以色列花卉产业外向型发展的演化历程，以下一些经验值得云南学习。首先，强调专业化的运作方式。以色列的每户花农一般只生产一两种鲜花，并且只负责花卉的生产与采后的简单处理（整理、分级、保鲜）；种苗、种球生产厂家只负责育苗与种子供应；物流运输企业则负责鲜花的包装与运输；花卉出口企业则负责产品出口与市场开拓。其次，强调机械化与技术化的生产方式。以色列70%～80%的花卉种植是在计算机控制的现代化温室中进行，可根据花卉生长的需求调控温度、湿度与光照，并配有先进的灌溉技术与施肥技术。不但如此，在流通与销售环节，以色列的机械化与自动化水平也非常高，计算机、捆扎机、包装机等机械设备的使用非常普遍。

二 云南促进花卉产业外向型发展的重点选择

根据云南花卉产业外向型发展的现状、面临的机遇与挑战，以及发达国家花卉产业外向型发展的经验，促进云南花卉产业外向型发展的政策选择需要突出以下几个战略重点（见图7-1）。

第一，需要构建花卉产业的技术创新与推广体系。正如理论与经验所显示的那样，技术研发与创新体系是产业外向型发展的基础。与此同时，考虑到云南省内技术创新成果的转化困难，构建花卉产业的研发与创新体系还必须辅以技术推广体系。具体而言，构建产业创新与推广体系一方面需要以花卉产业需求为导向、以花卉企业为主体，构建常规技术与高新技术相结合，自主创新与技术引进、吸收、再创新相结合，国家级与省级高等院校（科研机构）相结合，产、学、研、企相结合的花卉技术研发与创新体系，另一方面需要充分利用云南省内现有的农林技术推广机构，逐步建立以各级农林研发推广机构为主导，以农村花卉合作经济组织为基础，花卉科研、教学等单位和花卉企业广泛参与、分工协作的多元技术推广体系。

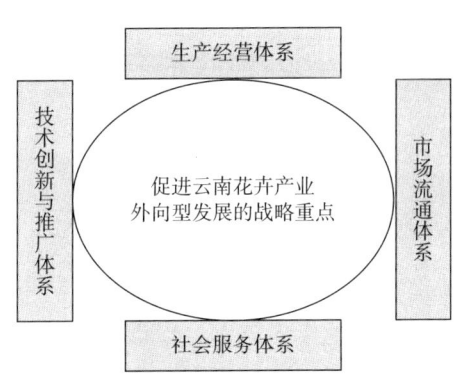

图7-1 促进云南花卉产业外向型发展的战略重点

第二，需要提升花卉行业生产经营体系的组织化程度。针对云南花卉企业规模较小、行业发展的产业化水平不高等问题，促进全省花卉产业的外向型发展还需要突出生产经营体系这个重点。具体而言，首先是要培育一批经济效益高、辐射带动能力强、市场前景好的龙头骨干企业，并以此为基础带动全省花卉产业的标准化种植、规模化生产、集约化经营；其次是要以现代花卉产业示范园区为重点，构建集科学研究、种子繁育、花卉生产、花园观赏、科普培训于一体的现代化的花卉产业功能区，引导全省花卉企业的集群化发展与花卉产业的集聚化发展；再次是要以花卉产业的种子研发、精深加工、市场销售等战略环节为重点，以发展配套产业为补充，完善云南花卉产业链条，并推动其向产业价值链的两端攀升；最后是要加快建设云南和龙头企业的花卉品牌体系，支持企业的品牌营销战略。

第三，需要完善花卉产业的市场流通体系。针对花卉产业外向型发展的市场流通不畅等问题，促进云南花卉产业的外向型发展还需要突出市场流通体系这个重点。具体而言，首先是要以建设并完善昆明斗南国家级花卉市场为重点，吸引国内外花卉企业长期入驻，完善大宗花卉产品、花卉精品拍卖以及远程交易等现代交易模式；其次是要整合省内现有花卉资源，构建集批发和零售于一体、产业分工与协作的省级花卉市场，并大力发展以大中城市为中心的花卉零售经营网点和网络销售；最后是要以加强交通基础设施建设、加快花卉物流公共信息平台建设、积极培育大型花卉物流龙头企业为重点，逐步建立和健全花卉物流体系和冷链运输体系，并促进花卉物流体系和服务体系的标准化、范划化、专业化发展。

第四，需要完善花卉产业的社会服务体系。针对花卉产业的社会服务体系不健全等问题，促进云南花卉产业的外向型发展还需要突出社会服务体系这个重点。具体而言，首先是要以完善花卉产业的统计调查和信息管理、促进全省花卉产业的统计信息交流并建立信息共享机制为重点，加快建立云南花卉产业的现代化信息平台；其次是要以健全种植、生产、采摘、包装、储藏、运输等花卉标准化体系，完善花卉产品的质量控制体系并开展不同层次的产品质量认证工作为重点，促进花卉产品的标准和认证与国际接轨；最后是要以扶持发展行业组织和各类专业经济合作组织、整合政府花卉管理机构为重点，加快云南花卉产业的社会组织建设。

三 云南促进花卉产业外向型发展的政策选择

基于理论与经验的指导，并考虑云南花卉产业外向型发展的现状，促进花卉产业外向型发展的政策需要突出以下几个重点（见图7-2）。

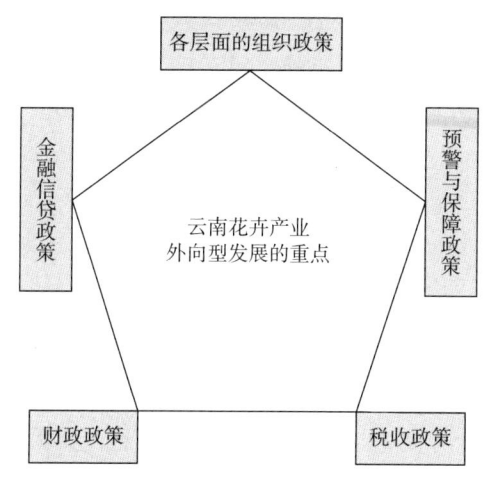

图7-2 促进云南花卉产业外向型发展的重点政策

第一，完善各层面的组织政策。在宏观层面，理顺云南省内管理花卉产业的政府职能部门的关系，进一步明确各个机构的责任，完善花卉产业的宏观管理，有序引导全省花卉产业的合理化布局与差异化发展；在中观层面，需要以云南花卉产业联合会为重点，进一步健全省内花卉产业的行业组织，尤其要发挥花卉行业协会在行业自律、社会服务、人才培养以及与政府协调等方面的优势，协调政府层面的宏观管理与企业层面的微观管理；在微观层面，需要鼓励花卉企业与农户展开各类经济合作，如采用"公司+基地+农户"的出口模式，提升省内花农的组织化程度与抗市场风险能力。

第二，完善金融信贷政策。首先，需要加大对省内花卉龙头企业、重点企业与骨干企业的金融支持力度，对其涉及产业技术创新与产品出口等方面的项目，要鼓励国家开发银行云南省分行等政策性金融机构优先安排贷款，并实施省级政府配套资金支持与金融信贷担保；其次，需要建立花卉产品出口的信贷制度，为花卉产业内部出口的重点企业直接提供政府贷款，或提供政府有贴息的优惠贷款，也可在WTO的框架之内采取"出口信贷担保计划"，即对进口云南花卉产品的重点进口企业给予一定的政府信贷担保；最后，需要在省级政府层面为云南花卉企业的出口提供必要的信用保险。

第三，完善财政政策。首先，需要加大政府的财政支持力度，要将花卉产业作为省、市一级财政支持的重点，制定优惠、有效与完善的财政政策，引导资金向花卉产业倾斜；其次，需要积极争取国家层面的政策性项目，并以此为基础加大对花卉产业的资金投入。

第四，完善税收政策。首先，需要将花卉产业内的重点企业、骨干企业列入云南省内涉农项目，并按照涉农项目所得免、减征企业所得税；其次，需要调整农产品增值税结构，将一些按深加工产品征收的17%的增值税，调减到一般加工产品的增值税；最后，需要对花卉产品的出口给以完全退税政策，花卉产品出口征税多少就退多少，并由省一级财政予以保障。

第五，建立花卉产品出口的预警与保障政策。首先，需要在省政府层面，针对云南花卉产业的主要出口国——日本、韩国、泰国、马来西亚、新加坡、越南等亚洲国家，收集目标市场国家的需求信息、政策法规信息、反倾销措施、农产品预警措施等，建立云南花卉产品出口的预警系统；其次，需要建立花卉产品出口摩擦报告机制，及时了解省内重点花卉企业、龙头骨干企业的出口摩擦，协助企业解决问题；最后，需要完善花卉产品争端应诉机制，可在省内设立农产品出口应诉转向基金，鼓励并帮助企业在面对反倾销或其他不公平对待时积极应诉。

第六，进一步完善其他配套政策。首先，需要以帮助花卉企业参加国际花卉展销会、资助花卉企业在目标市场国家进行花卉产品宣传与促销活动、对主要目标国家派遣政府官员帮助企业开拓市场等为重点，辅助花卉出口企业开拓海外市场；其次，需要为省内花卉出口企业提供培训和无偿咨询服务等。

第八章
案例研究二：云南机床制造业外向型发展研究

第一节 云南机床制造业发展历史及其在外向型经济中的地位

一 云南机床制造业的发展历史

机床制造业是云南机械行业的一大传统优势产业，云南机床制造业经历了70余年的发展历程。1939年，国民政府资源委员会在昆明筹建了中央机器制造厂，从此云南开始生产动力机械、通用机械、机器工具、部分军工产品、各种机床附件以及精密工具，开启了云南机床制造业发展的历史。新中国成立以来，云南机床制造业有了较大发展。1953年中央机器制造厂更名为昆明机床厂，成为当时我国第一机械工业部直属的18家机床厂之一，拥有一系列具有自主知识产权的机床品牌，昆明机床厂的成立拉开了云南专业机床生产的序幕。1960年成立的云南机床厂和1971年成立的昆明铣床厂等企业，都是国内机械工业的重点企业。此后，从事精密磨床的云南第二机床厂、生产钻床的云南第三机床厂、生产车床的玉溪机床厂、生产镗床的丽江机床厂和云南锻压机床厂等机床工具生产部门相继成立。这些制造企业都具有相当大的技术力量和生产潜力，使云南机床制造业的实力大大增强。经历了70多年的发展，云南机床制造业已经形成了加工、铸造、仪表、电器等配套行业齐备的制造体系，拥有加工中心、镗床、铣床、车床、磨床、钻床等数十个大类数百个品种的产品，成为云南省重要的支柱产业之一。云南也成为我国重要的机床出口基地之一。

二 外向型经济发展中具有明显优势

云南机床制造业的主要贸易伙伴国分布于东南亚、南亚、南非、南美洲、澳大利亚、欧洲。随着《云南省加快建设面向西南开放重要桥头堡总体规划（2012~2020年)》等政策的出台，云南省将被建设成为我国面向西南开放的重要桥头堡，有利于构建我国通往东南亚、南亚的陆路国际大通道，为机床贸易的发展提供了运输条件与环境上的政策支持，而一系列关于跨境人民币结算与资本项目可兑换政策的出台，也大大促进了云南机床制造业的发展。

云南机床制造业在出口贸易中优势明显。图8-1显示了云南机床制造业与全国机床制造业在出口贸易中占比情况的比较情况。从图8-1可看出，云南机床制造业出口贸易总额在云南出口贸易总额中所占比重与同期全国水平相比情况如下：2006~2007年低于同期全国水平，2008年与全国水平持平，2009年高于全国水平0.3个百分点，达到了峰值，而2010年又有所回落。与全国相比，云南机床制造业在出口贸易总额中占比的波动较大，其趋势并不平缓，存在较大的极差。这说明，云南机床制造业在外向型经济中的发展潜力很大，但受经济环境与景气程度的影响也较大。

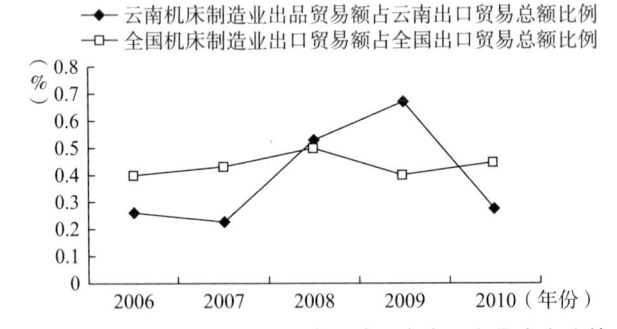

图8-1 云南机床制造业与全国机床制造业在出口贸易中占比情况比较

图8-2显示了云南部分机床类工具在云南机床工具贸易出口总额中所占比例与全国情况的比较情况。从图8-2可以看出，云南金属加工机床、非金属加工机床与机床附件类产品占云南机床出口贸易的比重都要远远高于全国水平。这说明，云南机床行业在金属加工机床、非金属加工机床与

第八章 案例研究二：云南机床制造业外向型发展研究

机床附件类产品的出口贸易中具有一定优势，可以作为外向型经济发展的产业重点。

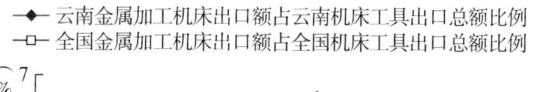

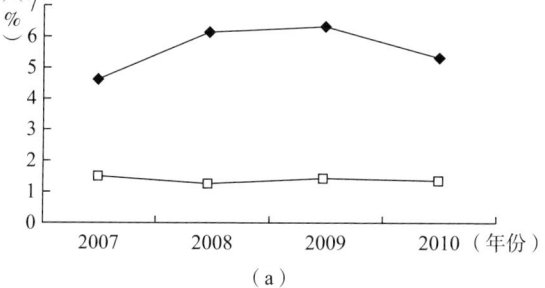

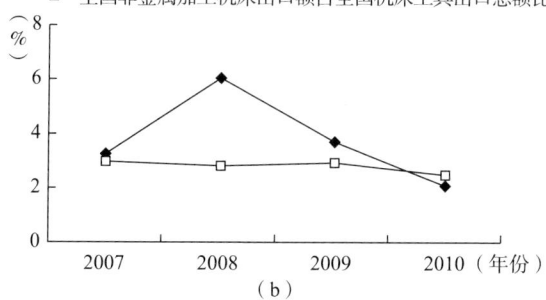

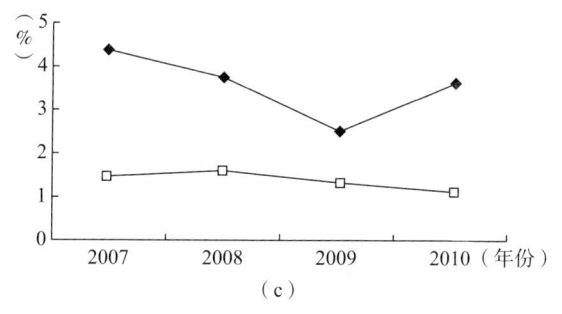

图 8-2 云南部分机床类工具在机床工具贸易出口总额中所占比例与全国情况比较

三 基于 CMS 模型的分析

恒定市场份额模型 CMS（Constant Market Share Model）是国际上非常流行的一种贸易分析工具。CMS 模型对出口变动因素有详细的效应分解，因此本章采用该模型对云南机床制造业产品的出口变动因素进行分析。在 CMS 模型中，出口商品的增长受到需求效应、商品结构效应、市场规模效应和竞争力效应的影响。

需求效应用于衡量云南省的机床产品出口额在多大程度上受到世界机床产品总需求的影响。它指在云南机床产品的国际市场份额不变的情况下，云南机床产品出口额随世界机床产品总需求变动而变动的部分。假如世界市场需求增加，则云南机床产品的出口额就增加。

商品结构效应是指在云南机床产品出口竞争力不变的情况下，世界机床产品需求结构变动对云南机床产品出口额影响的部分。假如国际市场对云南省具有出口优势的机床产品 A 的需求增加，因为 A 的世界市场占有率较高，商品结构效应为正值，则云南机床产品相对于竞争国的出口能力增强，出口额增加。反之，假如世界对云南不具优势的机床产品 B 需求增加，由于此品种出口不利于云南对世界市场的占有，商品结构效应为负值，则云南出口贸易额将会下降。

市场规模效应用于衡量市场规模增长对云南机床制造业出口增长的影响。

竞争力效应是指云南机床制造业产品出口额随其国际市场占有率变动而变动的部分，由于国际市场占有率反映了某产业的出口竞争力，因此该项指标反映机床产品出口竞争力变动对云南机床行业出口的影响情况。假如某机床产品出口竞争力增强，则云南该种产品出口贸易额将增加，反之则减少。其中，影响出口产品竞争力的因素很多，如劳动生产率、价格水平、产品质量、营销技术、贸易政策和汇率等，竞争力效应衡量的是这些因素的综合作用。

将云南机床制造业的相关数据带入 CMS 模型，可以得到云南机床制造业产品出口变动的 CMS 分析结果（见表 8-1）。

表 8-1　2007~2010 年云南机床制造业产品出口变动的 CMS 分析结果

单位：千美元

阶段 项目	2007~2008 年	2008~2009 年	2009~2010 年
云南出口额变化	265039	-484969	3089260
需求效应	1876	-4214	9476
商品结构效应	64376	-19173	100726
市场规模效应	148214	-488697	3098608
竞争力效应	50573	27115	-119550

从表 8-1 中可以看出，2007~2008 年，云南出口额变化为 265039 千美元，主要来源于商品结构效应、市场规模效应与竞争力效应的贡献，需求效应所起到的作用相对较小，说明 2007~2008 年，云南省机床产品出口额受世界机床产品总需求的影响并不大。2008~2009 年，云南的出口额变化为 -484969 千美元，这是由商品结构效应、市场规模效应和需求效应的削减造成的，但这一时期仍保持了较大的竞争力效应，这说明 2008~2009 年，云南省机床产品出口额因受到世界机床产品总需求、需求结构和市场规模的影响而略有下降，但竞争力效应控制住了下滑趋势。2009~2010 年，云南出口额变化幅度大大提高，达到了 3089260 千美元，提高的原因主要是需求效应、商品结构效应和市场规模效应的提升，尤其是市场规模效应的迅猛上扬，然而这一时期竞争力效应却呈现负值，说明这一时期云南省机床产品的出口竞争力下降并影响了总出口额。

由以上分析可以看出，虽然 2008 年以来的金融危机对云南机床制造业造成了巨大冲击，但是总的来说，云南机床制造业具有较强的国际竞争力。然而这种竞争优势并不稳定，存在较大波动。因此，分析云南机床制造业的现状与问题，对于充分挖掘云南省机床制造业的竞争优势、培育其核心竞争力，保持其在云南外向型经济中的产业优势具有重要的现实意义。

第二节 云南机床制造业现状、趋势与对外贸易特点

一 云南机床制造业的发展现状

根据《中国机床工具统计年鉴》的数据，云南机床制造业以金属切削机床行业、金属附件行业、磨料磨具行业等类型为主，但总的来说，存在机床产品类型较为单一、市场占有率不高、工业总产值较低、工业产品销售额在全国份额较低等问题。

图 8-3 展示的是 2011 年云南机床制造业的产品结构，由图 8-3 可知，2011 年云南机床制造业仅涉及金属切削工具、机床附件及磨料磨具 3 个行业，其中金属切削工具行业完成工业总产值 551897 万元，占云南机床制造业全行业总产值的 97.28%，磨料磨具与机床附件两个行业实际完成工业总产值分别仅占云南机床制造业全行业总产值的 1.52% 与 1.20%。

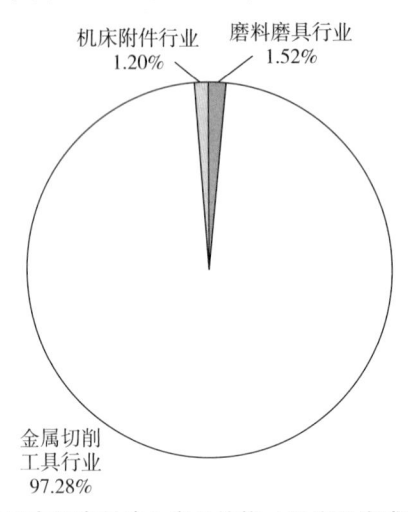

图 8-3　2011 年云南机床制造业产品结构（以实际完成工业总产值衡量）

表 8-2 展示的是 2009~2011 年云南机床制造业工业总产值的完成情况，从表 8-2 中也可以看出云南机床制造业结构总体集中于金属切削工具行业，金属切削工具行业在云南机床制造业中的占比一直处在高位，平均占比在 90% 以上，2009~2010 年略有下降，2011 年又回升且超过了 2009 年

的水平，达到97.28%。

综合图8-3和表8-2可以发现，云南机床制造业的生产力多集中于技术含量低、附加值不高的金属切削工具等低端机床工具的生产、制造与销售，产品类型较为单一。

表8-2 云南机床制造业2009~2011年工业总产值完成情况

年份	涉及行业	实际完成总产值（万元）	占当年机床制造业总产值比例（%）	企业数量（家）
2009	金属切削工具	295948	93.41	14
	金属成型机床	1214	0.38	2
	铸造机械	12667	4.00	2
	机床附件	610	0.19	1
	磨料磨具	3571	1.13	4
	其他金属加工机械	2807	0.89	2
2010	金属切削工具	437973	91.12	15
	金属成型机床	1204	0.25	1
	铸造机械	15905	3.31	1
	木工机械	924	0.19	1
	机床附件	6615	1.38	1
	磨料磨具	15731	3.27	6
	其他金属加工机械	2312	0.48	2
2011	金属切削工具	551897	97.28	21
	机床附件	6833	1.20	2
	磨料磨具	8618	1.52	2

资料来源：《中国机械工业统计年鉴》（2009~2010年）。

同时，《中国机床工具统计年鉴》（2011年）的数据显示，2011年云南机床制造业中金属切削工具行业完成全国工业总产值的比例仅为3.6%，机床附件行业与磨料磨具行业分别为0.2%和0.05%。云南机床制造业2011年实际完成工业总产值与产品销量较低，市场占有率偏低，在全国的排名靠后，机床工业企业数量较少。

图8-4反映了2009~2011年云南机床制造业实际完成总产值的变化情

况。由图 8-4 可知，云南机床制造业实际完成总产值在 2009 年为 316817 万元，2010 年是 480664 万元，在 2009 年的基础上增加了 51.72%，2011 年实际完成总产值 567348 万元，在 2010 年的基础上增加了 18.03%。由此可见，虽然云南机床制造业在全国的市场份额不高，对全国机床制造业工业总产值的贡献较小，但是纵向比较可以发现云南机床制造业发展较快。

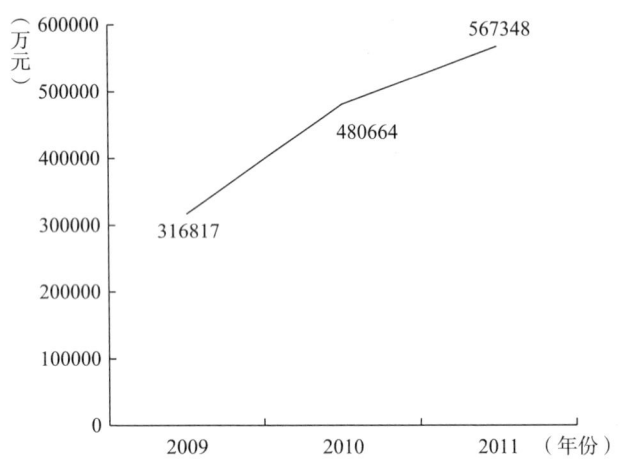

图 8-4　2009～2011 年云南机床制造业实际完成总产值变化情况

如图 8-5 所示，2009 年云南机床制造业涉及金属切削工具行业、金属成型机床行业、铸造机械行业、机床附件行业、磨料磨具行业、其他金属

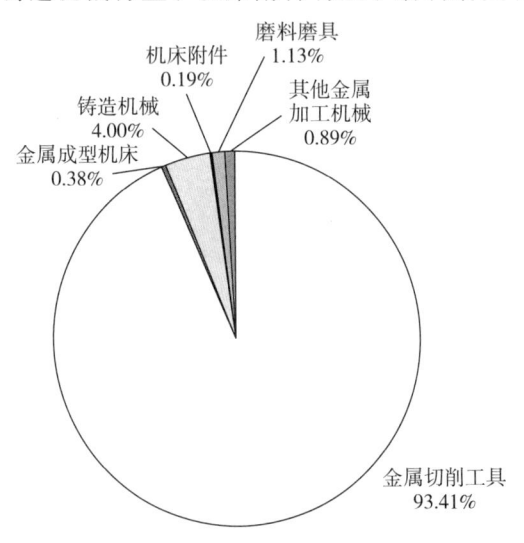

图 8-5　2009 年云南机床制造业产品结构

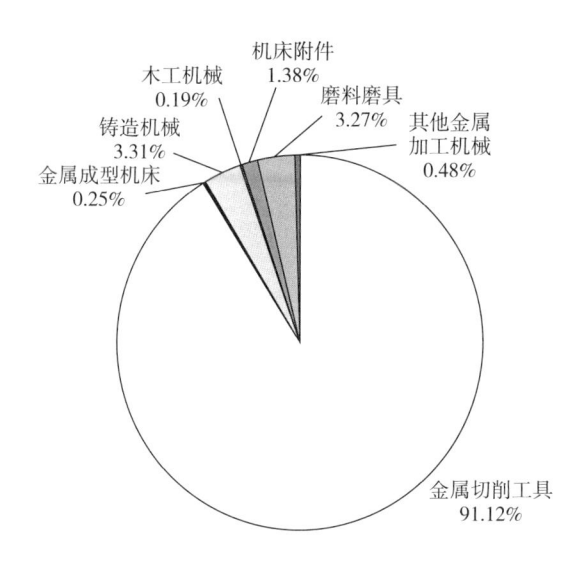

图 8-6 2010 年云南机床制造业产品结构

加工机械行业 6 个行业。

由图 8-6 可知，2010 年云南机床制造业新增了木工机械行业。而由图 8-3 可知，2011 年云南机床制造业主要集中于 3 个行业，分别是金属切削工具行业、机床附件行业、磨料磨具行业。但云南机床制造业的企业总数 2009~2011 年并未发生太大变化，由此可以总结出，云南省机床制造业呈现行业集聚趋势。

二 云南机床制造业的进出口情况

2011 年，我国金属加工机床消费额达到 390.9 亿美元，占国际机床总消费额的 45.51%，其中数控机床消费额 255.8 亿美元，占我国机床消费额的 65.44%。可以看出，我国是机床消费尤其是数控机床消费的大国。同时，我国也是世界机床的第一大生产国，机床消费和进口总量已经连续 10 年位居世界第一。

虽然我国机床制造业多年来一直处于贸易逆差的地位，云南省的机床贸易却一直是贸易顺差。然而，多年来处于贸易顺差地位的云南机床制造业的贸易结构却不是十分合理。

表 8-3 是"十一五"期间（2006~2010 年）云南省机床制造业进出口

商品的贸易情况。

表8-3 "十一五"期间云南省机床制造业进出口商品
贸易情况（按协调制度分类）

单位：千美元

机床产品类型 \ 进出口情况	出口额	进口额	贸易差额
用激光等处理各种材料的特种加工机床	1523	1303	220
金属切削加工中心、单工位及多工位组合机床	3315	16978	-13663
切削金属车床	72906	844	72062
切削金属的钻床、镗床、铣床、攻丝机床	16018	1411	14607
金属等的磨削、研磨、抛光或其他精加工机床	2396	17597	-15201
切削金属的刨床、插床、拉床、切齿机等机床	2067	2190	-123
金属压力加工机床	36773	7334	29439
金属、金属陶瓷等其他非切削加工机床	1618	8	1610
矿物材料加工机床、玻璃冷加工机床	1506	3564	-2058
木材、软木、骨、硬橡胶等硬质材料加工机床	5009	1562	3447
合计	143131	52791	90340

资料来源：根据海关统计数据整理。

从表8-3可以看出，"十一五"期间，云南机床制造业总体上来说处于出口大于进口的贸易顺差地位，顺差90340千美元。按顺差额从大到小排序，依次是：①切削金属车床；②金属压力加工机床；③切削金属的钻床、镗床、铣床、攻丝机床；④木材、软木、骨、硬橡胶等硬质材料加工机床；⑤金属、金属陶瓷等其他非切削加工机床；⑥用激光等处理各种材料的特种加工机床。处于逆差地位的机床行业按逆差额从大到小排序，依次是：①金属等的磨削、研磨、抛光或其他精加工机床；②金属切削加工中心、单工位及多工位组合机床；③矿物材料加工机床、玻璃冷加工机床；④切削金属的刨床、插床、拉床、切齿机等机床。可见，云南机床制造业以出口技术含量低、能源消耗大、销售价格便宜的产品为主，而进口则以价格昂贵、技术含量高的产品为主。虽然总体呈现贸易顺差，但产品贸易结构并不十分合理。

表8-4展示了"十一五"期间云南省机床制造业进出口商品的单价

情况。

表8-4 "十一五"期间云南省机床制造业进出口商品单价（按协调制度分类）

单位：千美元/件

机床产品类型 \ 进出口情况	出口单价	进口单价
用激光等处理各种材料的特种加工机床	2.092	186
金属切削加工中心、单工位及多工位组合机床	20.213	772
切削金属车床	6.509	281
切削金属的钻床、镗床、铣床、攻丝机床	1.697	353
金属等的磨削、研磨、抛光或其他精加工机床	0.342	652
切削金属的刨床、插床、拉床、切齿机等机床	0.205	219
金属压力加工机床	20.194	367
金属、金属陶瓷等其他非切削加工机床	12.641	4
矿物材料加工机床、玻璃冷加工机床	0.414	74
木材、软木、骨、硬橡胶等硬质材料加工机床	3.766	6

资料来源：根据海关统计数据整理。

从表8-4可以看出，云南进口的机床单价较出口的机床单价要高许多，有的机床产品进口单价甚至达到出口单价的上千倍。云南机床制造业仅有一个类型的机床产品出口单价较进口单价高，即金属、金属陶瓷等其他非切削加工机床，而其进口单价仅是出口单价的3.16倍。可见，云南机床制造业产品出口附加值较低，但进口商品较贵。出口的是低技术含量、低附加值、便宜的产品，而进口的是高技术含量、高附加值、昂贵的产品。

表8-5与表8-6反映的是"十五"期间（2001~2005年）和"十一五"期间（2006~2010年）云南机床制造业产品进出口的数量和金额情况。

表8-5 "十五"期间云南省机床制造业进出口数量和金额（按协调制度分类）

单位：台，千美元

机床产品类型 \ 进出口情况	出口数量	出口金额	进口数量	进口金额
用激光等处理各种材料的特种加工机床	122	895	4	1223
金属切削加工中心、单工位及多工位组合机床	183	1515	34	15642

续表

机床产品类型＼进出口情况	出口数量	出口金额	进口数量	进口金额
切削金属车床	5663	29059	9	1270
切削金属的钻床、镗床、铣床、攻丝机床	6062	5581	35	1188
金属等的磨削、研磨、抛光或其他精加工机床	6419	1317	40	8572
切削金属的刨床、插床、拉床、切齿机等机床	2865	677	60	859
金属压力加工机床	1033	8914	20	4788
金属、金属陶瓷等其他非切削加工机床	109	1064	13	1344
矿物材料加工机床、玻璃冷加工机床	759	786	113	2665
木材、软木、骨、硬橡胶等硬质材料加工机床	6729	2938	79	2481
合计	29944	52746	407	40032

资料来源：根据海关统计数据整理。

表8-6 "十一五"期间云南省机床制造业进出口数量和金额（按协调制度分类）

单位：台，千美元

机床产品类型＼进出口情况	出口数量	出口金额	进口数量	进口金额
用激光等处理各种材料的特种加工机床	728	1523	7	1303
金属切削加工中心、单工位及多工位组合机床	164	3315	22	16978
切削金属车床	11201	72906	3	844
切削金属的钻床、镗床、铣床、攻丝机床	9441	16018	4	1411
金属等的磨削、研磨、抛光或其他精加工机床	6998	2396	27	17597
切削金属的刨床、插床、拉床、切齿机等机床	10067	2067	10	2190
金属压力加工机床	1821	36773	20	7334
金属、金属陶瓷等其他非切削加工机床	128	1618	2	8
矿物材料加工机床、玻璃冷加工机床	3638	1506	48	3564
木材、软木、骨、硬橡胶等硬质材料加工机床	1330	5009	262	1562
合计	45516	143131	405	52791

资料来源：根据海关统计数据整理。

从贸易平衡状况看，"十五"期间和"十一五"期间云南机床制造业都处于贸易顺差地位。"十五"期间顺差额为12714千美元，"十一五"期间顺差额为90340千美元，可见云南省机床制造业的出口顺差进一步扩大。

从进出口数量看,"十五"期间云南各类机床出口数量为29944台,进口数量为407台,出口数量是进口数量的73.57倍。"十一五"期间云南各类机床出口数量为45516台,进口数量为405台,出口数量是进口数量的112.39倍。可见云南机床出口数量明显大于进口数量。与此同时,对出口额和进口额进行对比可以发现:"十五"期间出口额为52746千美元,进口额为40032千美元,出口额仅为进口额的1.32倍;"十一五"期间出口额为143131千美元,进口额为52791千美元,出口额仅为进口额的2.71倍。云南机床制造业的进出口额差距并不大,出口数量却明显大于进口数量,出现这种情形的原因是出口产品附加值低、价格便宜,而进口产品附加值高、价格昂贵。

三 切削机床行业和金属加工机床行业的进出口情况

1. 切削机床行业的进出口状况

以下将从出口对象、出口数量、出口单价、总出口额和出口额增长率几个方面对云南切削机床行业进出口状况展开分析。

(1) 出口对象和出口数量。

表8-7反映的是2006~2010年云南切削机床主要出口国家和地区的出口数量和单价情况。

表8-7 2006~2010年云南切削机床主要出口国家和地区的出口数量和单价

单位:台,千美元/台

出口国家和地区	2006年 数量	2006年 单价	2007年 数量	2007年 单价	2008年 数量	2008年 单价	2009年 数量	2009年 单价	2010年 数量	2010年 单价
印度尼西亚	10	7.9	10	5.8	91	6.42	111	5.75	318	6.91
缅甸	5513	0.11	5195	0.08	2380	0.27	4769	0.4	5969	0.67
马来西亚	118	4.34	114	4.85	119	5.05	51	6.2	135	6.98
新加坡	18	4.11	56	3.86	9	10.89	58	5.98	76	6.2
泰国	66	4.95	56	4.96	35	4.86	173	6.56	470	2.16
越南	145	9.76	41	13.9	31	11.48	16	14.19	56	3.27

续表

出口国家和地区	2006年		2007年		2008年		2009年		2010年	
	数量	单价	数量	单价	数量	单价	数量	单价	数量	单价
叙利亚	92	4.74	93	5.41	59	3.81	34	7.29	54	4.81
土耳其	216	7.26	121	6.45	84	10.01	6	7.17	64	7.97
中国香港	165	5.6	248	6.02	202	6.81	16	7.44	4	5.5
韩国	0	0	2	1146	2	969	2	569	0	0
意大利	56	7.61	51	10.49	77	14.31	39	20.82	54	15.07
比利时	238	2.23	141	2.96	131	3.93	139	2.31	110	2.53
南非	140	4.95	190	6.41	151	7.05	77	6.06	99	7.13
巴西	544	5.34	734	6.18	1145	6.6	441	6.15	712	6.69
阿根廷	614	3.51	666	3.82	597	4.67	179	4.84	305	6.23

从表8-7中可以看出，云南省的切削机床出口数量最多的国家和地区大多处于亚洲，以东南亚国家最为集中。其中，近年来切削机床出口数量最多的国家是东南亚地区的缅甸（切削机床出口数量在5000台/年左右，2008年除外），其次是南美洲的巴西和阿根廷，西亚、东亚等地区相对较少。从总量上看，2008年云南省切削机床出口数量受金融危机的影响，出口量有所下降，其余年份大体保持平稳较快增长态势。

（2）出口单价。

从表8-7中可以看出，2006~2010年云南切削机床面向缅甸出口的单价较平均单价低得多，但出口数量最大。而对其他地区的出口单价都普遍高于平均出口单价，这主要是由不同国家的需求产品结构、运输成本、关税制度以及贸易合作等的不同造成的。值得一提的是，2007~2009年云南出口韩国的切削机床虽然每年只有2台，但单价分别达到了1146千美元/台、969千美元/台、569千美元/台，是当年平均出口单价的几百倍，可以认为，2007~2009云南向韩国出口了几台高技术含量与高产品附加值的大型切削机床设备。

（3）出口总额和增长率。

表8-8反映了2006~2010年云南切削机床主要出口国家和地区的出口额及其增长率的情况。

表 8-8 2006~2010 年云南切削机床主要出口国家和
地区的出口额及其增长率

单位：千美元，%

出口国家和地区	2006年 出口额	2007年 出口额	2007年 增长率	2008年 出口额	2008年 增长率	2009年 出口额	2009年 增长率	2010年 出口额	2010年 增长率
印度尼西亚	79	58	-26.58	584	906.9	638	9.25	2197	244.36
缅甸	606	416	-31.35	643	54.57	1908	196.73	3999	109.59
马来西亚	512	553	8.01	601	8.68	316	-47.42	942	198.10
新加坡	74	216	191.89	98	-54.63	347	254.08	471	35.73
泰国	327	278	-14.98	170	-38.85	1135	567.65	1015	-10.57
越南	1415	570	-59.72	356	-37.54	227	-36.24	183	-19.38
叙利亚	436	503	15.37	225	-55.27	240	10.22	260	4.84
土耳其	1568	780	-50.26	841	7.82	43	-94.89	510	1086.05
中国香港	924	1493	61.58	1376	-7.84	119	-91.35	22	-81.51
韩国	0	2292	0	1938	-15.45	1138	-41.28	0	-100.00
意大利	426	535	25.59	1102	105.98	812	-26.32	814	0.25
比利时	531	417	-21.47	515	23.5	321	-37.67	278	-13.40
南非	693	1218	75.76	1065	-12.56	467	-56.15	706	51.18
巴西	2905	4536	56.14	7557	66.60	2712	-64.11	4763	75.63
阿根廷	2155	2544	18.05	2788	9.59	866	-68.94	1900	119.40

资料来源：根据海关统计数据整理。

从表 8-8 可以看出，云南省切削机床出口额较大的国家是南美洲的巴西和阿根廷，只是在 2009 年，对阿根廷的切削机床出口额骤降到了 866 千美元。云南对越南、土耳其、中国香港地区的出口则呈现萎缩的态势。受到经济形势的影响，欧美国家和部分亚洲国家对机床工具的需求量在 2009 年骤降，而由于地理位置的优势以及一系列区域合作政策的作用发挥，云南切削机床对东南亚国家的出口总体处于上升态势，且增长较快。

2. 金属加工机床行业的进出口状况

接下来将从出口对象、出口数量、出口单价、总出口额和出口额增长率几个方面对云南切削机床进出口状况展开分析。

(1) 出口对象和出口数量。

表 8-9 反映了 2006~2010 年云南金属加工机床主要出口国家的出口数量和单价情况。

表 8-9 2006~2010 年云南金属加工机床主要出口国家
的出口数量和单价

单位：台，千美元/台

出口国家	2006 年 数量	2006 年 单价	2007 年 数量	2007 年 单价	2008 年 数量	2008 年 单价	2009 年 数量	2009 年 单价	2010 年 数量	2010 年 单价
老挝	8	0.81	16	0.08	13	4.77	9	5.11	5	10.2
缅甸	37	6.21	63	4.85	43	15.44	87	1283.74	112	21.68
泰国	11	6.55	11	4.96	7	13.00	18	2.28	20	19.55
越南	89	28.67	54	13.90	43	59.28	24	77.92	51	19.61
叙利亚	0	1.86	14	5.41	2	11.5	4	8.25	0	0
西班牙	77	13.65	155	10.49	118	9.62	17	14.65	22	17.73
比利时	17	3.81	32	2.96	32	4.13	20	4.40	31	2.16
阿根廷	16	1.69	29	6.18	37	2.89	19	3.00	15	7.27
墨西哥	22	10.62	13	3.82	22	6.00	38	5.24	39	2.41
澳大利亚	82	11.20	54	11.20	76	16.84	35	16.80	34	18.56

资料来源：根据海关统计数据整理。

由表 8-9 可以看出，云南省金属加工机床主要出口国是东南亚的老挝、缅甸、泰国、越南，西亚的叙利亚，欧洲的西班牙、比利时，美洲的阿根廷、墨西哥与大洋洲的澳大利亚。最大的市场是东南亚国家，在东南亚地区的最大贸易国是越南。在东南亚国家中，主要贸易国除缅甸、泰国、越南外，又新增了贸易额较大的老挝，对印度尼西亚与马来西亚的贸易额则较少。西亚的叙利亚、欧洲的比利时、美洲的阿根廷一直是云南切削机床与金属加工机床的主要贸易对象。除此之外，金属加工机床的市场还延伸到了澳大利亚，澳大利亚是云南金属加工机床贸易出口大国。

(2) 出口单价。

对表 8-7 和表 8-9 进行对比可以发现，云南金属加工机床的出口单价平均高于切削机床的出口单价。进一步研究还可以得出结论：对云南金属加工机床的出口贸易大国越南，主要采取的是高定价、高品质、大数量的出口贸易策略，而对云南的切削机床出口数量最多的缅甸，主要采取薄利多销的策略。

（3）出口额和增长率。

表8-10反映了2006~2010年云南金属加工机床主要出口国家的出口额及其增长率的情况。

表8-10　2006~2010年云南金属加工机床主要出口国家的出口额及其增长率

单位：千美元，%

年份 出口国家	2006年 出口额	2007年 出口额	2007年 增长率	2008年 出口额	2008年 增长率	2009年 出口额	2009年 增长率	2010年 出口额	2010年 增长率
老挝	6	1	-83.33	62	6100	46	-25.81	51	10.87
缅甸	230	306	33.04	664	117.00	111685	167.20	2428	-97.83
泰国	72	55	-0.24	91	65.45	41	-54.95	391	853.66
越南	2552	751	-0.71	2549	239.41	1870	-26.64	1000	-46.52
叙利亚	0	76	—	23	-69.74	33	43.48	0	-100.00
西班牙	1051	1626	54.71	1135	-30.20	249	-78.06	390	56.63
比利时	65	95	46.15	132	38.95	88	-33.33	67	-23.86
阿根廷	27	179	562.96	107	-40.22	57	-46.73	109	91.23
墨西哥	234	50	-78.63	132	164.00	199	50.76	94	-52.76
澳大利亚	918	605	-34.10	1280	111.57	588	-54.06	631	7.31

资料来源：根据海关统计数据整理。

从表8-10可以看出，2006~2008年云南省金属加工机床的出口总额较大的国家是东南亚的越南和欧洲的西班牙。然而，自2009年起，对西班牙的出口额骤降，对缅甸的出口额大幅提升，东南亚的缅甸和越南成为2009年以来云南省金属加工机床的主要出口国。云南省金属加工机床的总出口额在2008年受越南、西班牙和澳大利亚的拉动，出现了较大幅度的增长；在2009年对缅甸的出口额骤升，弥补了对其他出口国出口额的减少，总体仍然呈现大幅上升的趋势。云南省金属加工机床对主要出口国家的出口额总体呈现浮动较大、出口额不稳定、趋势不明显的特征。

第三节 云南机床制造业对外贸易发展的制约因素

云南机床制造业有70多年的发展历史，虽然目前已经具有一定的产业发展优势与基础条件，但与全国相比，云南机床制造业仍存在许多问题和相当大的差距，若不加以重视，必会影响全行业的生存发展。本章在对云南机床制造业的重点企业进行调研的基础上，总结了云南机床制造业的具体问题。

一 行业自身制约因素

1. 总体经济规模不足，在对外贸易中难以发挥规模优势

首先，云南的机床制造业虽然有交大昆机与云南CY集团等几家发展比较好的企业，但仍然缺乏起带领作用的龙头企业，难以发挥模范效应。其次，云南机床制造业的企业除交大昆机等少数几家销售额较大，能以亿元来计量外，其余绝大多数企业的销售额难以上规模，徘徊在千万元级别。云南机床制造业全行业的销售额甚至还难以企及国内几家著名机床集团的销售额，如沈阳与大连的大型机床制造企业。最后，云南机床制造业难以发挥规模优势，打入世界机床市场，大多数云南机床制造企业是靠劳动力优势来赢取国外贸易市场，走的是低价薄利的道路。

2. 在精度、效率、自动化、智能化、环保等方面仍存在差距

云南机床制造业经过几十年的发展壮大，从简单的学习模仿转变为自主设计研发产品，特别是在大型精密机床制造方面在全国领先，但与我国其他省份的机床制造行业相比，云南机床制造业仍缺乏核心攻关技术与自主知识产权，大部分产品是在购买机的前提下简单加工优化，缺乏技术创新机制与人才引进、培养模式，缺乏机床制造业的财政投入，与全国相比，云南机床制造业在精度、效率、自动化、智能化、环保等方面都还存在一定的差距。

3. 专业人才不足

首先，云南的机床人才体系和专业知识体系不够全面，知识结构单一，云南机床制造业人才培训体系发展滞后，缺乏与国际先进机床制造业接轨的培训与实践机会，实践与理论出现断层。其次，高新产品开发缺乏知识与技术创新体系的支撑，一方面是人才自身原因所导致，另一方面受到云南机床制造业相对落后的产学研体系的束缚。最后，云南机床制造业缺乏以用户需求为导向，对加工工艺、机床布局、传动控制等理论与实践掌握娴熟的专家。知识技术的落后与人才的缺乏，导致云南机床制造业难以走上对外贸易的高端路线，制约了云南机床制造业的外向型发展。

4. 资本结构不合理、资金来源不足

云南机床制造业在迅速发展壮大的过程中取得了一定的成绩，但由于国企改革体制上的落后，加之云南地处偏远、基础设施不完善、配套设施落后等原因，云南机床制造业对外资的吸引力不强。并且，除交大昆机与云南 CY 集团等少数机床企业通过上市融资以外，云南大多数机床企业依靠银行融资，融资渠道单一，财政投入力度也较小，大部分企业资金来源不足。云南机床制造业总体呈现资本结构不合理、资金来源不足的现状。

二 外部环境制约因素

1. 产业扶持政策有待完善

国家扶持机床制造业发展的政策措施现在已经相对完备，主要有《关于"十二五"期间促进机电产品出口持续健康发展的意见》《机床工具行业"十二五"发展规划》《国家"十二五"科学和技术发展规划》等。云南也制定了一系列政策以扶持行业发展，但是政策支持力度还不够大，尚缺乏针对机床制造业发展的专项利好政策和支撑措施，尤其缺乏支持机床制造业外向型发展的政策，旨在提高机床制造业创新能力和国际竞争力的政策目前还未得到应有的重视。目前云南省机床制造业缺乏国际竞争力、高端产品产能不足，仍然存在着企业创新能力不强、核心技术缺乏、产品质量不高、同质化严重、境外营销服务缺乏、出口秩序混乱等深层次矛盾，针对这些矛盾与问题的政策亟待推出。

2. 机床进出口市场存在结构性矛盾

出口产品以低端产品为主，中高端产品依赖进口。2011 年，我国依然是世界机床第一消费大国，金属加工机床消费额达 390.9 亿美元，同比增长 33%，占世界 28 个机床消费国家和地区总消费额的 45.51%，其中，数控金属加工机床进口额 111.1 亿美元，占我国数控机床市场的 43.4%。随着国民经济的迅速发展，无论是云南机床需求市场还是国内需求市场的结构都发生了较大变化，对高端机床产品的需求量和用户数不断增加。但是，云南机床制造业由于受到产品技术的制约，高端机床产品生产能力薄弱，难以生产高端机床。云南的中端机床市场虽然已经有了一定的发展历史，但仍存在技术稳定性与可靠性问题，生产技术和产品性能与国外同类产品相比仍有较大差距。总的来说，目前机床制造业出口以低端产品为主，高端机床工具类产品特别是高档数控机床依赖进口，中档数控机床进口的比重依然较大。

3. 在国内外市场竞争中处于弱势地位

在国内市场上，新中国成立以来云南机床制造业虽然有重大的发展，但随着改革开放的到来，沿海地区凭借区位、政策与理念的优势，为机床制造业的发展提供了更高的起点。与此同时，振兴东北老工业基地的政策，使得东北机床制造业借助产业合力与政策优势占据了我国机床制造业的前沿，沈阳机床集团与大连机床集团迅速崛起。云南机床制造业中虽然交大昆机等企业仍保持着生产高精产品的行业特色，但整体行业发展困难，在全国机床制造业中排名逐渐靠后。

在国际市场上，由于机床制造业发展水平成为衡量一国综合实力的重要标志，所以工业发达国家对机床市场高度重视。目前国际机床市场的中高端市场主要由美国、日本、德国等发达国家占据，中低端市场由韩国与中国台湾地区引领。我国的机床制造业尤其是云南的机床制造业，主要是以价格低廉、技术含量不高的金属切削机床市场为主，短期内难以形成以高精、高效、高自动化的高档数控机床为主的高附加值的出口产品。

第四节 云南机床制造业对外贸易发展能力评估

一 技术优势明显但与全国仍有差距

云南是中国机床工具的重要生产省份之一，云南机床制造业在精密机床的生产方面具有技术优势，但是在中高端机床产品的生产知识、技术方面，与全国还有差距。近年来，云南机床制造业为缩小在中高端产品方面的知识、技术差距，开始探索产、学、研一体化的发展道路，并在新产品开发与技术改造方面取得了一定成绩。

以云南合信源机床有限责任公司为例，云南合信源机床有限责任公司是生产、销售磨床的云南省重点机床企业，现有6类9个系列130种规模的磨床产品，数控产品16种，卧轴距台平面磨床是公司的支柱产品，已达到规模化生产水平，且有自主品牌优势。云南合信源机床公司在产、学、研一体化发展道路上的措施主要如下。

首先，投资购买先进设备。"十二五"期间，公司投入技术改造资金5000万元，购进数控、高效、绿色环保设备70台。到"十二五"期末，公司产值达到3亿元，产量达2000台，数控机床占15%，利税为3000万元。

其次，自主研发中高端产品。2007年以来，公司开始研发数控机床，先后成功研制生产了YM-6001数控六工位铣床、TKJ7140数控镗床、YM-KD6516数控龙门磨床等一系列数控机床，掌握了包括PLC、数控系统、比例调整液压系统等一系列关键技术，培养了一批精通主要技术与勇于创新的专业研发人员。

最后，与科研机构合作。云南合信源机床有限责任公司与云南省机械研究设计院达成了战略合作协议，走产、学、研一体化发展道路。云南省机械研究院拥有一批在机械领域有较强理论和实践经验的科研人员，现已形成工程分析优化及工艺数值仿真、机械机床性能精密测试分析、先进模具设计制造三大核心学科。

除了云南合信源机床有限责任公司，交大昆机也在产、学、研一体化的发展道路中取得了突飞猛进的进展。目前交大昆机主要承担了4个国家"高档数控机床与基础制造装备"科技重大专项项目，参与了5个国家重大科技专项项目和1个"863"计划项目，承担了5项省级科技攻关项目。交大昆机还与西安交通大学、浙江大学、天津大学、重庆大学、昆明理工大学等多所高校开展长期合作，共同开发和研究。

二 在市场开拓、可持续发展方面具有优势

云南机床制造业的重点产品市场占有率一直较高，例如，云南CY集团

的CYNC系列数控车床、交大昆机的卧式锁床系列产品、昆明铣床厂的工具铣系列产品、昆明台正精密机械有限公司的数控光机等产品,在国内外市场上均很畅销。云南机床制造业的多家企业被国家批准为我国机电产品的出口基地。然而,随着机床制造业市场的变化和对低能耗、可持续发展的倡导,云南机床制造业开始逐步调整发展路径,在市场开拓和可持续发展方面都取得了可观的成效,具有一定的优势。

在市场开拓方面,云南机床制造业在市场投入与开拓上取得了显著的成效。近年来,为积极应对机床制造业的市场变化,加快市场结构调整,不断提高企业品牌知名度和产品占有率,云南机床制造业的许多企业开始进行市场投入与市场开拓。例如,云南合信源机床有限责任公司与交大昆机、云南CY集团成立了云南机床销售联盟,并先后授权了10家销售旗舰店,强化了对东北、中原、华北、东南、中南和西南等地的销售。这些旗舰店秉承"广义销售"的全新理念,集产品展示、销售、人员培训、服务等为一体,提供全过程、全方位的优质服务。与此同时,交大昆机还根据用户的需求进行用户导向式市场开发,为上海临港三一重机公司研制出3条集当今先进技术为一体的柔性自动生产线。一次就能为用户提供3条柔性自动生产线,标志着公司实现了柔性自动生产线这种高端装备的批量化生产,真正迈上了高端制造的新台阶。

在可持续发展方面,云南机床制造业也取得了较好的成绩。云南机床制造业企业在可持续发展理念的指导下,通过技术创新、设备更新、发展模式转变等多种手段,尽可能地减少对环境的污染和对资源的浪费。一方面,推行绿色制造,使产品从设计、制造、包装、运输、使用到报废的整个周期中,对环境的负面影响最小、资源效率最高;另一方面,对在用设备加大更新改造力度,淘汰耗能高、效率低的设备,实现节能减排。2011年,云南合信源机床有限责任公司的节能减排项目取得了较好的成绩,淘汰耗能高、效率低、故障多的"三漏"(即漏油、漏水、漏气)设备68台,节电50万千瓦时,改造全部高耗能发电调速刨床为先进节能直流刨床。

三 具备产业扶持政策

目前国家关于沿海、内陆、沿边开放政策的实施,已经进入了较为成熟的阶段。云南地处国家沿边开放的前沿，现在正是云南机床制造业抓住战略机遇和政策契机，大力发展外向型经济的黄金阶段。本章就政策的目标、重点和效应对目前促进云南机床制造业发展的国家政策与云南地方性政策进行归纳。

1. 支持机床制造业整体发展的规划性政策

《机床工具行业"十二五"发展规划》于 2011 年 7 月由工信部制定。目标：2015 年机床工具行业要实现工业总产值 8000 亿元；数控机床年产量超过 25 万台，国内市场占有率超过 70%；全年出口额达到 110 亿美元，其中机床出口占 40% 以上；全行业平均工业增加值率达到 30%；全行业单位工业增加值能耗比"十一五"期末降低 10%；重点企业研发费用投入占销售收入比例超过 4%。重点：形成完善的数控机床产业链，国产数控系统和功能部件等配套件基本满足国内主机需要，主导产品达到国际先进技术水平；国产中高档数控机床在国内市场占有主导地位，在航空航天、船舶、汽车制造、发电设备等国家重点领域的主导企业关键零部件加工中得到实质性的推广应用；拥有几家掌握核心知识产权、具有国际竞争力和影响力的机床工具企业（集团）；培育一批国际知名的机床工具品牌。效应评估："十二五"时期是包括云南机床制造业在内的我国机床工具行业加快转变经济发展方式的攻坚时期，下游用户行业的产业升级，对机床工具行业产品必将提出更高的技术要求，也孕育着更大的市场需求空间。《机床工具行业"十二五"发展规划》为机床工具行业的发展指明了方向，明确了任务。

2. 促进机床制造业外向型发展的政策

《关于发布鼓励进口技术和产品目录（2011 年版）的通知》于 2011 年 4 月由国家发改委、财政部、商务部制定。目标：扩大先进技术、关键零部件、国内短缺资源和节能环保产品的进口，促进自主创新和结构调整。重点：鼓励引进先进技术，鼓励进口重要装备，鼓励发展重点行业。效应评估：目前我国机床工具行业的科技水平有所提高，但关键技术和设备的国际竞争力依然不高，该通知的出台有利于鼓励机床企业加大对国际先进技术和产品的引进、吸收，提高行业整体科技水平。

《国内投资项目不予免税的进口商品目录（2012 年调整）》于 2011 年 7 月由海关总署制定，2012 年进行了修订，使得机床类设备的进口减免税有变动。目标：支持国内制造业的发展，今后外资企业只有进口国内现有技术无法达到指标要求的数控机床和压力成型机才能享受相关优惠。重点：根据国家有关规定，外资企业进口机床类设备减免税有了新调整，从2012年11月1日起，进口在目录中所列的数控机床和压力成型机的，一律征收关税。效应评估：此次政策调整涉及进口设备种类多、范围广，可能会对部分外资企业带来一定影响，但新规定设置了一定缓冲期。

3. 促进机床制造业技术创新与可持续发展的政策

《关于"十二五"期间促进机电产品出口持续健康发展的意见》的目标在于大力调整机床制造业的出口结构，加快培育以技术、品牌、质量、服务为核心竞争力的新优势，促进出口结构转型升级。重点在于推动出口企业结构从车间型向营销型转变。鼓励汽车、机床、工程机械、船舶、铁路机车等25个重点行业100家排头兵企业建立健全境外销售网络和售后服务体系，培育和认定200个出口基地和2000家基地企业，着力培育100家具有较强科技创新能力和自主核心技术的跨国机电企业集团，与此同时，加强对重点行业的出口指导，并有针对性地组织企业参加国际知名展会。效应评估：包括云南机床制造业在内的中国机床制造业的出口状况得到了政策推动，企业创新能力不强、核心技术缺乏、产品质量不高、同质化严重、境外营销服务缺乏、出口秩序混乱等深层次矛盾和问题在一定程度得到缓解。

《国家"十二五"科学和技术发展规划》的目标在于促进产业结构优化升级，提升科技创新基础能力，实现我国科技发展的战略性跨越，为进入创新型国家行列奠定坚实基础。重点是加快实施国家科技重大专项"高档数控机床与基础制造装备"，增强我国高档数控机床和基础制造装备的自主创新能力，实现主机与数控系统、功能部件协同发展，重型、超重型装备与精细装备统筹部署，打造完整产业链。效应评估："十二五"期间，包括云南机床制造业在内的机床工具行业在行业政策的推动下提高了高端设备生产能力。

4. 扶持机床制造业发展的云南地方性政策

《云南省促进重点工业产品销售实施办法》和《云南省重点企业主要产品促销目录》于2009年制定。重点：云南省政府安排工业产品销售奖，用于促进汽车及农机类、机电类、钢材类等其他设备的销售、扩大消费、拉动生产。效应评估：包括沈阳集团昆明机床股份公司、云南 CY 集团、楚雄华力机械制造公司、新天力机械制造公司、金马机电制造公司、昆明电机公司、丽江机床公司、合信源机床公司、昆明力神重工公司、昆钢重型装备制造集团等在内的机床制造企业受益颇大。

5. 推动机床制造业发展的多方合作政策

《海峡两岸经济合作框架协议》于 2011 年实施。在机床制造业方面，大陆承诺减免 10% 的关税进口台湾机械产品 107 项，包括数控卧式车床、数控钻床、数控平面磨床、其他金切数控机床、研磨机床、砂轮机、抛光机床、插床、拉床、锯床或切断机、龙门刨床、锻造或冲压机床及锻锤、非数控冲孔、开槽机、冲剪两用机及工具机零件、刀具等。由于台湾地区机床具有较强的市场竞争力，同时大陆一直是台湾机床的最重要市场，2011 年 1~7 月台湾出口至大陆及香港地区的机床价值 7.47 亿美元，占总出口额的 48.2%，同比增长 104%。因此，相关机床企业面临较大的竞争压力，需引起企业和行业部门的关注。效应评估：一方面促进了海峡两岸机床企业的合作，另一方面对包括云南在内的大陆机床制造业市场形成了较大的冲击，行业市场竞争严峻。

四 云南机床制造业发展的比较优势指数分析

云南省机床贸易的比较优势指数，是指云南的机床产品出口贸易总额占云南省出口贸易总额的比重与全国的机床出口贸易总额占全国出口贸易总额的比重之比。云南省机床贸易分行业的比较优势指数，是指云南的机床产品分行业出口贸易总额占云南省机床行业出口贸易总额的比重与全国的机床分行业出口贸易总额占全国机床行业出口贸易总额的比重之比。

比较优势指数以 1 为衡量标准，如果该指标大于 1，则证明云南省的机床贸易有比较优势，在大于 1 的情况下该指标上升，则比较优势上升。如果该指数小于 1，则证明该行业有比较劣势，在比较劣势的情况下，该指标上升，则比较劣势减少。

对云南机床制造业相关数据进行计算可以得到表 8-11 和图 8-7，表 8-11 和图 8-7 反映了 2006~2010 年云南省机床制造业比较优势指数情况。

表 8-11 云南机床制造业比较优势指数

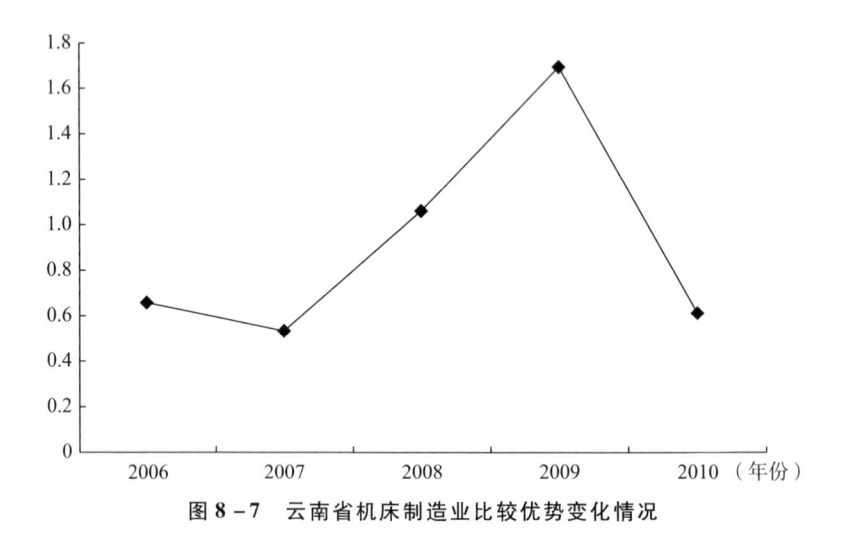

年份	比较优势指数
2006	0.660144
2007	0.536821
2008	1.063014
2009	1.697905
2010	0.616588

图 8-7 云南省机床制造业比较优势变化情况

从表 8-11 和图 8-7 可以看出，云南省机床制造业的比较优势指数整体呈上升趋势但波动较大，2009 年达到峰值 1.697905，而 2010 年又回落到了 0.616588。在 2006 年和 2007 年，云南省机床制造业的比较优势指数小于1，说明在这一时期，云南机床制造业较全国机床制造业具有比较劣势，且劣势进一步扩大。而到了 2008 年，云南机床制造业比较优势指数超过了 1，甚至在 2009 年接近 1.7，说明从 2008 年起云南机床制造业迅猛发展，具有比较优势，且这两年间比较优势迅速扩大。而到了 2010 年，由于全国机床制造业的迅猛发展速度超过了云南机床制造业的外向型发展速度，云南机床制造业的比较优势指数又回落到了 0.6 附近，处于比较劣势。

第八章 案例研究二：云南机床制造业外向型发展研究

对云南机床制造业三个分行业的相关数据进行计算可以得到表8-12和图8-8，表8-12和图8-8反映了2007~2010年云南省机床制造业分行业比较优势指数情况。

表8-12 云南机床制造业分行业比较优势指数

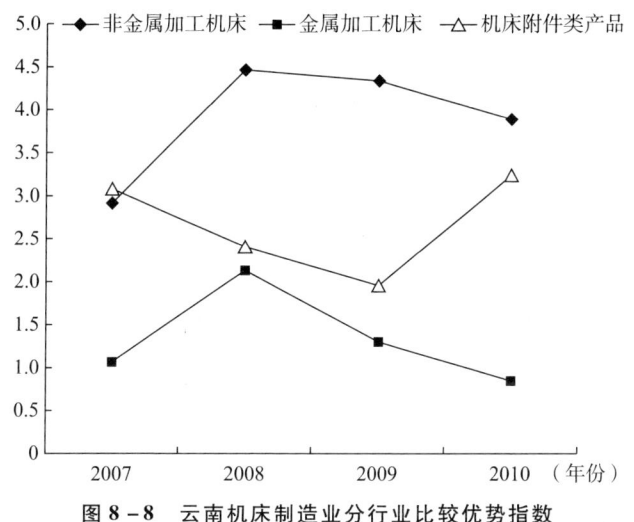

年份 \ 行业	非金属加工机床	金属加工机床	机床附件类产品
2007	2.917207	1.069532	3.088849
2008	4.466231	2.135033	2.408142
2009	4.342104	1.309249	1.953731
2010	3.89096	0.851636	3.252037

图8-8 云南机床制造业分行业比较优势指数

从表8-12和图8-8可以看出，云南机床制造业分行业的比较优势指数绝大多数大于1。非金属加工机床的比较优势指数从2007年到2010年都在2.9以上，其中2008年接近4.5，可以说，云南的非金属加工机床具有较大的比较优势。而金属加工机床的比较优势总体低于非金属加工机床和机床附件类产品，但与全国相比总体上仍具有相对优势。2008~2010年金属加工机床的比较优势一直在下降，2010年甚至下降至比较劣势地位。机床附件类产品的比较优势处于前两者之间，2009年达到了谷值，但与全国相比仍然具有比较优势。总的来说，云南机床制造业分行业的机床工具是具

261

有比较明显的优势的，但总体机床制造业的比较优势不明显，因此，整合产业、调整产业结构、发挥产业合力十分重要。

第五节　云南机床制造业贸易发展的基本思路和政策建议

云南机床制造业的发展有着深厚的历史背景与明显的产业发展优势，当下的主要任务是抓住国家新一轮大搞沿边开放、发展机床制造业外向型经济的大好时机，发挥云南的区域优势，大力推动机床制造业的发展。目前发展的重点是高附加值、高技术含量的机床工具产品，应当抓住时代背景下网络销售与网络金融的机遇，做好市场推广，巩固原有的市场结构与市场体系，开拓新的市场，走"稳固中低端市场，逐渐占领高端机床市场"的道路，逐渐实现云南机床制造业的全面发展。

一　区域重点

在南美洲与澳大利亚市场，进一步巩固云南机床制造业的市场地位，加强原有机床产品的销售与外向型经济的发展。与此同时，应通过老牌机床产品的出口逐步带动其他机床产品的出口，如巴西主要是云南切削机床的出口国，可以通过进一步巩固云南切削机床的市场地位与品牌价值，带动金属加工机床与机床附件等产品向巴西的出口。

在巩固原有的东南亚机床市场的同时，应从云南机床出口的主要国家（缅甸、泰国、越南等）向区域内其他国家渗透、辐射，逐渐扩大在东南亚市场的份额。要抓住国家大力发展中国－东盟自由贸易区、大湄公河次区域合作等战略契机，大力发展对东亚、东南亚的机床贸易，逐渐使云南机床制造业在东南亚地区占市场主导地位。

云南机床制造业在东亚、东南亚及欧洲的市场尚不够稳固，因此，巩固原有销售渠道与稳住区域重点国家的订单尤为重要。

南亚地区是云南机床制造业新兴的明星市场，应给予大量的人力、物力、财力，充分发挥交通与地理位置优势，通过对东南亚市场的进一步渗透，逐步进入南亚市场尤其是南亚的印度与孟加拉国市场，力争把东南亚、南亚市场连成一片。

二 产品重点

在今后的发展中,应进一步巩固金属切削机床、金属加工机床等传统老牌机床类产品的市场地位,这些产品需维持目前的投入水平,保持其原有的优势地位。而当前投入的重点应放在技术的创新与人才的引进上,高端机床产品是云南机床制造业波士顿矩阵中的明星产品,应进一步扩大对技术含量高、附加值大的精密机床与数控机床等高科技含量的机床设备的研发与推广。

大力发展云南机床制造业的产业集群。加强政府对机床制造业的宏观调控,充分发挥市场机制的作用,做好云南机床制造业企业的兼并重组与改革工作,发挥市场合力,进行集体式的招商引资工作。以市场为导向,以用户需求为导向,生产市场需求量大的以及符合国际标准的机床设备。大力加强工业园区建设,制定一系列有利于技术含量高、附加值高、国际需求量大以及符合国际标准的机床产品生产的政策。

三 措施重点

拓宽机床制造业发展的资金来源,采用多元化经营方式。完善机床制造业的多元化经营体系,开展同类机床类企业的兼并重组与上市融资工作,鼓励民间资本与外资等多方位资金对机床制造业的入股,培养一批经营方式灵活、销售渠道多样的民营机床企业。

加大对机床人才的培养与机床技术的引进。培养一批能够胜任机床行业技术创新与有机床销售才能的人才,加大对人才与技术创新的投入,走产、学、研相结合的道路,建立销售联盟,引进国际先进机床技术及人才,以优越的基础环境及职业发展前景吸引人才、留住人才。

充分利用信息时代与网络金融时代的便利条件,扩展国际市场。加大对国家网络信息与国际销售网络的应用,积极主动地寻找用户需求、发现需求市场,及时了解国际市场。应充分利用人民币跨境结算与资本项目可兑换的方便条件,拓宽销售市场。

第九章
案例研究三：云南锡及其制品业贸易发展研究

凭借丰富的矿产资源，云南锡工业取得有较大的发展。2012 年，云南锡产量 8.68 万吨，占全国的 58.6%，锡及其制品是云南主要的出口商品之一，2001~2010 年锡及其制品出口额占云南省总出口额的 4.7%。同时凭借较强的加工能力，锡也是云南主要的进口商品之一，2001~2010 年锡及其制品进口额占云南省总进口额的 1.4%。但云南锡及其制品对外贸易受政策和国际市场影响大，贸易额波动较大。这严重制约了云南锡工业的持续健康发展，也影响了云南外向型经济的发展。本章对云南锡及其制品业的对外贸易发展问题进行分析，提出云南锡及其制品业对外贸易发展的政策措施，促进云南外向型经济的发展。

第一节 云南锡及其制品业对外贸易发展的现状

2006~2010 年云南锡及其制品业对外贸易发展现状是出口减少，进口增加，贸易顺差减少，贸易条件和出口结构改善，贸易伙伴单一，在全球的贸易地位下降。

一 云南锡及其制品业进出口总量

如表 9-1 所示，云南锡及其制品业出口额由 2006 年的 203858 千美元减少到 2010 年的 139103 千美元，减少了 32%。锡及其制品业的出口减少完全是由未锻轧锡出口减少引起的，未锻轧锡的出口额由 170459 千美元减少到 10572 千美元，减少了 94%。同期，云南锡及其制品业的进口额由 44044 千美元增加到 110425 千美元，增加了 151%。锡及其制品业进口的增加绝大部分是由未锻轧锡的进口增加导致的,未锻轧锡的进口额由44044千美元增加到110419千美元,增加了151%。因此,云南锡及其制品业的贸易顺差在减少,由159814千美元减少到28678千美元。

二 云南锡及其制品业的出口结构

在云南锡及其制品业的出口结构上,未锻轧锡的比重总体呈迅速下降态势,其他锡制品的比重总体迅速上升。

三 云南锡及其制品业的贸易条件

云南锡及其制品的进出口价格总体都在提高,但总体来说,出口价格提高的速度快于进口价格提高的速度,因此云南锡及其制品业的贸易条件在改善。从2006年到2010年,未锻轧锡、锡条丝杆型材及异型材和其他锡制品的出口价格分别由8.62美元/千克、8.08美元/千克和12.20美元/千克提高到30.72美元/千克、21.37美元/千克和19.62美元/千克。未锻轧锡的进口价格由8.37美元/千克提高到18.04美元/千克。贸易条件指数由100提到了165.49。

表9-1 云南省锡及锡制品业进出口情况

单位:千美元,美元/千克

项目	年份	2006	2007	2008	2009	2010
出口额	锡及其制品	203858	327911	195490	44593	139103
	未锻轧锡	170459	253015	10854	2449	10572
	锡条丝杆型材及异型材	825	4410	8207	2627	9487
	其他锡制品	32574	70486	176429	39517	119044
出口价格	未锻轧锡	8.62	13.36	20.13	66.76	30.72
	锡条丝杆型材及异型材	8.08	12.57	19.36	15.60	21.37
	其他锡制品	12.20	18.18	20.85	13.36	19.62
进口额	锡及其制品	44044	47208	10330	92712	110425
	未锻轧锡	44044	47208	10314	92695	110419
	其他锡制品	0	0	16	17	6

续表

项目	年份	2006	2007	2008	2009	2010
进口价格	未锻轧锡	8.37	15.03	16.21	12.42	18.04
	其他锡制品	0	0	21.56	18.89	20.07
贸易顺差		159814	280703	185160	-48119	28678
贸易条件指数		100.00	86.39	120.67	522.40	165.49

资料来源：根据昆明海关相关数据计算得到。

四 云南锡及其制品业的贸易地位

如表9-2所示，云南锡及其制品业在全球贸易中的比重有所下降，出口额和进出口总额占全球贸易总额的比重由2006年的5.80%和3.41%下降到2010年的2.46%和2.06%。相对于全球的显示性比较优势指数也由210.67下降到49.47。相反，云南锡及其制品业在全国的贸易地位和竞争优势有所增强，相对于全国的显示性比较优势指数由2006年的283.45提高到2010年的683.99。

表9-2 云南省锡及其制品业的进出口地位

单位：%

项目	年份	2006	2007	2008	2009	2010
占全球比重	出口额	5.80	6.81	3.15	1.14	2.46
	进口额	1.17	0.91	0.16	2.15	1.71
	进出口总额	3.41	3.75	1.64	1.67	2.06
显示性比较优势指数	全国	283.45	248.14	1478.82	545.14	683.99
	全球	210.67	201.42	103.36	31.86	49.47

资料来源：根据昆明海关相关数据计算得到。

五 云南锡及其制品业的贸易伙伴

如表9-3所示，云南锡及其制品业的出口贸易伙伴国和地区比较集中，但有进一步分散的趋势。出口量居前9位的国家和地区占全部出口额的比重由 2006 年的 98.29% 下降到 2010 年的 79.23%。

表 9 – 3　云南省锡及其制品的主要出口国和地区

单位：千美元，%

年份	2006	2007	2008	2009	2010	合计
中国香港地区	311.27	673.27	20.00	7.00	72.14	1083.68
日本	7149.45	4379.94	204.06	32.52	80.00	11845.97
新加坡	2012.64	2201.67	0.00	0.00	300.18	4514.49
中国台湾地区	544.59	642.63	0.00	3.86	25.00	1216.08
哈萨克斯坦	713.67	650.24	57.81	0.00	0.00	1421.72
法国	0.50	84.86	20.00	20.00	60.00	185.36
意大利	1448.99	4435.15	253.29	42.46	0.00	6179.89
加拿大	1541.63	1191.40	20.44	0.00	0.00	2753.47
美国	6253.01	3820.88	303.23	21.77	87.10	10485.99
合计比重	98.29	93.73	91.25	62.23	79.23	—

资料来源：根据昆明海关相关数据计算得到。

第二节　云南锡及其制品业对外贸易发展的制约因素

从目前的制约因素看，贸易政策调整对锡及其制品业的影响最大，其他制约因素还有资源、汇率、市场和技术等方面。

一　锡及其制品业的贸易政策调整

锡及其制品业的贸易政策调整主要有实施出口配额管理、取消出口退税、征收出口关税和《加工贸易禁止类商品目录》修改。

1. 实施出口配额政策

2002 年商务部将锡及其制品业纳入出口配额管理，2003 年以来，出口配额下降十分明显，由 2003 年的 6.30 万吨下降到 2013 年的 1.70 万吨。虽然云南能拿到全国超过 30% 以上的出口配额，但出口配额量是不断下降的，直接导致出口量明显下降。

表 9-4　我国锡及其制品出口配额

单位：万吨

年份	2003	2005	2007	2009	2011	2013
出口配额	6.30	5.70	3.70	2.33	1.89	1.70

资料来源：商务部历年工业品出口配额总量。

2. 取消出口退税

自 2005 年起，国家分期、分批调低或取消了高能耗、高污染、资源性产品的出口退税率，云南锡及其制品大多被划归为"两高一资"产品。以云南锡业公司为例，目前除有机锡仍有出口退税外，绝大部分产品已经没有出口退税，产品出口竞争力下降，出口量下降。

3. 征收出口关税

国家对锡锭等未锻轧锡产品的出口征收 10% 的关税，导致锡锭等未锻轧锡在国际市场无竞争力，出口量锐减。未锻轧锡的出口额由 2006 年的 170459 千美元减少到 2010 年的 10572 千美元。云南锡业公司的锡锭和锡粒在 2006 年的出口量达 11176 吨，2011 年只有 5 吨，而 2013 年没有出口。

4. 修改《加工贸易禁止类商品目录》

国家 2009 年公布的《加工贸易禁止类商品目录》把锡精矿及锡锭包括进来，对云南锡及其制品的出口造成影响。

二　市场价格因素

汇率、周期性价格和国内外市场价格差异等市场价格因素成为云南锡企业对外贸易发展的重要制约因素。

1. 汇率

自 2005 年人民币汇率改革以来，无形中使出口的利润减少 30% 以上。人民币不断升值削弱了出口产品在国际市场的竞争力，降低企业盈利水平，导致出口量减少。

2. 市场价格周期性问题

锡的市场价格周期性十分明显，而锡冶炼企业的绩效与市场锡价走势密切相关，锡价处在高位时，企业盈利，反之，企业亏损。云南锡生产企业普遍缺乏对这种市场周期的把握,使其成为制约锡产业发展的重要因素。

3. 国内外市场价格差异

目前国内外市场价格存在严重的"倒挂"现象,即国外市场价格高,国内市场价格低。由于国际锡价上升而关税提高,为规避10%的关税,企业将大量锡锭经简单加工后,以其他锡制品的税号变相出口。大量低附加值的原材料出口,给国家带来重大经济损失,同时也使国内锡矿供应更加紧张。

三 其他制约因素

1. 锡矿资源

在锡冶炼能力相对采选能力而言过剩的情况下,锡矿资源的约束显得比较突出。在国内,由于采矿投入大、回报低,原来在采矿、选矿环节的资本投入少,采选能力相对不足,矿山开采秩序虽然经过多次治理但仍较为混乱,资源浪费较为严重,采富弃贫现象仍存在,资源开采的规模化和集约化水平低。在国外,印度尼西亚等锡资源大国开始调整锡产业政策,禁止锡矿的非法开采,阻止锡矿石的出口,提高了锡精矿及锡初级成品的成本,增加了获得境外资源的难度。

2. 技术

云南锡产业链上的产品与国家限制或鼓励出口的产品不匹配,主要原因就是技术制约。云南锡生产企业主要集中在锡产业链的采矿、冶炼环节,掌握的最先进技术也主要是采选和冶炼技术,在中间产品和应用产品环节的生产技术含量不高,制约了锡产业链的延伸。

3. 节能降耗和生态环境保护

云南锡企业的生产能力主要集中在采选、冶炼环节,矿山企业多,冶炼企业多。云南多数锡采选、冶炼企业单位能耗高、排放多。虽然目前能达到国家出台的《锡冶炼企业单位产品能源消耗限额》(GB 21348 – 2008)标准,但随着电力价格上升和排放要求提高,云南锡采选、冶炼企业在节能降耗、排污达标和矿区生态恢复等方面面临巨大的成本压力。

4. 交通运输成本

云南铁路运输能力不足,公路运输成本高,导致锡及其制品对外贸易的运输成本高。加之云南锡及其制品的出口大多为初级产品，高技术含量、高附加值产品少，运输成本占锡商品价值的比重较高，降低了云南锡及其制品的竞争力。

第三节 云南锡及其制品对外贸易发展的潜力分析

一 资源及冶炼技术优势与国内、国际精锡消费量

1. 云南锡资源优势

美国联邦地质调查局统计显示，2009年世界锡储量为560万吨，储量基础为1100万吨，锡储量主要分布在中国（30%）、印度尼西亚（14%）、秘鲁（13%）、巴西（10%）、马来西亚（9%）和玻利维亚（8%），上述六国占世界锡储量的84%。我国作为世界上锡资源最丰富的国家，重要锡矿区（带）有南岭锡矿带、滇西锡矿带、古亚洲锡矿带等，以南岭锡矿带规模最为巨大，由西向东包括云南个旧、云南都龙、广西大厂、湖南郴州、江西赣州等世界著名锡矿区。砂锡矿主要分布在华南锡矿成矿区，原生矿则集中分布于北回归线附近。相关数据显示，2009年全国保有锡储量为68.5万吨，基础储量为143.5万吨，资源量为354.8万吨，分布在17个省份，其中云南锡资源储量最丰富，约占全国的24%。

2. 云南锡冶炼技术优势

云南加大技术改造和先进技术装备引进力度，冶炼技术达到国际、国内先进水平。在锡冶炼工艺及设备配置上，选用高效节能设备，采用富氧熔炼技术，提高了各设备的产能，降低了能耗，锡冶炼单位产品综合能耗低于国家标准的先进值。在脱硫系统方面，采用加拿大CANSOLV有机胺吸收、解析工艺对烟气进行脱硫，产出纯净、高浓度的二氧化硫气体用于制酸。通过先进工艺及设备的合理配置，云南的锡冶炼达到世界领先水平。

3. 国内、国际精锡消费量

由于传统领域需求的稳步发展和新领域不断被开发，国内、国际对精锡的需求都呈增长态势。国内、国际锡消费量分别由2004年的9.29万吨和

33.44 万吨增长到 2010 年的 15.28 万吨和 37.49 万吨。

表 9-5 我国和世界锡生产消费量

单位：万吨

年份	2004	2005	2006	2007	2008	2009	2010
中国生产量	11.53	12.18	13.21	14.88	12.91	13.45	14.94
中国消费量	9.29	11.55	11.48	13.39	12.77	14.30	15.28
世界生产总量	34.31	34.36	35.14	34.92	33.24	33.30	35.56
世界消费总量	33.44	34.51	36.29	35.62	33.67	32.05	37.49

资料来源：*World Metal Statistics Yearbook 2011*。

出于对稀缺性战略资源控制的目的，具有锡资源的国家都开始限量开采和生产。虽然市场应用对产业链具有相对主导的地位，但资源和原料端的影响是最大的，并且影响力在不断增加。云南锡及其制品业具有资源和冶炼方面的优势，国际、国内的市场需求快速增长，将十分有利于云南企业开展锡及其制品的进口和出口业务，促进云南锡及其制品对外贸易的发展。

二 深加工技术优势与锡深加工产品消费

1. 锡材深加工技术

云南 2009 年研制开发的自动浇铸锡球生产线是目前国内仅有的用于自动浇铸锡球规模化生产的设备。自主研发的锡粒生产工艺及配套设备，目前是世界上生产锡粒产品较先进的工艺设备。球型焊粉生产线，引进英国 Atomising Systems 公司离心雾化球形焊粉生产工艺，用于生产有铅焊锡粉系列产品。在此基础上，自主开发成功国产离心雾化球形焊粉生产工艺及配套设备，用于生产无铅焊锡粉系列产品。云南生产的微电子高精度锡球产品，无论是工艺、产能，还是质量、成本，均在国际上具有很强的竞争力。

2. 锡化工深加工技术

拥有四氯化锡产品、丁基锡系列产品、硫醇甲基锡系列产品、硫酸亚锡产品、锡酸钠产品等生产线，其中四氯化锡生产线采用新加坡先进的液氯自动蒸发器。全密闭生产流程采用 DCS、PLC 智能集散计算机控制系统和声光连锁报警装置进行在线监测，具有较高的生产自动化水平。

3. 锡深加工产品消费

如今，云锡已发展成为世界锡生产企业中产业链最长、最完整的企业。云锡建成了国内最先进的球型焊粉、焊锡丝、锡焊条三条生产线，生产有机锡、无机锡产品两大系列 16 个品种，深加工产品的销售收入占全部销售收入的 40% 以上。云南锡及其制品业具有深加工技术和市场优势，与锡深加工产品的消费趋势相结合，将十分有利于云南企业开展锡及其制品的对外贸易特别是加工贸易业务，促进云南锡及其制品业进出口量的增长。

三 发展外向型经济的政策优势与对两种资源的利用

1. 发展外向型经济的政策优势

"桥头堡"和"一带一路"发展战略是国家战略，特别是已实施的"桥头堡"战略，使国家各相关部门在发展对外经济关系方面制定了一系列政策措施，为企业开展对外贸易提供保障。云南省政府为实施好"桥头堡"战略，鼓励和支持企业开展对外贸易，制定了一系列鼓励政策。

2. 对两种资源的利用

在对外经济鼓励政策的支持下，云南锡工业充分利用国内、外两种资源，逐步与世界锡工业经济体系相融合，一方面多渠道组织锡精矿进行冶炼加工，另一方面积极"走出去"参与锡资源开发。通过不断提高产品质量，逐步打开国际市场，通过国际质量体系认证的"YT"牌精锡，在伦敦金属交易所注册交易。

第四节 云南锡及其制品业对外贸易发展的政策建议

一 进一步加强技术研发，延长产业链条，发挥技术优势，突破出口政策和市场价格的双重制约

培育一支技术素养高的从事锡工业生产和科研的队伍，加强科技研发，增加深加工产品的品种，提高质量，延长产业链，实现锡矿资源利用结构由粗放型转向集约型。此外，延伸产业链也有助于获得更高的产业附加值，更好地抵御锡价波动引起的市场风险，更有效地降低交通运输成本的负面

影响。集约型产业结构和完整的产业链条，将进一步提高云南锡工业的整体水平和国际竞争力，变资源优势为产业优势，使云南锡工业由大变强。

1. 科技项目支撑

在明确锡深加工产业链环节的基础上，云南省工信委、科技厅和国资委对锡深加工产业链的延伸进行规划，如5年内主要发展中间产品，10年内主要发展应用产品，然后专门针对锡深加工项目给予企业科技项目支撑。

2. 把锡深加工产品产值比重列入重点企业负责人的考核指标

云南省国资委应把锡深加工产品产值比重列入重点企业负责人的考核指标，但考核期限可适当延长，如3年或任期内。指标完成情况直接与重点企业负责人的年薪挂钩。

3. 严格落实促进技术创新的各项税收优惠和财政补贴政策

严格落实技术研发费加计扣除政策、研发人员财政补贴和个人所得税优惠政策、高新技术产品（服务）收入企业所得税优惠政策等。

二 进一步积极探索国外资源，保障供应来源，突破资源制约

由于近几年国际矿业投资环境改善，东南亚、南亚的锡矿资源丰富且勘探开发技术落后，国家已积极创造海外投资条件，支持国内相关企业参与国际锡矿勘查和开发，鼓励矿山企业跨国经营，从而充分利用国外资源，不断增强我国锡产业在国际矿产品市场和资本市场的竞争力，保障安全、稳定、可靠的国外锡矿供应来源。

1. 充分利用外脑，建立风险评估体系，科学进行项目可行性研究

由于在境外进行锡矿资源开发的投资规模大、周期长、不确定性因素多，因此，多咨询专家，充分利用外脑，企业要建立境外勘查开发项目风险评价体系，通过对项目地质风险、开发风险、市场风险、运营风险和政治与社会文化风险等环节进行评估，比较投资价值和风险，科学筛选投资区域与投资项目，不可盲目跟风投资。

2. 建立"走出去"咨询专家数据库

由云南省商务部门收集省内外相关专家、学者的研究领域和研究对象，收集企业家、投资人的投资经验、投资领域和投资对象，建立"走出去"咨询专家数据库，方便企业获得咨询专家信息，提供企业与专家之间的沟通

渠道，为云南省的资源开发项目提供决策咨询服务和技术指导。

3. 在国家层面争取实施进口环节增值税优惠政策

对于资源产品，目前进口环节基本上没有关税，但仍存在进口环节增值税。从在国民经济和社会发展中的重要性、对外进口依赖性和国际资源可供性等几个方面综合考虑，国家层面可将锡等资源型产品列为最重要的目标矿种。鼓励"走出去"的企业将这些矿产品运回国内，建议国家对"走出去"的企业通过各种途径到海外投资开发这些矿产所获得的份额矿产品运回国内时，实施免征或即征即退的进口环节增值税优惠政策。

三 突出锡深加工产品的加工贸易和国内循环贸易

依托云南锡加工的技术优势，充分抓住国内外锡深加工产品需求大的特点，进口锡初级产品，进行锡中间产品和锡应用产品的加工。一方面，满足国内市场需求，实现全球价值链分工的国内循环贸易；另一方面，满足国际市场需求，进行出口，实现锡深加工产品的加工贸易。

1. 实施锡深加工产品加工贸易专管员制度

推行锡加工贸易专管员制度，在海关业务骨干中选拔锡深加工产品加工贸易专管员，负责为锡深加工企业提供政策咨询、业务办理提醒、业务风险预警等服务。

2. 推行锡深加工产品的贸易便利化

针对云南锡深加工产品加工贸易的特点，探索新的海关监管模式和检验检疫模式，实施口岸和属地海关分类通关改革，推行集中审单、集中查验、集中转检"三集中"模式改革，实施"属地检验，口岸出单"的出口直通模式和"口岸转检，属地报检"的进口直通模式，放宽出口信用等级企业评定标准，实现锡深加工产品的贸易便利化。

3. 促进锡加工贸易品的国内循环贸易

海关专门设立锡加工贸易品的国内循环贸易审批绿色通道，优先受理企业内销申请，同时对于内销量大的企业，指定专人跟踪指导办理。进一步简化加工贸易内销手续，允许信誉良好的联网企业"多次内销、一次申报"，并可在内销当月集中办理内销申报手续。

第十章
"一带一路"下云南产业外向发展的重点

第一节 "一带一路"倡议与云南产业外向发展

一 "一带一路"倡议带来的沿边地区开放经济发展机遇

"一带一路"倡议是我国在当前国内外经济形势下,顺应世界多极化、经济全球化、文化多样化、社会信息化的潮流,秉持开放的区域合作精神,致力于维护全球自由贸易体系和开放型世界经济,旨在促进经济要素有序自由流动、资源高效配置和市场深度融合,推动沿线各国实现经济政策协调,开展更大范围、更高水平、更深层次的区域合作,共同打造开放、包容、均衡、普惠的区域经济合作架构。推进"一带一路"建设是我国在现有改革开放成就的基础上继续扩大和深化对外开放的国家战略,是国内各地区提升开放水平和深度的重大机遇。

然而,由于经济基础、发展历史、地理区位和政策的原因,我国各地区经济发展水平和对外开放水平存在巨大的差异。以对外贸易为例,2015年东部沿海地区(包括北京、天津、河北、辽宁、上海、江苏、浙江、福建、山东、广东和海南)的贸易总额为33686.85亿美元,占全国贸易总额的85.22%,西部地区的贸易总额(包括内蒙古、广西、重庆、四川、贵州、云南、西藏、陕西、甘肃、青海、宁夏和新疆)占全国贸易总额的7.36%。其中主要沿边省份内蒙古、广西、云南、西藏、新疆的贸易总额仅占全国贸易总额的0.32%、1.29%、0.62%、0.02%和0.49%。可见,西部沿边省份的开放经济发展相当滞后,外向型经济发展的起点低。如何发挥自身的比较优势，充分利用国家实施"一带一路"倡议的重大历史机遇，推动外向型经济的跨越式发展，缩小与东部沿海地区的发展差距，是西部沿边省份面临的共同问题。

"一带一路"倡议的实施将极大地推进我国与陆上丝绸之路和海上丝绸之路沿线国家的经济合作，促进我国与沿线国家的互联互通建设。从"一带一路"倡议提出至今，我国与沿线国家的互联互通建设不断得到加强，中巴经济走廊顺利推进，包括成都在内的多个城市开通了中欧班列，东非路网建设取得重大进展。亚洲基础设施投资银行的成立为沿线国家的互联互通建设提供了资金保障。"一带一路"峰会的成功举办极大地促进了我国与沿线国家全方位合作机制的深化。这些进展使西部沿边地区对外开放的软硬件条件不断改善，将极大地改变西部沿边省份在我国对外开放格局中的地位，使其由我国对外开放的腹地转变为对外开放的前沿，迎来外向型经济发展的重大机遇。

二 缺乏产业基础是沿边地区外向型经济发展的瓶颈

虽然"一带一路"倡议为沿边地区外向型经济的发展带来了重大机遇，但是沿边各省份要利用这一机遇加速外向型经济发展面临的挑战还很多，其中一个重要的制约因素就是缺乏支撑外向型经济发展的产业基础。长期以来，东部沿海地区是我国最重要的产业基地，集中了我国大部分的出口产业和国际直接投资，构筑了我国开放经济发展的产业基础。而西部沿边省份在我国开放经济中承担的角色主要是商品过境通道。这一状况如果得不到改善，沿边省份将很难利用"一带一路"倡议实现外向型经济的跨越式发展，原因如下。

第一，贸易发展受到制约。一个地区的外向型经济发展滞后表明该地区参与国际分工的水平比较低，表现为贸易规模相对较小。根据国际分工理论，一个国家的贸易品生产部门由于参与国际竞争，与外界进行广泛的国际交流，因此其比非贸易品部门有更高的技术进步率，资本积累也更快，这有利于外向型经济的进一步发展，以及比较优势的动态提升，我国东部沿海地区就是这样的情况。如果一个地区参与国际分工的水平较低，那么其技术进步和产业升级也较慢，与发达地区的差距也不断扩大。因此，缺

第十章 "一带一路"下云南产业外向发展的重点

乏外向型产业是西部沿边地区扩大对外开放的瓶颈,即使"一带一路"倡议实施,区位优势得到提升,在没有坚实的外向型产业基础的条件下,也很难利用这一重大机遇推动外向型经济的跨越式发展。

第二,缺乏引进国际直接投资的产业条件。一个地区吸引国际直接投资的主体是其具有比较优势的产业,然而比较优势并非唯一的决定因素。地区的产业基础是跨国公司选择投资区位的一个重要因素,投资于一个产业基础较好的地区将会获得相关配套产业的支持,缩小企业的配套半径。因此,即使西部沿边地区具有劳动力成本和资源的比较优势,也很难抵消产业配套能力差的影响,这是西部沿边地区引进跨国投资较少的重要原因之一。国际直接投资是一个地区进入国际分工体系的捷径,对西部沿边地区外向型经济的发展十分重要。因此,突破产业配套能力的制约,建立外向型经济发展的产业基地,吸引国际直接投资对西部沿边地区外向型经济发展有重要意义。

第三,承接东部沿海地区产业转移的能力较弱。产业配套能力薄弱除了降低西部沿边地区对国际直接投资的吸引力外,也降低了西部沿边地区承接东部沿海地区产业转移的能力。西部沿边地区应思考为什么东部沿海地区选择在本地生产产品,然后通过中欧班列运往欧洲,而不选择距离欧洲距离更近的西部沿边地区。原因显然是在西部沿边地区设厂生产带来的运输成本优势不足以抵消生产成本的增加,其中产业配套能力就是一个重要的因素。因此,西部沿边地区提升产业配套能力也会有助于增强东部沿海地区产业转移的意愿,从而有助于提升本地区的外向型经济发展水平。

第四,缺乏对外投资的主体。除了"引进来","走出去"也是西部沿边地区扩大开放的重要途径。"走出去"主要依靠企业的对外投资,能够对外投资的企业主要是本地区具有所有权优势、实力雄厚、具有国际化运作经验的企业,而这样的企业正是西部沿边地区所缺乏的。因此,我们看到从"一带一路"倡议实施以来,在沿线国家的很多投资项目是以国字头企业和东部沿海地区的大企业为主体,而西部沿边地区企业的参与水平较低,这和产业基础薄弱,从基础设施建设到制造业各领域均缺乏实力强大的企业有关。

三 推动特色产业外向发展是西部沿边地区的必然选择

西部沿边地区外向型经济的发展必须推动产业的外向发展。什么样的产业最有可能外向发展？根据贸易理论和国际分工理论，一个国家或地区进入国际分工体系的产业是具有比较优势的产业。西部沿边地区最有可能外向发展的产业就是其最具有比较优势的特色产业，然而比较优势是相对的，本地区具有比较优势的产业未必能够形成国际市场竞争力，需要通过合适的产业政策培育产业竞争力。因此，必须通过科学的方法选择有潜力的特色产业，将这些产业作为潜在的外向发展产业，研究这些产业形成国际市场竞争力的要素，并采取适当的政策助推其发展。这也是本书研究的主题。

特色产业对外向型经济发展的支撑作用表现在：一个地区的特色产业通常是最具有比较优势的产业，相对其他产业容易形成出口竞争力，促进贸易的增长；一旦特色产业做大，就可以围绕特色产业的发展推动产业链上下游的对外投资，通过对外投资使本地区与其他国家形成产业链，深化与他国的产业关联；特色产业同时是本地区最可能吸引国际直接投资的产业，可以利用吸引国际直接投资进入国际分工体系。

什么样的特色产业具有外向发展潜力，这取决于下列几个因素：①该产业的产品是否具有国际市场需求，或有潜力创造出新的国际需求，各地区的特色产业必须具有国际市场需求——不管是现实的还是潜在的——才会有外向发展的可能性；②该产业能够形成的竞争力是地区层面、国家层面的还是国际层面的，一个产业必须具有潜力形成国际层面的竞争力才能够外向发展；③该产业是否可以通过对外投资或引进国内外投资以获得形成国际产业竞争力的要素或者进入国际分工环节的可能性。

有效的特色产业发展战略规划有助于加速产业的外向发展。有效的战略规划首先要选择具有外向发展潜力的特色产业作为扶持目标；其次要根据所选产业的发展现状和发展条件确定外向发展的方向，包括产业升级的目标、引进 FDI 的目标及 OFDI 的目标；然后了解实现这些目标所需要的条件，包括生产要素条件和发展环境；最后根据现有条件的缺失来制定有针对性的政策。

特色产业基地建设是产业外向发展的途径。亚洲新兴工业化国家和中国沿海发达地区的经验表明，产业基地是发展外向型经济的有效途径。产业基地能够通过在局部区域创造产业发展的要素条件和制度环境，加速产业的成长。特别是对于西部沿边地区这样产业发展基础薄弱的地区来说，在局部地区创造出有利于所选产业发展的环境就更为重要。

四 云南外向型经济发展在西部沿边地区的典型性

在西部沿边省份中，云南临近东南亚和南亚，是"一带一路"建设中的重要省份。云南不仅在历史上就是我国通往东南亚、南亚的南方丝绸之路，而且在国家对外开放格局中的定位是面向东南亚、南亚的"桥头堡"。可见对于云南对外开放来说，"一带一路"倡议和"桥头堡"战略是统一的。"一带一路"倡议将改善云南连接东南亚、南亚的综合交通运输体系、能源管网、物流通道和通信设施，深化与东南亚、南亚国家的合作。因此，"一带一路"倡议必然是云南未来外向型经济发展的重大机遇。

然而，云南省是我国经济发展较为落后的省，外向型经济的发展非常落后，对外贸易依存度远远落后于全国平均水平，和东部沿海地区有巨大差距，实际利用外资和对外投资水平虽然近年来有所提升，但绝对规模仍然较小。云南的经济结构偏向于冶金、化工等资源型产业，产业结构单一，产业配套能力弱，缺乏外向型经济发展的产业基础。

云南的这些情况在西部沿边地区中具有典型性，大多数西部沿边省份存在外向型经济发展滞后、产业结构单一、对资源型产业依赖过大、产业配套能力弱的问题。缺乏外向型经济发展的产业基础是西部沿边地区面临的共同问题，如何利用"一带一路"倡议实施的机遇，建立外向型经济发展的产业基础，提升开放水平，实现外向型经济的跨越式发展是值得深思的问题。

第二节 云南外向发展的重点产业

在前面各章中我们构建了指标体系，从各产业的发展水平、规模优势、增长贡献、增长速度、区域竞争力、外向发展潜力、国际市场需求几个方面综合评估了云南适合作为政策重点支持发展的产业，本节以前面的论述为基础，对几个重点发展的备选产业进行进一步的探讨。

一 云南具有外向发展潜力的传统优势产业

首先是云南传统的优势产业，这些产业具有一些共同的特征：在云南工业中比重较大，对经济增长的贡献较大，专业化水平和区域竞争力都比较强，在指标考察期内增长的态势也比较好。这类产业主要是云南的资源型产业，其竞争力来源是云南丰富的矿产资源和动植物资源。这些产业的具体情况如下。

1. 有色金属冶炼和压延加工业

有色金属冶炼和压延加工业包括有色金属合金制造、有色金属压延和加工及常用有色金属矿冶炼三个细分产业。有色金属冶炼和压延加工业是云南规模较大的产业，产品品种丰富，专业化水平也比较高。虽然在考察期，这类产业的增长速度弱于工业平均水平，区域竞争力有下降的趋势，但是有色金属类产业是周期性产业，受经济周期的影响比较大，在考察期内指标表现不理想主要是因为世界经济处于缓慢复苏阶段，产品需求减少，导致销量和价格均下降，但随着经济形势向好，该产业的指标也会不断向好。此外，有色金属冶炼和压延加工业存在部分产品产能过剩问题，主要是铜和铝等常见的有色金属。

根据有色金属冶炼和压延加工业的现状和外向发展潜力，产业未来外向发展的机遇在于经济复苏后有色金属产品需求的提升。其外向型发展一是要促进产品结构优化，要淘汰一些落后和过剩产能，提高市场需求潜力比较大的稀贵金属产品的比例；二是要推动产业的对外投资，重点是扩大对周边国家优质矿产资源储备的投资，以优化资源储备；三是要加大科研投入力度，争取在新产品、环保技术、生产技术等方面有所突破；四是要实现产业链的延伸，特别是在现有有色金属原材料的基础上向新材料领域延伸。

2. 化工产业

化工产业包括专用化学产品制造、纤维素纤维原料及纤维制造、农药制造、基础化学原料制造、化学矿开采、肥料制造和采盐几个细分产业。

云南化工产业总体上规模较大，包含的产业部门比较多，但整体上偏向于化工原材料的生产制造，以及农用化工产品的生产。虽然各产业的指标高于工业平均水平，但是优势并不突出，并且近年来的增长速度不快。同时，化工产业也受到经济周期的影响，不过受影响的程度低于有色金属冶炼和压延加工业。

虽然化工产业不是一个优势比较突出的产业，但是其外向发展也有潜力可以挖掘。第一，云南周边的东南亚国家大多是农产品、水果生产大国，这些国家的农业化肥和其他化学品生产能力薄弱，可以针对周边国家的需求发展适合热带地区土壤的农业化学用品，扩大出口。第二，化工产业也存在产能过剩问题，主要是化学原材料生产，而精细化工领域仍然有发展的空间，因此云南如果能够调整优化化工产品的结构，仍然有扩大产品出口的潜力。第三，云南化工产业要加强和世界化工巨头的合作，争取引进世界五百强化工企业的投资，通过建立合资企业加快产品的升级换代。

3. 建材产业

建材产业包括砖瓦、石材等建筑材料制造，土砂石开采，水泥、石灰和石膏制造，石膏、水泥制品及类似制品制造和耐火材料制品制造等细分产业。该类产业也是云南规模较大并有一定竞争力的产业。云南建材产业面临的情况主要是产业整体上与房地产业和基础设施建设高度相关，而目前云南房地产的发展和基础设施投资的高潮已过，其外向发展需要走出国门。

总体上看，建材产业外向发展的机遇主要是"一带一路"倡议下我国与东南亚、南亚国家的基础设施建设合作，如铁路、公路和其他大型基建项目，以及云南周边国家城市化进程的推进。因此，云南建材产业的外向发展一方面是要通过对周边国家的投资转移部分过剩产业，另一方面是要提高建材质量，使产品能够满足"一带一路"基础设施建设的需求，争取更多的产品能够进入相关基建项目中。

4. 电力产业

电力产业主要是电力的生产和供应。电力的生产和供应在云南工业中比重较大，专业化水平较高，区域竞争力比较强，增长速度较快，是传统优势产业中表现较好的产业。云南电力比较优势较强的原因在于丰富的水能资源，目前云南电力生产的80%以上是水电，电力装机容量除了供本省和输出到东部地区外还有富余，因此推动电力的出口是云南化解电力产能过剩的必然选择。目前云南已对周边国家靠近云南的地区供电。

云南电力产业的外向发展主要在于东南亚部分国家，特别是越南、老挝和缅甸的电力供应不足，而云南又有富余产能，如果能够实现向周边国家输出电力，则是双赢的结果。并且，电力出口还可以带动相关输变电设备的出口。然而，虽然云南具有出口电力的潜力，但能否实现取决于我国与周边国家的关系和合作水平，因此该产业目前只能被视为有一定外向发展潜力的产业。

上述四个产业是云南外向发展潜力较大的产业。其他一些优势产业虽然也具有规模大、专业化水平高的特征，但由于一些显而易见的原因并不具有外向发展的潜力。例如，烟草类产业是云南最具优势的产业，但由于世界各国禁烟的趋势，并不适宜外向发展。云南的钢铁产业也有一定的优势，但我国整体上钢铁产能过剩，并且由于云南的地理位置，钢铁产品运输成本高，云南钢铁产业的外贸竞争力无法和东部沿海的钢铁厂相比拟。

二 云南外向发展潜力较大的特色产业

这一类型的产业主要以云南的生物资源和生态环境为基础，其一般特征是虽然目前从产业规模、产业专门化水平、产业竞争力和国际市场需求来看，这些产业的指标值不高，但其发展非常快，并且传统优势产业依赖的是不可再生资源，而这类产业依赖的是可再生资源，因而其发展潜力非常大。

1. 医药类产业

医药类产业包括中药饮片加工、中成药生产和生物药品制造。以云南白药为首的医药类产业是云南近年来发展较快的产业之一，虽然目前产业的规模还不能和烟草、化工、冶金和电力产业相比，但其发展速度和竞争力提升较快。医药类产业的发展受益于云南丰富的动植物药品原材料资源，并且随着经济社会的发展，居民对高质量药品的需求不断增长，产业的整体前景看好。

虽然云南医药产业在国内发展较好，但是其外向发展也面临一个重要制约，即整个产业较为偏向于中成药的制造，然而中成药在国外并不被普遍接受，制约了中成药对外贸易的整体发展。随着我国医药文化影响力的扩大，中成药的科学化、标准化水平不断提高，医药产业有望成为云南有出口潜力的重要产业。

2. 食品加工类产业

食品加工类产业包括制糖、精制茶加工、屠宰及肉类加工、乳制品制造、焙烤食品制造和其他食品制造等一系列细分产业。属于这个类型的细分产业门类较多，共同特征是单个细分产业规模都不大，但都很有竞争力，有比较多的细分产业的增长情况良好。比如精制茶加工中的普洱茶和滇红，屠宰及肉类加工中的高原畜牧产品，其他食品制造中的野生菌加工和鲜花饼等。实际上这些产业根植于云南从低海拔到高海拔的立体气候条件所产生的动植物品种的多样性，很多细分产业的产品都很有特色，如果能够形成一批优势产品，那么整个产业成长的潜力很大。

食品加工类产业外向发展的途径是充分利用云南生态环境、气候和生物多样性，以东南亚、南亚热带国家对温带、寒带食品的需求为基础，选择一些云南特色浓厚的产品，提升这些产品的质量、加工深度，加强国际市场营销，创立有国际知名度的品牌，先集中推动几个拳头产品的出口，再带动整个产业的出口。

3. 高原特色农业

高原特色农业包括蔬菜、花卉、畜牧、烤烟、林果、生物资源产业。这些产业中的很多产品反映了云南的特色和独有优势。目前存在的主要问题是缺乏云南特色农业品牌，特色农业产品的精加工和深加工不足，产品的附加值低。这些产业中已经有部分细分产业的产品形成了较好的出口局面，比如花卉出口到东亚和东南亚大部分地区，蔬菜出口到中东地区。

高原特色农业外向发展的方向主要是通过推进农业的现代化和产业化，将云南的立体气候优势、独特的农业资源优势转化为产业优势，提升国际竞争力。要推动农产品生产的标准化，特别是产品要符合国际标准，推进农业生产过程的标准化、加工过程的标准化、检验检疫过程的标准化，全面提升农产品进入国际市场的能力。同时，要重视农业配套服务业，特别是要建立云南农产品的国际营销和物流体系。

三 云南外向发展可考虑选择的产业

云南虽然在电子、机械设备等装备制造业领域不具有优势，但也可以发掘出一些有一定发展潜力的产业。近年来，云南装备制造业出现了和农产品、食品加工业相似的情况，虽然规模偏小，但是增长速度较快。就比较优势而言，装备制造业的发展潜力弱于特色农业和食品加工业，这是因为装备制造业需要形成相对完备的产业集群才能形成竞争力，但云南目前的产业结构显然还不具备这样的基础。因此对于这类产业，只能择优选择部分细分产业作为备选的外向发展产业。

1. 轻工机械制造业

轻工机械制造业主要是食品、饮料、烟草及饲料生产专用设备制造产业。这类设备属于轻工机械设备，选择这类产业是因为云南的食品加工业、饮料制造业、饲料制造业等都具有一定的规模。而烟草产业更是云南第一大产业，因此此类设备和云南现有的优势产业结合较为紧密。另一个原因是这类设备的复杂度相对较低，适合云南现有的产业基础。此外，由于食品、饮料、烟草等产业也是东南亚地区的重要产业，并且同类产品的加工制造方式与云南相似，因此这类设备有比较好的出口前景。

2. 部分高端装备制造业

其中，输配电及控制设备制造、精密光学仪器制造、金属加工机械制造和通用设备制造业中的数控机床制造，这几个产业是云南制造业的传统优势产业。其中，输配电及控制设备制造受到云南电力工业的带动，金属加工机械制造受到云南冶金工业的带动。云南的这些产业在国内具有一定的优势，也有国际竞争力，如数控机床出口到很多国家，精密光学仪器中的高级望远镜几乎全部是出口的。这类产业的外向发展主要是进一步开发新产品、提升技术水平，使产业真正能够形成一流的国际竞争力。

3. 展望发展的产业

包括大型铁路养护机械、物流自动化成套设备、汽车整车制造、汽车零部件、汽车柴油发动机、重矿化冶成套设备、光电子、新型节能降耗设备、环保设备以及为之配套的功能部件等产业。这类产业目前在云南的发展还比较落后，缺乏产业竞争力，只能作为展望发展的产业。这些产业的发展和外向出口与是否能够争取一些大的项目进入云南有很大关系。例如，中老铁路建设以及其他几条我国通往东南亚—南亚的铁路建设能够带动大型铁路养护机械产业在云南的布局。

第三节 推动云南产业外向发展的政策建议

一 利用"一带一路"倡议，争取国家重视印度洋通道建设

建设"一带一路"，是我国主动应对全球形势深刻变化、统筹国内、国际两个大局做出的重大战略决策。它对推进我国新一轮对外开放和沿线国家共同发展意义重大。"一带一路"倡议的提出，契合沿线国家的共同需求，为沿线国家优势互补、开放发展开启了新的机遇之窗。"一带一路"在平等的文化认同框架下谈合作，是国家的战略性决策。

"一带一路"倡议与云南联系最紧密的是"21世纪海上丝绸之路"。传统的经过马六甲的海上丝绸之路和云南的距离较远，对云南在国家战略中的地位提升没有明显帮助。而如果能够开辟经云南、缅甸的印度洋通道，从国家层面可以增加贸易路线的选择并提高国家战略安全水平，从云南层面可以使云南在国家开放战略中的重要性提升，有利于云南产业的外向发展。因此，云南要利用"一带一路"倡议提出的契机，努力争取国家重视印度洋通道建设在"一带一路"倡议中的地位，争取早日打通印度洋通道。

以互联互通建设为基础，加速跨境生产性服务业体系的建设。互联互通建设必然要求昆明提升生产性服务业的国际化水平，跨境物流、市场服务、中介服务、咨询服务等行业将迎来国际化发展机遇。利用与东南亚、南亚的优势互补，打造跨境产业链。积极支持企业利用自身优势，加大对外投资和引进外资，利用周边国家的市场和资源，优化产品结构，加强与周边国家的产业合作，构建区域性产业链。

二 加快人民币区域性跨境结算中心的建设

云南要以建立人民币区域性跨境结算中心为核心，在昆明新城规划建设金融服务区，以引进东盟国家外资金融机构为主攻方向，促进泛珠三角

地区对周边地区、国家经济发展的辐射和带动作用，争取用10~15年的时间，将昆明建成金融产业集聚、金融设施先进、金融人才密集、金融服务发达的云南乃至东南亚、南亚的"金融城"。

人民币区域性跨境结算中心的建设将充分发挥云南连接东南亚的国际大通道区位优势，带动出口规模不断扩大，吸引云南外企业到云南省注册登记，壮大云南外贸经营队伍，扩大对外贸易量。云南金融、物流等行业的服务水平也将得到提高，从而奠定云南在东盟国家范围区域性的国际经贸、金融、物流中心的地位。

三 加强国际合作与交流，加大招商引资力度

大力改善投资环境，实施互利共赢的开放战略，在更大范围、更广领域和更高层次上积极参与国内外装备制造业的经济科技合作。结合招商引资，广泛吸引国内大集团、大公司以及国外大型跨国公司和境外投资者来云南投资。通过引进省外资金、技术和管理机制，促进昆明装备制造业的发展及产业结构升级。结合昆明的区位优势，鼓励有经济实力的企业到境外建厂设点，开展境外加工贸易业务。建立全球化营销网络，不断增加技术含量高、附加值大的产品出口，优化出口产品结构。

四 积极争取国家赋予云南沿边开放更大的试验权

根据国家总体外交方针，积极争取国家有关部门把推动构建和谐周边、开展周边区域合作的外事交往权限，适当下放一部分给云南省，进一步扩大云南省外事工作的自主权。充分发挥云南在推动建立各种周边区域合作机制中的作用，把云南打造成我国开展周边区域合作的试验田和推动"一带一路"建设的重要战略支点，尽快形成特色突出、优势明显的沿边开放经济带，大力提升沿边开放水平。

五 加大企业"走出去"力度，积极开展境外加工贸易

为鼓励企业"走出去"投资办厂，开展境外加工贸易，国家商务部已将投资额在300万美元以下的境外加工贸易项目审批权下放省级外经贸管理部门。云南与越南、老挝、缅甸三国毗邻，与东盟和南亚各国相近，开展

境外加工贸易有一定的优势,尤其是周边国家的工业基础薄弱,经济发展水平较低,云南在烟草加工、有色冶金、制药、机械制造等方面有较强的技术力量和较大的比较优势,要积极引导和鼓励企业在境外投资办厂,开展加工贸易。

六 重视外向型经济人才的培养和储备

加强对企业家特别是民营企业家和涉外管理人员的培训,使他们认识到国际贸易规则以及技术性法规新动向,带领自身企业更好地参与国际竞争。培养中等、高等职业教育外经贸复合型人才、新兴产业专业技术人才,积极开展国内外人才交流活动,制定引进各类专门人才的优惠政策,为云南省外贸转型升级提供智力资本支持。

七 建立与周边国家的利益协调机制

开放型经济是利益导向的经济。云南与周边国家经济发展既有竞争,又有合作。各国都想发展技术先进、投资回报率高、税收贡献大的产业,都想淘汰一些规模小、技术落后的行业,区域之间的竞争在所难免,毗邻区域在资源、区位、要素等方面的同质性更是加剧了这种竞争。利益关系的协调成为开放型经济发展中不可回避的问题。建立区域开放型经济发展的利益协调机制,有利于构建地方间的信任关系,提高国际区域合作效率。除了政府层面的利益协调机制外,还要重视行业协会、产业联盟等非政府组织的培育,形成多层次的区域利益协调机制。

八 积极推进与国际惯例接轨

要积极推动与国际惯例的接轨,进一步完善相应的经济贸易法律法规,形成对市场经济主体行为的有效规范和约束,更好地掌握国际经济的运行规则,根据不同国家的差别化政策,为企业提供相应的信息等方面的服务和支持,努力扶持和培育行业协会等市场中介和服务类组织,帮助企业更好地规避反倾销、技术壁垒等非关税壁垒带来的风险,使企业更加积极有效地参与区域和全球经济竞争与合作。

参考文献

[1] 白琳:《论云南沿边地区开放》,《开放导报》2013年第4期。

[2] 李练军、徐长庚:《江西外向型经济发展现状与战略研究》,《江西农业大学学报》(社会科学版)2005年第1期。

[3] 李钦、许云霞:《我国沿边地区外向型经济发展比较》,《开放导报》2009年第6期。

[4] 廖东声:《论面向东南亚的"3+1"国贸人才培养模式》,《经济与社会发展》2008年第9期。

[5] 马俊、冉萍:《昆明出口加工区建设发展问题探讨》,《特区经济》2011年第6期。

[6] 孟德友、陆玉麒:《河南外向型经济区域差异及极化态势分析》,《地域研究与开发》2009年第4期。

[7] 申东镇:《论韩国"出口导向+进口替代"外向型经济模式》,《辽宁师范大学学报》(社会科学版)2013年第5期。

[8] 王芳:《陕西发展外向型经济的现状、问题及对策》,《理论导刊》2012年第10期。

[9] 王伟忠、吴映梅、杨琳:《滇中城市群外向型经济发展分析与战略选择》,《中国外资》2011年第2期。

[10] 王雪珂:《外国直接投资与我国的出口竞争力:基于行业差异的实证分析》,《国际贸易问题》2007年第11期。

[11] 吴佳、王云才:《低碳经济对浙江省外向型经济发展的影响及对策》,《价格月刊》2012年第4期。

[12] 谢守红:《广东外向型经济发展的地域差异与对策》,《软科学》2003年第3期。

[13] 张如庆、刘国晖、方鸣:《安徽省外向型经济发展的地区差异分析》,

《华东经济管理》2013年第5期。

[14] 郑浩生、艾勇:《成都市外向型经济发展现状、问题及策略研究》,《四川理工学院学报》(社会科学版) 2009年第2期。

[15] Balassa Belt, *The New Industrializing Countries in the World Economy*, New York Pergmon Press, 1981: 98 – 102.

[16] C. Chen, C. Mai and H. Yu., "The Effect of Export Tax Rebate on Export Performance: Theory and Evidence from China," *China Economic Review*, 2006, 17 (2): 226 – 235.

[17] C. Moser, T. Nestmann and M. Wedow, "Political Risk and Export Promotion: Evidence from Germany," *World Economy*, 2008, 31 (6): 781 – 803.

[18] D. S. Jacks, C. M. Meissner and D. Novy, "Trade Costs, 1870 – 2000," *American Economic Review*, 2008, 98: 529 – 34.

[19] E. Ziramba, "A Cointegration Analysis of South African Aggregate Import Demand Function: Assessment from Bounds Testing," *Journal for Studies in Economics and Econometrics*, 2008, 32: 89 – 101.

[20] F. Adams, B. Gangnes and Y. Shachmurove, "Why is China so Competitive? Measuring and Explaining China's Competitiveness," *World Economy*, 2006, 29: 95 – 122.

[21] H. Fung, G. Y. Gao, J. Lu and H. Mano, "Impact of Competitive Position on Export Propensity and Intensity," *Chinese Economy*, 2008, 41: 51 – 67.

[22] H. W. Kinnucan and H. Cai., "A Benefit – Cost Analysis of U. S. Agricultural Trade Promotion," *American Journal of Agricultural Economics*, 2011, 93 (1): 194 – 208.

[23] J. E. Anderson and E. van Wincoop, "Trade Costs," *Journal of Economic Literature*, 2004, 42: 691 – 751.

[24] J. Guan and N. Ma, "Innovative Capability and Export Performance of Chinese Firms," *Technovation*, 2003, 23: 737 – 747.

[25] J. Zhang, H. Ebbers and A. Witteloostuijn, "Dynamics of the Global Competitiveness of Chinese Industries," *Post Communist Economies*, 2013, 25 (4): 492 – 511.

[26] K. Chen and L. Xu, "Ex-post Competitiveness of China's Export in Agri-food Products: 1980-1996," *Agribusiness*, 2000, 16: 281-294.

[27] K. Hibbert, R. Thaver and M. Hutchinson, "An Econometric Analysis of Jamaica's Import Demand Function with the US and UK," *International Journal of Business & Finance Research*, 2012, 6 (1): 109-120.

[28] K. Sha, J. Yang and R. Song, "Competitiveness Assessment System for China's Construction Industry," *Building Research & Information*, 2008, 36: 97-109.

[29] L. Cuyvers, P. De Pelsmacker, G. Rayp and I. T. M. Roozen, "A Decision Support Model for the Planning and Assessment of Export Promotion Activities by Government Export Promotion in Stitutions: The Belgian Case," *International Journal of Research in Marketing*, 1995, 12 (2): 173-186.

[30] M. Agarwal and A. Barua, "Entry Liberalization and Export Performance: A Theoretical Analysis in a Multi-market Oligopoly Model," *Journal of International Trade & Economic Development*, 2004, 13 (3): 287-303.

[31] M. Chani, Z. Pervaiz and A. R. Chaudhary, "Determination of Import Demand in Pakistan: The Role of Expenditure Components," *Theoretical & Applied Economics*, 2011, 18: 93-110.

[32] M. S. S. El-Namaki, "An Analysis of China's Competitiveness Between 1995 and 1999," *Competitiveness Review*, 2002, 12: 65-66.

[33] N. C. Modeste, "An Empirical Analysis of the Demand for Imports in Three CARICOM Member Countries: An Application of the Bounds Test for Cointegration," *Review of Black Political Economy*, 2011, 38: 53-62.

[34] N. C. Williamson, S. M. Cramer and S. Myrden, "Enhancing Governmentally-Sponsored Export Promotions Through Better Segmentation of the Market of a State's Manufacturing Concerns," *International Trade Journal*, 2009, 12: 258-300.

[35] X. Hu, W. Tu and X. Fang, "An Analysis and Comparison of Wheat Production Competitiveness Between China and the USA," *Journal of Economic*

Issues, 2004, 38: 1074 – 1082.

[36] X. Yin and X. Yin, "Can Developing Countries Benefit from Export Promotion," *Journal of Economic Studies*, 2005, 32 (1): 60 – 80.

[37] Z. Zhao and K. H. Zhang, "China's Industrial Competitiveness in the World," *Chinese Economy*, 2007, 40: 6 – 23.

后　记

　　《面向"一带一路"产业外向发展研究——云南案例》是以杨先明教授为主的研究团队在国家自然科学基金项目（项目编号：71362026、71463064）和国家社会科学基金项目（项目编号：12CJG024）阶段性研究成果的基础上撰写的，突出中国沿边省份缺乏外向型经济发展的产业基础这个问题，在"一带一路"倡议实施的背景下选取具有典型性的云南为例探讨沿边地区产业外向发展的途径。在本书的写作过程中，不仅吸收了上述三个国家级课题的相关内容，而且根据本书的研究主题组织各章作者进行了大量的调研和数据收集工作，很多大学、科研机构的专家学者也无私地贡献了他们的资料和观点。

　　本书的研究思路、基本框架和主要内容由杨先明和袁帆设计，各部分分工如下：序言，云南大学教授杨先明；第一章，云南省委党校教授张欣和昆明理工大学教授文淑惠；第二章，云南大学助理研究员袁帆；第三章，云南大学副教授陈瑛；第四章，云南师范大学副教授周朝鸿和荷兰 Nyenrode 工商管理大学教授张建红；第五章，云南大学讲师刘岩；第六章，云南大学副教授杨洋；第七章，云南大学教授张国胜；第八章，云南财经大学副教授杨怡爽和云南大学蒙昱竹；第九章，云南大学教授黄宁；第十章，云南大学教授杨先明、助理研究员袁帆和王巧然。最后由袁帆进行统稿和修订，由杨先明负责全书的总撰和定稿。

　　本书在写作过程中进行了大量文献研究、实地调研和数据分析，我们力图做到使用材料和分析数据的准确性，对引用的观点注明出处，如不慎有错误和遗漏，敬请谅解。

杨先明　袁　帆
于云南大学科学馆

图书在版编目(CIP)数据

面向"一带一路"产业外向发展研究：云南案例/杨先明等著. -- 北京：社会科学文献出版社，2017.6
ISBN 978-7-5201-0988-8

Ⅰ.①面… Ⅱ.①杨… Ⅲ.①地方文化-文化产业-产业发展-研究-云南 Ⅳ.①G127.74

中国版本图书馆CIP数据核字（2017）第140198号

面向"一带一路"产业外向发展研究
——云南案例

著　　者/杨先明　袁　帆　等

出 版 人/谢寿光
项目统筹/恽　薇　高　雁
责任编辑/颜林柯

出　　版/社会科学文献出版社·经济与管理分社（010）59367226
　　　　　地址：北京市北三环中路甲29号院华龙大厦　邮编：100029
　　　　　网址：www.ssap.com.cn
发　　行/市场营销中心（010）59367081　59367018
印　　装/三河市尚艺印装有限公司
规　　格/开本：787mm×1092mm　1/16
　　　　　印张：19　字数：298千字
版　　次/2017年6月第1版　2017年6月第1次印刷
书　　号/ISBN 978-7-5201-0988-8
定　　价/89.00元

本书如有印装质量问题，请与读者服务中心（010-59367028）联系

版权所有 翻印必究

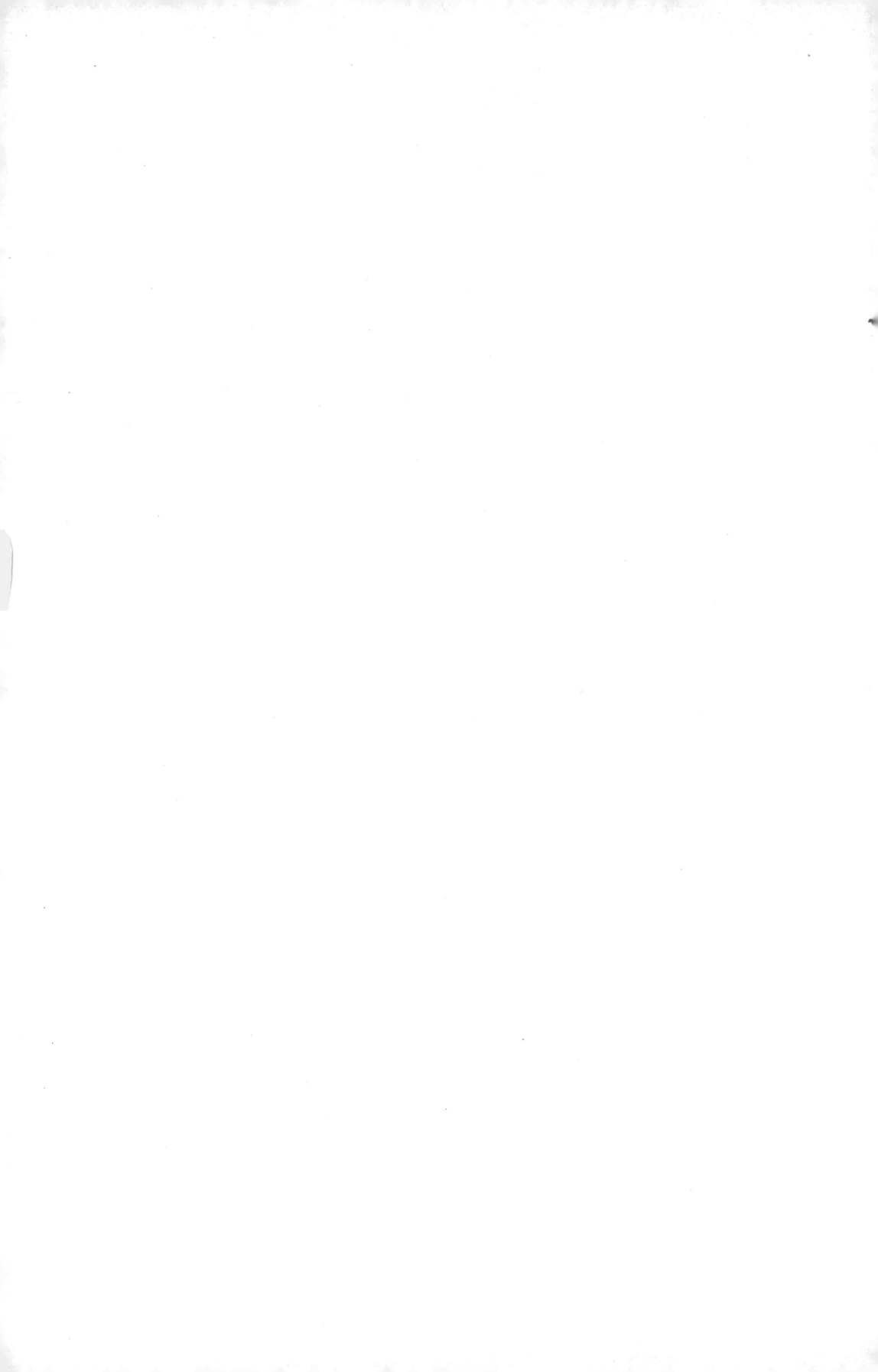